AF290750

Ute Wilhelms

Kentaur-Spirit

Der nächste Schritt, in die seelische Verschmelzung, zwischen Mensch, Pferd und Hund

Band 2 von
„Hautnah – Wie Pferde verletzte Seelen heilen"

Mit einem Vorwort von
Karin Müller und Naiel Arafat

spiritbooks

© 2015 spiritbooks, 70173 Stuttgart
Verlag: spiritbooks, www.spiritbooks.de
Autorin: Ute Wilhelms
Coverbild: Ljubena Glaser, www.ljubena.de
Covergestaltung: Antje Stephan, www.epona-marketing.de
Lektorat/Buchsatz/Drucklayout: PCS Schmid, www.pcs-schmid.de
Fotos: Stefanie Michels (S. 108, 120,138, 171, 236,) und Sven Cramer, www.pferdephotos.biz (S. 273)
Druck und Verlagsdienstleister: www.tredition.de
Printed in Germany

Die Identität der in den Fallbeschreibungen dargestellten Personen wurde insoweit verändert, dass ihr Persönlichkeitsrecht gewahrt bleibt.

ISBN: 978-3-944587-21-9

Inhaltsverzeichnis

Vorwort

von Naiel Arafat

Seit Jahrzehnten werden psychische Erkrankungen und Störungen primär durch Psychopharmaka und/oder die verschiedenen Arten der Psychotherapie behandelt. In den letzten Jahren sind andere Therapieformen dazu gekommen, insbesondere Ergotherapie, Kunsttherapie, Musiktherapie und Sport bzw. Bewegung.

Die Arbeit mit Tieren und hier insbesondere mit Pferden kannte ich persönlich während meines ganzen Studiums der Humanmedizin in Berlin (1981-1987) und während meiner Tätigkeit in der Psychiatrie, Psychotherapie und Psychosomatik in zwei Kliniken (1991-2009) nicht. Allenfalls von Hörensagen in den letzten fünf Jahren meiner Kliniktätigkeit. Da habe auch ich erfahren, dass hier ganz große Vorbehalte seitens der obersten Führungsebene vorhanden waren. An dieser Stelle möchte ich sagen, dass ich selbst achteinhalb Jahre als Oberarzt und ein Jahr als Chefarzt tätig war.

Im Großen und Ganzen verließen sich die Patienten darauf, dass wir Ärzte und Therapeuten ihren Zustand nach den neuesten Erkenntnissen und Erfahrungen verbessern bzw. heilen werden. Mit welcher Methode gearbeitet wurde, war oft weniger interessant.

Von der Therapie mit Pferden habe ich persönlich erst nach meiner Praxiseröffnung und -niederlassung 2009 erfahren. Wenn ich ganz ehrlich bin, konnte ich damit herzlich wenig anfangen. Dann habe ich erfahren, dass ein niedergelassener Kollege von mir, mit dem ich sehr eng und gerne zusammenarbeite, diese Therapien den Patienten verordnet. Jedoch habe ich mir wenig dabei gedacht. Zunehmend erfuhr ich von meinen Patienten, die auch psychiatrisch von diesem Kollegen betreut und behandelt wurden, und denen er u. a. Reittherapie bzw. pferdegestützte Therapie verordnet hat, dass ihnen diese Art der Therapie sehr gut tun würde. An verschiedenen Beispielen konnte ich mich von den Patienten darüber informieren. Ich erfuhr immer mehr sehr spannende und interessante Einzelheiten. Es war mir bis dahin völlig fremd, wie Patienten mit Depressionen, Angsterkrankungen, Persönlichkeitsstörungen, Stress oder Burn-out, von einer solchen Therapie profitieren würden.

Dann lernte ich die Mitarbeiterinnen von Kentaurus kennen und hier insbesondere Ute Wilhelms. Wir kamen immer wieder ins Gespräch, tauschten uns aus. Ich ließ mir immer mehr berichten und war zunehmend fasziniert von den Verläufen und Erfolgen, die sich an den positiven Entwicklungen unserer gemeinsamen Patienten sehr deutlich bemerkbar machten. Wir freuten uns gemeinsam über die wunderbaren Fortschritte der Patienten. Bis dahin hatte ich noch keine Vorstellung, wie eine solche Behandlung in der Praxis aussieht.

Dann habe ich das erste Buch von Ute Wilhelms, „Hautnah – Wie Pferde verletzte Seelen heilen", gelesen. Es war für mich sehr interessant. Doch es fehlte mir immer noch die Praxis bzw. der eigene Praxisbezug.

Durch die Arbeit mit gemeinsamen traumatisierten Patientinnen und durch die Schilderungen bestimmter Ereignisse kamen Ute Wilhelms und ich noch mehr miteinander ins Gespräch. Eine junge Patientin, die sehr schwer sexuell traumatisiert wurde, machte bei Ute Wilhelms pferdegestützte Therapie und profitierte davon merklich. Sie zeigte eine ganz faszinierende Entwicklung dadurch. Nachdem ich bei ihr im Beisein von Frau Wilhelms eine EMDR-Sitzung zur Traumaaufarbeitung machte, führte dies zu einem beeindruckenden Ergebnis.

Gemeinsam entschieden wir uns kurzfristig dafür, dass diese Patientin noch einmal eine erneute Einheit in der Arbeit mit Pferden bekommen sollte. Unsere Patientin entschied sich für die Arbeit mit einem Pferd, vor dem sie bis dahin viel Respekt und sogar Angst hatte. Einige Tage später erfuhr ich, sowohl von dieser Patientin als auch von Ute Wilhelms, dass diese Sitzung richtig gut verlaufen sei. Danach war die junge Frau vom Gesamteindruck und vom Gesamtverhalten her nicht wieder zu erkennen. Sie war angstfrei, offen, aufgeschlossen, interessiert und beteiligte sich aktiver an der Gruppentherapie als jemals zuvor.

Zu diesem Zeitpunkt hatten Ute Wilhelms und ich bereits entschieden, gemeinsam ein Seminar zum Thema Trauma und Traumafolgestörungen, mit einem Sonderaspekt „pferdegestützte Therapie", zu geben. Bei diesem Seminar wurde ich endlich Zeuge davon, wie eine solche Therapie funktioniert und in der Praxis abläuft. Ich war total beeindruckt und fasziniert. Obwohl ich selbst schon lange als Dozent tätig bin, habe ich viel bei diesem Seminar gelernt. Vor allem, dass Pferde wie ein Spiegel die Seele des Menschen darstellen (können), wurde mir durch mehrere praktische Beispiele mit den Teilnehmerinnen klar und bewusst.

Ute Wilhelms und ich entschieden uns, aufgrund des großen Erfolges beim Seminar, spontan dafür, eine gemeinsame Weiterbildung anzubieten. Diese soll sich mit dieser Thematik psychiatrischer Störungen und pferdegestützte Therapie intensiver befassen. Alle Teilnehmerinnen waren spontan begeistert und äußerten den Wunsch, diese Weiterbildung mitzumachen. Es handelte sich ausschließlich um Reittherapeutinnen bzw. Therapeutinnen, die auch in der Reittherapie beachtliche Erfahrungen haben/hatten.

Dass Frau Wilhelms viel von ihrem Fach weiß und dass sie die Kunst beherrscht, mit Pferden sehr gut und einfühlsam zu arbeiten, war mir klar und bewusst. Mittlerweile halte ich sie für eine menschlich und therapeutisch sehr fähige und einfühlsame Kollegin, vor der ich einen großen Respekt habe. Sie verdient viel Achtung, Wertschätzung und Anerkennung. Ich bin sehr froh, dass ich sie kennengelernt habe und dass wir mittlerweile auf verschiedenen Ebenen zusammenarbeiten.

Als sie mich fragte, ob ich bereit wäre, das Vorwort für ihr zweites Buch zu schreiben, habe ich dies ohne zu zögern, sofort bejaht. Es ist für mich eine Ehre und eine Freude. Ich denke, dass die interessierten Leser wieder ein ganz tolles Buch zu lesen bekommen werden, dass sie erneut faszinieren wird. Für die Leser freue ich mich ebenso wie für die Autorin. Ute Wilhelms wünsche ich an dieser Stelle noch einmal viel Glück und ein tolles Gelingen bei allen ihrer Aktivitäten. Ich freue mich auf eine weiterhin wunderbare und für alle Beteiligten bereichernde Zusammenarbeit.

Naiel Arafat, Arzt für Psychiatrie und Psychotherapie,
www.psychotherapiepraxis-naiel-arafat.de

Peine, den 02.01.2015

Vorwort

von Karin Müller

> *„Manchmal kommen ganz leere Menschen. Sie sind so weit weg, merken nur so schwach, ganz innen, ganz unten in sich, wenn ich sie anpuste. Aber ob das reicht? Es ist ein Impuls. Wir sind Impulsgeber, mehr nicht.“*

So hat mir Utes Stute Kenja die Arbeit ihres Frauchens im Vorfeld beschrieben und mein Interesse geweckt. 2006 war das. Ute und ich hatten uns noch nicht persönlich getroffen, als sie mich zum ersten Mal bat, mit einem ihrer Pferde telepathisch zu kommunizieren. Dieser Satz stammt aus dem Protokoll von damals. Hier im Buch wird davon noch die Rede sein. Davon, was noch alles möglich wird durch einen Gedankenaustausch, eine geistige Verbindung zwischen Mensch und Tier, bei der man doch die Bodenhaftung, die Erdung behält – oder sogar wiederfindet.

Kurze Zeit später besuchte Ute Wilhelms einen ersten Tierkommunikationskurs bei mir und bereicherte das Seminar durch ihre Fragen und skeptische Aufgeschlossenheit. Für mich ist das kein Widerspruch, denn Skepsis bedeutet nichts anderes als „genau hinsehen“ und das mag ich sehr gern. Unsere Chemie stimmte. Wir hielten Kontakt über das Seminar hinaus. Ich bemühte mich, ihre Fragen zu beantworten, sie weiter zu begleiten, wir tauschten uns vorwiegend per E-Mail aus. Dennoch war ich ein wenig überrascht, als sie mich ein Jahr später darum bat, die sogenannte Gruppenanleitung ihrer Zusatzausbildung zur Fachkraft für sozialpsychiatrische Betreuung an der MHH zu übernehmen. Dabei hatte ich selbst gerade erst meine staatliche Heilkundeerlaubnis als Heilpraktikerin für Psychotherapie in der Tasche. Aber sie wollte mich unbedingt.

Ich sagte spontan zu, war ich doch beruflich und privat mehr als neugierig auf ihre Arbeit – die sich mit meiner ja in mehreren Aspekten überschnitt und ergänzte – und stellte gleichzeitig meine Qualifikation infrage.

Den therapeutischen Ansatz mit Pferden kannte ich bisher nur ganz klassisch im pädagogischen Bereich oder als Arbeit mit körperlich oder geistig behinderten Menschen – und natürlich mittelbar durch die stets faszinierenden und tief bewegenden Kommunikationen mit Pferden, die so arbeiten.

Jetzt sollte ich also hochoffiziell Gruppensitzungen von Ute mit ihren Patientinnen beobachten und protokollieren. Feedback zum Umgang mit den Klientinnen, zur Auswahl und Inhalt der Therapieeinheiten geben. Zu Ideenfindung, Sicherheitsaspekten Pferd/Mensch, Materialzusammenstellung, Übertragung/Gegenübertragung, Retraumatisierung, Kommunikation, Körpersprache, Umgang mit einzelnen Situationen, Supervision ... – WOW! Ich fühlte mich in meine Unizeiten zurückversetzt, als ich eine wissenschaftliche Karriere in Betracht gezogen hatte. Himmel, war ich wirklich die Richtige?

Acht Monate lang, von März bis November zuckelte ich regelmäßig in den kleinen Stall südlich von Peine oder wir besprachen uns in meiner Küche bei einer Tasse Tee. Ich denke heute noch gern daran zurück und erinnere mich schmunzelnd, wie verwirrt ich in den ersten Minuten unserer allerersten gemeinsamen Stunde war, weil es offenbar niemand eilig hatte, aufs Pferd zu kommen. Ich muss zugeben, ich war als stille Beobachterin sehr pflichtbeflissen, etwas nervös und sehr verwirrt: Da standen scheinbar planlos ein paar Frauen mit Ute um zwei Pferde herum, einander, den Pferden und sich selbst im Weg und benutzten ein und dieselbe Bürste für alle Tiere. Und wie scheinbar unerzogen die Pferde waren. Das sollten Therapietiere sein? Das kannte ich aber anders! Ich weiß noch, wie ich mit Block und gezücktem Kugelschreiber die Augenbrauen hochzog, zum Glück gut versteckt unter meiner dicken Wollmütze, denn der Wind pfiff eisig an diesem Tag. Während ich durch Äußerlichkeiten abgelenkt war, passierten schon die ganze Zeit die kleinen, feinen Dinge, die Utes Arbeit ausmachen. Das Beobachten und Spiegeln der Interaktion: Wie geht der Mensch aufs Pferd zu, wie reagiert das Tier darauf? Was macht das wiederum mit diesem Menschen? Mit den anderen Gruppenmitgliedern? Während ich mich noch ungeduldig fragte, wann denn die Einheit beginnen sollte, wenn hier schon beim Putzen so getrödelt wurde, war die Stunde bereits in vollem Gang, geschah Therapie längst direkt vor meinen Augen. Und natürlich war es eins der Pferde, das mich anstupste, damit ich genauer hinsah, umschaltete, ausatmete und mit all meinen Fähigkeiten hinter den Dingen das Wesentliche erkannte.

In der Nachbesprechung erfuhr ich die Vorgeschichte der Patientinnen und damit fielen die letzten Puzzleteile an Ort und Stelle. Plötzlich machte wirklich alles Sinn. Wer sich wie verhalten hatte, all das Getänzele und Ausweichen – und wieso ich hier richtig war: Die Tiere spiegelten eins zu eins in ihrer Körpersprache die Traumatisierung der Menschen um sie herum. Es gehörte alles dazu, es spielte alles eine Rolle – und es war genau so, wie ich es aus meiner eigenen langjährigen Arbeit mit Menschen und Tieren kannte.

Ich freue mich, dass Ute Wilhelms nach „Hautnah" nun mit „Kentaur-Spirit" einen weiteren Einblick in ihren bewegenden Therapieansatz gibt, der immer eng verbunden ist mit ihr als Persönlichkeit, als Frau, als Reiterin, als privater Mensch. Mutig und offen schlägt sie in ihrem Schreiben die Brücke von der Medizin und Wissenschaft zur Spiritualität und öffnet damit hoffentlich viele neue Türen auf.

Mit meiner eigenen Hochsensibilität habe ich mich in einigen der hier beschriebenen Aspekte wieder erkannt. Bin ich nicht zuletzt in den oben erwähnten unsicheren Minuten grandios in die berühmte, uralte Falle getappt, kopfgesteuert einfach funktionieren zu wollen und dabei das Sensitive auszublenden? Wunderbar!

Ich wünsche dir von Herzen weiterhin viel Erfolg, liebe Kollegin! Danke, dass ich Teil deines Weges und deiner Ausbildung sein durfte.

Und Ihnen, liebe Leser, wünsche ich auf den folgenden Seiten viele berührende, erkenntnisreiche und informative Momente und last but not least vor allem: Viel Freude beim Lesen!

Karin Müller, Tierkommunikatorin, Autorin und Heilpraktikerin für Psychotherapie, www.karin-mueller.com

Burgwedel im Januar 2015

Prolog

Mein Name ist Ute Wilhelms, ich lebe mit meinem Mann Olaf und unseren zwei Hunden in einer kleinen Stadt in Niedersachsen. Meine beiden Kinder sind mittlerweile erwachsen und gehen ihre eigenen, interessanten Wege.

Mittlerweile übe ich seit mehr als dreizehn Jahren den Beruf der Reittherapeutin aus. Von meinem Grundberuf bin ich examinierte Krankenschwester, in der Zwischenzeit habe ich noch diverse Zusatzausbildungen, wie den Heilpraktiker für Psychotherapie, den Centered Riding Instruktor u.v.a. (siehe Vita) absolviert. Seit zwei Jahren bin ich eine von zwei Geschäftsführerinnen und Teilhaberin eines ambulanten psychiatrischen Fachpflegedienstes, dem Kentaurus Fachpflegedienst.

Nachdem ich 1988 meine Ausbildung im Peiner Krankenhaus beendet hatte, dachte ich darüber nach, wie ich meinen Wunsch, Reittherapeutin zu werden, realisieren könnte. Zur damaligen Zeit gab es jedoch kaum Ausbildungsinstitute und die Anforderungen waren für mich als Berufs- und Reitanfängerin kaum zu bewältigen.

Ich heiratete, bekam zwei zauberhafte Kinder und schob meinen Wunsch zunächst in den Hintergrund. Jedoch ließ er mich nie ganz los und die Samen, die in mein Unterbewusstsein gepflanzt wurden, trugen nach ungefähr vierzehn Jahren Früchte. Mittlerweile hatte sich viel verändert, in meinem persönlichen Umfeld und auch was die Ausbildungen betraf. Somit absolvierte ich 2002 die Ausbildung zur Reittherapeutin am Plennschützer Institut, an dem ich heute als Dozentin tätig bin.

Schon zu Beginn meiner Ausbildung bekam ich die Chance auf einem Therapiehof reittherapeutisch tätig zu werden. Ich arbeitete dort freiberuflich, während meine Haupttätigkeit die Arbeit als Krankenschwester in einer Dialysepraxis war.

Mein Traum war es jedoch mich ganz der Reittherapie zu widmen und so kündigte ich meine feste Stellung und ließ mich für wesentlich weniger Gehalt und Sicherheiten auf dem Therapiehof einstellen. Mein Traumjob entwickelte sich jedoch sehr schnell zum Alptraum. Es war Winter und wir hatten Temperaturen von durchschnittlich minus zwölf bis minus achtzehn Grad Celsius. Die Reithalle war an den Außenwänden nicht geschlossen und so zog der eisige Wind durch jede Pore meines Körpers. Obwohl ich mit Thermohose und Daunenjacke sehr gut ausgestattet war, erinnere ich mich nicht daran, jemals wieder so gefroren zu haben. Ich ging in den Stall um die Pferdeboxen zu misten, damit mir durch die Bewegung warm wurde. Die Eltern hatten ihre Kinder inzwischen wegen der schneidenden Kälte vom Voltigier- und Reitunterricht abgemeldet.

Jeden Tag bekam ich von der Dame in der Buchhaltung zu hören, dass, wenn nicht mehr Kunden kämen, sie mich noch in der Probezeit entlassen müssten.

Ich fuhr los und verteilte Flyer. Ich korrigierte die verrittenen Schulpferde und mistete Boxen aus. Leider alles ohne Erfolg. Die Kunden und Patienten blieben aus und meine Arbeit brachte kein Geld in das Unternehmen.

So dauerte mein festes Arbeitsverhältnis, als Reittherapeutin und -lehrerin, nur zwei Monate. Danach stand ein Banktermin für den Therapiehof an. Der kurz vor der Insolvenz stehende Betrieb musste mich entlassen.

Trotzdem hatte ich dort die Gelegenheit meine ersten Schritte als Reittherapeutin zu gehen. Darüber bin ich sehr dankbar.

Um nicht arbeitslos zu sein, nahm ich zunächst eine Stelle in einem ambulanten Pflegedienst an.

Später wechselte ich in ein psychiatrisches Wohnheim, in dem ich über Projekte, die vom Landesamt für Familie und Soziales gefördert wurden, reittherapeutische Gruppen anbot. Endlich hatte ich mein Ziel erreicht.

Im weiteren Verlauf meines Berufslebens baute ich in meiner ehemaligen Firma einen ambulanten psychiatrischen Fachpflegedienst auf. Dabei bot ich für unsere Klienten pferdegestützte Therapie an. Die Erfolge waren umwerfend, sodass Psychiater und Psychotherapeuten, mit denen ich eng zusammenarbeitete, begeistert waren. Im Jahr 2012 löste ich mich von meiner ehemaligen Firma und wagte den Schritt in die Selbstständigkeit.

Mein ganzes Leben lang bewegte ich mich im Kreise der Pferde. Mein Traum war es immer, mit diesen edlen Tieren zu arbeiten, Menschen durch deren bloße Anwesenheit und ihre Authentizität zu helfen. Aber genauso wichtig war es für mich mit diesen Tieren zu leben, zu kommunizieren und reiterlich mit ihnen zu einer Einheit zu verschmelzen. Dabei hatte ich stets das Bild eines Kentaurs vor mir, der mir versinnbildlichte, wie ein vollkommenes Reiterpaar für mich aussehen sollte.

Während meiner Arbeit mit den Pferden und meinen beiden Hunden entdeckte ich immer wieder Phänomene, die mit *gewöhnlicher Kommunikation* nicht zu erklären waren. Immer mehr war ich der Überzeugung, dass es sich bei dem intensiven Kontakt mit den Tieren, um eine geistige Verbindung *handeln* musste.

Während ich zunächst vorhatte, in meinem Buch, hauptsächlich die geistige Verbindung zwischen Pferd und ReiterIn herauszufiltern und zu beschreiben, so wurde ich, bedingt durch einen relativ schweren Reitunfall, dazu gebracht noch mehr als zuvor, meinen Hunden zuzuhören. Dadurch veränderte sich der Schwerpunkt von Pferden, auf Pferde und Hunde gleichermaßen. Ich will damit nicht sagen, dass ich meinen Hunden zuvor nicht zugehört hätte, doch bedingt durch meine Verletzung, verlegte sich in einer Phase von ca. einem halben Jahr, der Schwerpunkt meiner Arbeit in der Therapie auf die Unterstützung mit meinen Hunden. Diese waren zum Zeitpunkt meines Handicaps für mich leichter zu *handeln*, als die doch mehrere hundert Kilo schweren Pferde.

Um meinen Traum zu verwirklichen, musste ich viele notwendige Umwege gehen, die ich in diesem Buch beschreiben werde. Über meine Kreativität, die mich unter anderem zur Autorin und Sängerin machte, lernte ich den Zugang zu meinen Gefühlen kennen, um dann Schritt für Schritt meinem eigentlichen Ziel zu folgen.

Doch zunächst möchte ich Ihnen mein Hunde-Team vorstellen:

Da wäre zunächst einmal Q.C. mein schokoladenbrauner Labradorrüde. Er ist im Jahr 2005 geboren. Ein absolut verschmuster, schon fast ein bisschen distanzloser Hund. Er liebt alle Menschen, hat noch nie in seinem Leben etwas Schlechtes erlebt und ist absolut verfressen, ein typischer Labbi eben. Was außerdem ebenso rassetypisch ist und mich so manches Mal zur Verzweiflung gebracht hat, ist seine große Vorliebe für Wasser. Wenn er im Sommer in Seen springt, ist das für mich nie ein Problem. Sind allerdings sämtliche Gräben ausgetrocknet und nur noch stinkender Moder und faulige Pfützen übrig, lässt es sich Q.C auch nicht nehmen, sich dort eine Abkühlung zu suchen. Hilflos muss ich dann zusehen, wie sich mein Hund in ein Erdferkel verwandelt, denn mein Rufen ignorierte er. Auch im Herbst oder Winter lässt sich Q.C. nicht davon abhalten ins Wasser zu springen. An diesen Tagen steht selten die wärmende Sonne am Himmel, sodass ich dann den tropfnassen Hund im Auto transportieren muss. Dadurch bleibt ihm nichts anderes übrig, als nass bis auf die Haut, seinen Therapietag zu verbringen, ohne dass ich die Möglichkeit habe, für ein warmes Plätzchen zu sorgen. Erkältet hat er sich seltsamerweise nie.

Nachdem Q.C. sehr krank wurde, bereicherte ein weiterer Hund unserer Privatleben und meinen Therapiealltag. Pauline, eine Weimaraner Hündin, die – wie sich später herausstellte – das genaue Gegenteil von ihrem Rudelbruder Q.C. ist. Pauline ist ein typisches Mädchen. Sie wickelt einen mit zurückhaltendem Charme um den Finger, versucht aber auf ihre Art und Weise genauso zum Ziel zu kommen, wie ihr schokoladenbrauner Kumpel. Pauline ist Fremden gegenüber sehr zurückhaltend, was rassetypisch ist. Hat sie jemanden ins Herz geschlossen, ist sie auch anhänglich und schmusig. Im Gegenteil zu Q.C. benötigt sie eine *Kennenlernphase.*

Pauline ist sehr sensibel und unterordnungsbereit, wenn sie ihren Besitzer als Rudelführer akzeptiert.

Weimaraner benötigen eine sehr konsequente Erziehung, damit sie zu gehorsamen Hunden aufwachsen können. Es gibt viele Hunde dieser Rasse, die ihr Leben im Tierheim fristen, weil ihre Besitzer mit ihnen überfordert waren. Da ich mich schon früh über diese Rasse informierte und genau wusste, was auf mich zukam, hatte ich mich bewusst für Pauline entschieden. Diese Hunderasse passte genau zu meinen Vorstellungen. Gemeinsam mit Q.C. genoss sie die nötigen Spielstunden und wurde von ihrem Ziehvater auch schon mal in ihre Schranken gewiesen.

Mittlerweile ist Pauline über ein Jahr alt und gehorcht sehr gut. Sie lässt sich sogar von Rehen und Hasen abrufen, was für einen Vollblutjagdhund schon phänomenal ist.

Und nun zu meiner Pferdeherde

Kenja ist die älteste Stute in meiner Herde. Sie ist ein Schimmel und man nennt die Rasse Andalusier. Mit ihr hatte ich vor ungefähr dreizehn Jahren begonnen, die ersten reittherapeutischen Einheiten zu absolvieren. Kenja war damals seit drei Wochen in Deutschland, als ich sie kaufte. Sie kam ursprünglich aus Spanien und hatte immer den Hauch von etwas Wildem, Ängstlichen, einerseits Introvertierten aber auch gleichzeitig Extrovertierten, welches ich nie ganz ergründen, geschweige denn beschreiben konnte. Man würde es wohl als vielschichtigen Charakter bezeichnen. Kenja ist so etwas wie *die Mutter* von allen, von den Pferden, von den Patienten und auch von meiner Kollegin Nicole Meyne und mir. Sie wirkt so unendlich weise. Mit ihren mittlerweile siebzehn Jahren hat sie ja auch schon eine ganze Menge erlebt. Sie ist so etwas wie eine graue Eminenz. Nicole reitet sie seit ca. drei Jahren. Die beiden sind ein sehr gutes Team geworden.

Samurai lebt seit zwölf Jahren mit Kenja zusammen und ist das erste Pferd, das ich gesehen habe, welches tatsächlich monogam ist. Er hatte in jungen Jahren, als er noch Hengst war, mit Kenja, zwei Fohlen. Seitdem ist er dieser Stute treu wie kein Zweiter. Die beiden verhalten sich wie ein altes Ehepaar. Wenn die beiden anderen, jüngeren Stuten rossig sind und ihn umgarnen, scheint er Angst zu haben, vor Kenjas Wut. Wenn sie in der Nähe ist, schaut er keine andere Stute an. Ist Kenja nicht auf der Wiese, weil sie geritten wird oder gerade in der Therapie ist, traut sich Samurai tatsächlich schon mal einen Blick zu riskieren. Kaum ist seine Lebensgefährtin wieder da, scheucht er die vermeintliche Störenfriedin unsanft weg.

Samurai war in jungen Jahren immer ein Macho. Mittlerweile ist er ruhiger geworden und seit Tabernero die männliche Führung der Herde übernommen hat, konnte er auch seine Verantwortung abgeben und entspannen. Das hat ihm sicher nicht geschadet, denn er schien oft überfordert, mit dieser verantwortungsvollen Aufgabe. Samurai ist ein schwarzer Trakehner und mittlerweile dreizehn Jahre alt.

Tabernero ist ebenfalls ein Andalusier. Er hat eine ganz besondere Farbe, die man Cremello nennt. So bezeichnet man Füchse, deren Farbe durch ein besonderes Farb-Gen immer weiter aufgehellt wird, bis diese cremefarben sind, sie haben dann einen perlmuttfarbenen Schimmer, Taberneros Fell ist fast weiß, mit diesem besagten Schimmer. Diese reinweiße Farbe ist sehr selten und lässt die Pferde wie Porzellanpferde ausschauen. Genauso zerbrechlich wie sie aussehen, scheint allerdings auch ihr Gemüt zu sein.

Das feenartige Pferd ist ein extrem hochsensibles Tier, das kleinste Inkongruenzen wahrnimmt und spiegelt. Unechte Verhaltensweisen sind etwas, was er sehr schlecht kompensieren kann. Tabernero kommt wie Kenja aus Spanien, lebte bis zu seinem sechsten Lebensjahr dort und wurde auch da eingeritten. Er wurde erst in Deutschland gelegt (kastriert) und ich weiß nicht, was er in jungen Jahren erlebt hat. Es ist anzunehmen, dass er auch negative Erfahrungen gemacht hat. Er reagiert oft schnell, fast raptusartig, genau wie ein traumatisierter Mensch. Wenn ihn etwas antriggert (Trigger=Auslöser), ist die darauffolgende Reaktion oft unberechenbar. Dieses edle Ross benötigt absolut klare Ansagen und ebenso eine ganz klare Linie. In den ersten Monaten, in denen er in meinen Besitz war, hatte ich ihn noch als Therapiepferd eingesetzt. In meinem Buch „Hautnah" sind noch Fallbeispiele mit ihm beschrieben. Im Laufe der Zeit stellte sich heraus, dass er viele Verhaltensmuster meiner Patienten schlecht kompensieren konnte. Aus diesem Grunde nahm ich ihn zunächst aus der Gruppe der Pferdetherapeuten heraus. Inzwischen jedoch setze ich ihn in ganz wenigen Einheiten wieder in der Therapie ein. In Maßen scheint Tabernero diese Arbeit gern zu machen.

Kimberly ist eine mittlerweile achtjährige braungetigerte Knabstrupperstute. In meinem ersten Buch *Hautnah – Wie Pferde verletzte Seelen heilen* habe ich sie noch als unberechenbaren Teenager beschrieben. Mittlerweile ist sie zu einer erwachsenen Stute herangereift, die ihre Leidenschaft in der Therapie gefunden hat. Das spiegelt sich auch bei den Patienten wieder. Es scheint, als hätte sie Kenjas Stelle übernommen. War die betagte Stute die ganzen Jahre das Pferd der verletzten, hauptsächlich weiblichen Seelen, so hat Kimberly nun diesen Platz besetzt. Das Pünktchenpferd schaut in die Herzen der Frauen und tröstet diese über ihren Kummer hinweg. Diese kleine Stute leistet eine so faszinierende Arbeit, dass ich oft einfach sprachlos bin, weil mir für diese Prozesse, die dort geschehen, die Worte fehlen.

Xsarah meine Friesenstute führte eine Zeitlang die Flegelphase fort, die Kimberly nun endlich beendet hat. Die schwarze Dame ist sieben Jahre alt und da Friesen Spätentwickler sind, befand sie sich bis vor einem Jahr inmitten in dieser sogenannten Flegelphase. Das machte sich z.B. darin bemerkbar, dass sie durch Zäune ging, wenn diese nur eine kleine undichte Stelle aufwiesen. Eine besonders unangenehme Eigenschaft war, dass Menschen von ihr angerempelt wurden, wenn diese sich nicht ganz genau positionierten; wobei – diese Eigenschaft hat sie noch immer.

Xsarah hatte es durch ihre friesentypische, ruppige Art, nicht so ganz leicht in der Herde, der sonst eher hochsensiblen Tiere. Nicht, dass Xsarah unsensibel wäre, sie zeigt es nur nicht. Wenn sie kommt, müssen alle weichen. Natürlich machen die anderen das nicht und dann gibt es erst einmal Ärger. Letzten Sommer stand Xsarah sehr oft allein, abseits von den restlichen Herdenmitgliedern. Selbst ihr Freund Tabernero hielt sich gegen Ende des Sommers mehr bei den restlichen Pferden auf.

In der Therapie ist die schwarze Perle – trotz allem oder gerade deshalb unentbehrlich, da sie sehr gut Grenzen setzen kann.

Auch Xsarah hat ihre Aufgaben, durch ihre Schönheit und Ausstrahlung ist sie ein beliebtes Therapiepferd.

Der Ruf der Wolfsfrau

Während eines Seminars für pferdegestütztes Persönlichkeitstraining entdeckte ich bei einer geführten Meditation die geistige Verbindung zu meinem wahren Selbst und zu dem der Tiere, die mich auf meinem Weg begleiteten und dies immer noch tun.

Ich sah mich als Wölfin, die den Mond anheulte. Die Nacht war klar und pechschwarz. Nur der große, runde, goldglänzende Himmelskörper leuchtete auf die Erde. In dem Archetyp der Wolfsfrau befand ich mich in einer gläsernen Kugel. Diese Schutzhülle stellte meinen persönlichen Raum dar. In ihr befand ich mich, gemeinsam mit einem großen, mächtigen Baum. Während der Baum immer größer wurde, dehnte sich die Kugel durch diese unsagbare Energie aus, wie das flüssige Glas in einer Glasbläserei. Der Baum wuchs in die Höhe und seine Äste und Wurzeln streckten sich ebenso nach oben und in die Tiefe sowie in die Breite.

Plötzlich war die Kugel so riesig, dass ich mich inmitten einer unendlich weiten, saftig, grünen Wiese befand. Meine Pferdeherde stand ruhig und entspannt am Horizont und graste.

Ich schlenderte gelassen über die weite Landschaft, um zu sehen, was sich hinter dem Horizont befand. Obwohl ich mich immer noch im Körper einer Wölfin befand, grasten meine

Pferde friedlich weiter. Es war so, als würde ich mich mit der Herde verbinden.

Langsam ging ich mit den sanften und geschmeidigen Bewegungen, wie sie nur ein Wolf haben konnte, durch die Herde, um hinter dem Horizont ein großes goldenes Tor zu sichten. Dieses Tor wirkte riesig und war mit Ornamenten verziert.

In dem Moment, als ich direkt darauf zuging, öffnete es sich und lud mich ein, hindurchzutreten. Ich nahm die Aufforderung neugierig an. Im selben Moment verwandelte sich mein Körper in den eines Menschen. Mein Herz aber blieb das einer Wölfin, während sich mein Leib in einem bezaubernden weinroten, aus reiner Seide und weichem Samt bestehenden Barockkleid befand.

Als Wolfsfrau ging ich weiter. Mein Weg führte über einen langen Pfad mit weißen, leuchtenden Kieselsteinen direkt zu einem wundervollen Schloss. Schon eine ganze Weile, bevor ich dieses prächtige Gebäude sehen konnte, wurde ich von dem lieblichen, samtigen Blütenduft, der an die tausend Rosen ankündigte, begleitet.

Ehrfürchtig blickte ich auf die riesige, weiße, aus Marmor gearbeitete Treppe vor dem prunkvollen Gebäude. Rechts und links neben der Stiege standen zwei prachtvolle Königspferde. Ein fast schneeweißer Cremello und ein braungetigerter Knabstrupper. Die beiden verbeugten sich und bedeuteten mir, über eine Bewegung des Kopfes durch das große, grüne Holztor zu gehen.

Ich drückte die goldene Türklinke und betrat, mit dem Herzen einer Wölfin und dem Kleid einer Königin, einen stockfinsteren Raum. In diesem Zimmer war wegen der schwarzen Dunkelheit nur eine Holztür zu erkennen. Dieser Durchgang aus hellem, marodem Holz, der in seinem Dasein wohl noch nie einen Tropfen Farbe gesehen hatte, ließ erahnen, dass die Tür schon mehrere Jahrhunderte auf dem Buckel hatte.

Vorsichtig öffnete ich das kleine, knarrende Tor und staunte wie ein kleines Kind, das zum ersten Mal in seinem Leben bewusst einen Weihnachtsbaum sieht.

Ich stand vor dem All. Tausende, funkelnde Sterne im gesamten Universum lagen mir zu Füßen. Ich zögerte einen kurzen Moment, diesen schwerelosen Raum zu betreten. Die Angst, ohne Flügel zu fallen, war einfach zu groß. Doch dann ging ich einfach einen Schritt weiter. Während ich fiel, bemerkte ich, dass ich schwebte. Ich befand mich inmitten des gesamten Alls.

Im selben Moment spürte ich, wie sich mein Körper auflöste und ich mich mit dem grenzenlosen Universum verband. Das musste die Bedeutung des kollektiven Unterbewusstseins sein.

Es existierte nur noch mein Geist, verbunden mit dem Universum.

In diesem unsagbaren Moment erschien mir ein leuchtend weißer Pegasus. Dieser trug eine goldene glitzernde Krone auf seinem edlen Haupt.

Er forderte mich mit seinem Gesichtsausdruck auf, ihm eine Frage zu stellen.

Diese lautete: „Warum habe ich nur schwarze und weiße Pferde?" Er antwortete mir: „Du hast auch ein braunes Pferd! Kimberly, sie ist zwar weiß, hat aber viele hunderte, braune, Punkte! Sie ist die Verbindung, die du immer gesucht hast. Erkenne deine Verletzbarkeit und steh dazu. Du hast immer versucht ihr aus dem Weg zu gehen. Kimberly ist deine Verletzbarkeit, lerne sie anzunehmen."

Mit diesen Worten endete die Meditation. Ich hatte verstanden, dass mich das Universum auf das kollektive Unterbewusstsein aufmerksam machen wollte. Alles ist eins, alles ist miteinander verbunden. Es gibt nicht nur schwarz oder weiß. Kimberly war die Verbindung zwischen hell und dunkel. Sie war der Ausdruck meiner eigenen Hochsensibilität, die sich in Form von Verletzbarkeit darstellte.

Viele Menschen sehen immer nur *das Schwarze* oder *das Weiße.* Oft vergessen wir die *Grauzonen* um uns herum, zu sehen. Genauso ist es mit der Verletzbarkeit. Entweder wir sind *hart* oder wir sind *weich.* Wer schafft es schon, sich im Leben durchzusetzen. Dabei die Ellenbogen einzusetzen und sich trotzdem von seiner verletzbaren Seite zu zeigen? Oder andersherum: Wenn wir Schwäche zeigen und verletzbar sind, verlieren wir dann nicht unsere Autorität? Kann man wirklich beides leben? Gibt es nicht nur entweder oder? Schwarz oder weiß? Kimberly ist ein weißes Pferd mit braunen Punkten am Körper, schwarzen Schattierungen an den Beinen und schwarz-weiß gestreifter Mähne.

Sie ist komplett bunt, so wie eine menschliche Persönlichkeit es auch ist.

Die Wolfsfrau hatte mich in der Meditation zu dem weißen Pegasus geführt, der mich dazu aufforderte, genauer hinzuschauen. Ich neigte dazu, nur das Schwarze oder das Weiße zu sehen, das Offensichtliche. In der Meditation zeigten die beiden mir die Punkte und die Grauzonen, die zwischen den schwarzen und weißen Feldern lagen. Es gab mehr, als wir Menschen bereit waren, zu sehen. In meinem Wachtraum erklärten sie mir, dass es sehr wohl eine Verbindung gab zwischen Menschen und Tieren. Es gab sie auf der geistigen Ebene. In Form von Bildern gaben sie mir zu verstehen, dass wenn wir Menschen offen sind für diese Themen, sich die Tiere uns offenbaren. Wenn unser Geist sich öffnet, haben wir die Möglichkeit mit dem Universum zu verschmelzen und die geistige Verbindung zwischen Menschen, Pferden und auch anderen Tieren zu finden.

Ich muss gestehen, dass ich das ganze Ausmaß dieser Aussage erst im Laufe der Zeit, um genau zu sein, während des Schreibens des Buches, verstanden habe. Aber lieber spät als nie.

Warum mir in dieser Meditation ein Wolf erschienen ist, hat mich zunächst irritiert, doch im weiteren Verlauf löste sich dieses Rätsel immer weiter auf.

In dieser geistigen Vorstellung, die ich den *Ruf der Wolfsfrau* nenne, hatte sich ganz klar mein Unterbewusstsein gemeldet. Es handelte sich hier aber nicht nur um mein eigenes, alleiniges Unterbewusstsein, sondern um das kollektive Unbewusste, das ich an anderer Stelle noch weiter beschreiben werde. Faszinierend fand ich, dass ich zunächst, mit dem Begriff Wolf bzw. Wolfsfrau gar nichts anfangen konnte. Im Laufe der Zeit jedoch stellte sich heraus, dass diese Meditation eine Art Vorhersage war. In der Beschreibung, dass ich mich mit dem kollektiven Unterbewusstsein verbinden würde, erkannte ich erst viel später den Zusammenhang. Alles, was geschah, war schon vorprogrammiert. Alles war Bestimmung. Die Wolfsfrau hat mich gerufen und ich bin ihrem Ruf gefolgt, ohne zu wissen, dass ich das tat. In diesem Wachtraum sagte ein gepunktetes Pferd zu mir, ich solle zu meiner Verletzbarkeit stehen. Verletzbarkeit und Hochsensibilität könnte man hier als Synonym bezeichnen. Wobei Verletzbarkeit sich zunächst auf die Seele bezieht. Zu diesem Zeitpunkt war ich noch nicht genügend dazu bereit, auf diese Eingebung zu hören. Damals kannte ich auch dieses Sprichwort noch nicht.

„Geh du vor!", sagt die Seele zum Körper. „Auf mich hört er nicht".

„Ich werde krank werden, dann muss er auf mich hören!", antwortet der Körper. (Zitat: unbekannt)

Irgendwann wurde ich dann doch dazu gezwungen, mich meiner Hochsensibilität zu stellen.

Aber das, liebe LeserInnen, will ich nicht vorwegnehmen, das werden Sie noch erfahren.

Ich möchte hier noch einmal zum besseren Verständnis auf die einzelnen Punkte der Meditation eingehen.

Die Wolfsfrau als Archetyp verkörpert die Wildheit der Frau. Diese ist wichtig für das Durchsetzungsvermögen, die Kraft und die Selbstständigkeit, die gegen die Versklavung der Frauen steht.

Frauen wurden und werden zum Teil immer noch Männern gegenüber benachteiligt behandelt. Als Frau hat man es oft schwerer und muss öfter die Zähne zeigen, als die männlichen Kollegen. Ich bin sicher keine Frauenrechtlerin, jedoch ist es leider immer noch so, dass *Frau* es im Berufsleben oft schwerer hat als *der Mann*. Als Archetyp der Wolfsfrau ist es einfacher sich in der Männerwelt durchzusetzen.

Der Blick auf das All verkörpert die Verbindung mit allem Lebenden. Alles ist eins und kann deshalb auch geistig miteinander verbunden werden.

Dazu ein Zitat von Bärbel Mohr:

„Alles, was je von einem Menschen gedacht wurde – und dazu gehören ja auch alle Handlungen, Äußerungen, Erlebnisse usw. – ist jedem anderen Menschen über das

gemeinsame Unterbewusstsein zugänglich. Darum funktionieren systemische Aufstellungen, darum werden immer wieder ähnliche neue Erfindungen an verschiedenen Orten der Welt gleichzeitig gemacht und darum beeinflussen wir uns – unbewusst – auch alle gegenseitig."

Erklärung

Der Unterschied zwischen dem Unterbewusstsein und dem kollektiven Unbewussten ist der, dass beim Ersten die Erfahrungen direkt vorhanden sind. Diese wurden vergessen oder verdrängt und tauchen in Situationen wieder auf, in denen wir unbewusst erinnert werden, z.B. bestimmte Gerüche, Farben, Geräusche etc.

Beim Zweiten beruhen die Erfahrungen jedoch auf Vererbungen. Hier sind keine persönlichen Erfahrungen vorhanden, sondern die Erfahrungen von ganzen Generationen. (Bsp. „Wie Traumata in die nächste Generation übertragen werden" von Gabriele Frick-Baer/Udo Baer.)

Ein gutes Exempel sind unsere Pferde. Auch wenn sie im Stall stehen, sind sie dennoch Fluchttiere. Das beinhaltet, dass sie misstrauisch und schreckhaft sind, obwohl sie in einem geschützten Raum sind und Menschen von Geburt an kennen. Ihre Urinstinkte sind immer aktiv. Das kollektive Unterbewusstsein vermittelt den Pferden, dass sie immer auf der Hut sein müssen. Auch wenn die Tiere im Stall geboren wurden, und niemals einen Löwen oder Ähnliches zu Gesicht bekommen haben. Somit erklären sich die Instinkte, die auf dem kollektiven Unbewussten beruhen.

Vom Fluch und Segen der Hochsensibilität

Es gibt unterschiedliche Formen von Sensibilitäten. Es gibt Menschen, die man als *sehr sensibel* bezeichnet, Menschen die man als *unsensibel* deklariert und es gibt solche, die man als *normal sensibel* bezeichnen würde. In den letzten Jahren häufen sich Publikationen über das Thema der sogenannten *Hochsensiblen*. Wissenschaftliche Belege gibt es noch nicht wirklich über dieses brisante Thema, jedoch fühlen sich einige Menschen, die diesem sogenannten Phänomen entsprechen, mit dieser neuen Erkenntnis zum ersten Mal in ihrem Leben erkannt und angenommen.

Auch in meinem Umfeld fühlen sich viele Menschen, die meisten davon sind meine Patienten, davon betroffen und leiden zunächst einmal unter diesem sogenannten Phänomen. Bis vor wenigen Jahren war diese, nennen wir es Eigenschaft, überhaupt nicht bekannt bzw. wurde nicht thematisiert. Die Menschen, etwa fünfzehn bis fünfundzwanzig Prozent, die unter dieses so genannte Phänomen fallen, haben Schwierigkeiten mit den weniger sensiblen Menschen zurechtzukommen. Es wird davon ausgegangen, dass dieser Personenkreis wesentlich weniger belastbar ist, sich schlechter konzentrieren kann und einfach eine durchaus bessere Wahrnehmung hat, als andere Menschen mit einer weniger hohen Sensibilität. Das macht manche Situationen leichter, andere aber auch unerträglich. So wird es in der Literatur von Betroffenen und Verfechtern der Hochsensiblen beschrieben.

Ich hatte z.B. eine Patientin, die konnte zum Schluss ihren Beruf als Zahnarzthelferin nicht mehr ausüben, da sie die Schmerzen ihrer Patienten mit ertragen musste. Eine andere Patientin war im Wartezimmer bei ihrer Hausärztin und ging an einer Mitpatientin vorbei, als sie plötzlich grundlos in Tränen ausbrach. Sie berichtete später ihrer Ärztin davon. Diese sah sie irritiert an und erklärte ihr, dass die andere Patientin gerade einen schlimmen Schicksalsschlag erlitten hatte.

Solche Erlebnisse machen natürlich zunächst einmal Angst. Auch ich kann mich daran erinnern, dass schon der Kinderarzt zu meinen Eltern gesagt hatte, ich sei ja eine ganz schöne Mimose. Mein ganzes Leben bekam ich zu hören, dass ich viel zu empfindlich sei und immer dachte ich, dass mit mir irgendetwas nicht stimmt. Erst nach sehr vielen Jahren erfuhr ich dann von dem Phänomen der Hochsensibilität.

Hierbei gilt es jedoch zu bedenken, dass es immer wieder auch äußere Einflüsse gibt, die unsere Haut dünner werden lassen. Viele meiner Patienten und Patientinnen sind schwer traumatisiert. Ihre Sensibilität wurde schon sehr früh geschärft, um zu überleben. Ihre Antennen wurden auf Alarm gestellt. Ein traumatisierter Mensch ist verletzt und somit auch sehr sensibel. Außerdem ist er wie ein Pferd ein *Fluchtwesen*.

Kreative Menschen sind ebenso von Natur aus sehr sensibel. Künstler scheinen dem Universum näher verbunden zu sein als weniger kreative Menschen.

Doch muss ich mittlerweile gestehen, dass ich der Meinung war, dass ein sehr sensibler Mensch, ja ein hochsensibler Mensch, niemals in der Lage sei, eine angemessene Schutzkleidung „anzuziehen." Ich war davon überzeugt, dass es genauso wie bei einem rothaarigen Kind ist. Dieses kann man nicht ohne Schutz in die Sonne setzen, in der Hoffnung, dass es irgendwann braun wird.

Inzwischen bin ich jedoch der Ansicht, dass ich mich getäuscht habe. Sie werden später noch lesen, warum ich meine Meinung änderte und wie meine Stute Xsarah mich eines besseren belehrte. Doch dazu noch ein wenig Geduld.

Nicht die hohe Sensibilität wird von den Menschen mit dieser Gabe als störend empfunden, sondern der ständige Kampf gegen die Gesellschaft, die immer wieder verlangt, doch bloß nicht so empfindlich zu sein. Sensible Menschen sind sehr kreativ und haben eine besonders gute Wahrnehmung. Wichtig ist, dass sie lernen, sich zu schützen. Besonders wichtig ist es ebenso, herauszufinden, ob es sich um eine angeborene Sensibilität handelt oder um eine erworbene. In beiden Fällen kann eine Therapie hilfreich sein. Im Falle einer Traumatisierung sollte das Trauma bearbeitet werden, im Falle einer angeborenen Sensibilität können Stressbewältigungsstrategien erlernt werden.

Ob unsere Hochsensibilität nun für uns als Fluch oder als Segen erlebt wird oder wurde, hat viel damit zu tun, wie wir aufgewachsen sind und wie wir in Zukunft weiter damit umgehen. Wie sind unsere Eltern mit unserer Empfindsamkeit umgegangen? Wurden wir in unserer Kreativität gefördert? Oder wurde uns gesagt: „Hör auf zu weinen! Ein Indianer kennt keinen Schmerz!" Alte Muster müssen erkannt und aufgelöst bzw. geändert werden.

Wir können nun beginnen uns zu akzeptieren, wie wir sind, uns anzunehmen und lieben. Unsere Fähigkeiten zu nutzen, zum Beispiel, um den Tieren zuzuhören und eine geistige Verbindung mit ihnen einzugehen.

Mittlerweile habe ich für mich erkannt, dass aus dem Fluch, der mich stets mein Leben lang begleitet hatte, ein Segen geworden ist. Diese Gabe, die mir da vom Universum geschenkt wurde, hatte bewirkt, dass ich Bilder gemalt, Lieder gesungen, Plastiken modelliert und andere Dinge kreiert habe. Ich habe Texte für meine eigenen Lieder verfasst und Bücher geschrieben. Ich habe mit Menschen und mit Tieren gesprochen. Ich habe die geistige Verbindung anderer Lebewesen gesucht und immer wieder gefunden. Die Suche danach werde ich nie mehr aufgeben.

Mein Weg ist es, diese Verbindung immer mehr auszubauen. Gleichzeitig möchte ich den Menschen und den Tieren dabei helfen ebenfalls, diese Verbindung einzugehen.

Hochsensibilität kann ein Fluch sein, wenn man versucht, dagegen anzukämpfen. Das habe ich selbst erlebt. Es kann aber auch eine Gabe sein, wenn man lernt, diese als eine solche anzunehmen.

Verletzbarkeit zu leben erfordert Mut. Sie erfordert viel Kraft, denn sie macht angreifbar. Viele meiner Patienten, mich selbst eingeschlossen, haben sich eine dicke Schutzmauer zugelegt, aus Angst vor Kränkungen.

Viele Jahre war es diesen Menschen nicht möglich, anderen Menschen zu vertrauen. Die große Angst davor, angegriffen zu werden, hinderte meine Patienten daran. Schnell hatten sie gelernt, dass je mehr sie von sich preisgaben, umso verletzlicher sie sein würden. Die meiste Zeit in ihrer Vergangenheit verfluchten sie diese Gabe. Ihre extreme Dünnhäutigkeit brachte ihnen immer mehr Probleme als Nutzen. Ihrem Gegenüber lieferte sie immer eine große Fläche für verbale Attacken.

Wenn diese Menschen mir in unseren Therapieeinheiten von ihrer Problematik erzählten, erkannte ich meine Vergangenheit eins zu eins wieder. Ich hatte keine Scheu, ihnen über meine Erfahrungen zu berichten. Mir war und ist es immer noch wichtig, meinen Patienten auf Augenhöhe zu begegnen. Ich erklärte den Menschen, die sich mir anvertrauten, das Phänomen der Hochsensibilität. Weiter berichtete ich ihnen über Fluch und Segen. Zusätzlich klärte ich sie über den Schaden des *Verdrängens* und den Nutzen des *Anerkennens* auf.

Rolf Sellin bringt es in seinem Buch *Wenn die Haut zu dünn ist* auf den Punkt:

> *„In der Literatur wird bisher nur das einseitige Bild der sanften Highly Sensitive Persons gepflegt. Unsere Schattenseiten fallen unter den Tisch. Mit Beschönigungen und halben Wahrheiten ist jedoch niemandem gedient. Am wenigsten den Betroffenen. Wir Hochsensiblen haben eigentlich nur eine Wahl: Wir können es dabei belassen, unsere Wahrnehmung mehr oder weniger erleiden, oder wir können uns dafür entscheiden, zu lernen, bewusst und konstruktiv mit unserer Begabung umzugehen."*

Mittlerweile kenne ich sehr viele Menschen, die hochsensibel sind und eine geistige Verbindung zu den Tieren aufgebaut haben.

Von der Hochsensibilität zur Spiritualität

„Zwischen den Menschen stößt diese Sehnsucht nach Einheit und Ganzheit ins Leere oder auf Widerstand. Sie ist jedoch existent und will gelebt werden. Sie ist der Nährboden für Spiritualität, für die wir Hochsensiblen so empfänglich sind. Wenn diese Spiritualität gelebt wird und die Sehnsucht nach Harmonie und Vollkommenheit dorthin gerichtet wird, wohin sie eigentlich gehört, nämlich ins Transzendente, entlastet das die realen Kontakte zu anderen Menschen und macht sie oft erst wieder möglich."

Rolf Sellin in Wenn die Haut zu dünn ist

Wenn ich zurückdenke, dann erinnere ich mich daran, dass ich schon immer ein Interesse an der geistigen Welt hatte. In einem katholischen Elternhaus aufgewachsen, hatte ich schon von Beginn an eine Verbindung zu Gott. Ich kann mich entsinnen, dass ich sehr traurig über die Geschichte von Adam und Eva war, dass sie aus dem Paradies geworfen wurden. Ich hatte eine unsagbare Phantasie, was dieses Reich anbelangte. Ich sah Blumen und Felder, Vögel sangen und Bäume konnten Geschichten über ihre langjährigen Erfahrungen berichten. In dieser Welt waren alle zufrieden, es gab keinen Streit und keine Missgunst. Es gab keine Schulnoten, keine bösen Menschen, die ständig die Grenzen anderer überschritten, es gab nur Ruhe.

Ich weiß noch, dass ich damals glaubte, dass diese Welt für mich erst nach meinem Tod erreichbar sein würde. Schon damals spürte ich ganz intuitiv, dass es eine andere Welt geben musste, oder war es nur das große Ganze?

Zwischen dieser Zeit und der heutigen sind viele Jahre vergangen. Mittlerweile weiß ich, dass ich immer auf der Suche war, nach dem Geheimnis zwischen den Welten. Jedoch glaube ich mittlerweile, dass ich diese Suche sehr unbewusst begonnen hatte. Mein ganzes Leben drehte sich im Prinzip um Spiritualität und Kunst. Es gab Phasen, in denen ich bis morgens um fünf Uhr malte, Gesichter aus Ton modellierte und Formen anfertigte. Weiter schrieb ich Liedertexte und kreierte meine eigenen Melodien. Stundenlang saß ich bei meinen Pferden, nur um ihre Nähe zu spüren. Mich selbst als Ganzes zu erfahren, gelang mir nur, wenn ich durch meine Kreativität und die Natur mit mir im Reinen war.

Meine Familie hielt mich immer für einen Tagträumer, ein Sensibelchen, wie sie mich oft nannten. Natürlich war das nie böse gemeint, doch versetzte es mich in die Annahme, dass Sensibilität eine Form von Schwäche war.

Solange ich denken kann, hatte ich das Talent, meine Wünsche in gedankliche Visionen umzuwandeln. Ich wusste intuitiv, dass sie sich erfüllen würden und das taten sie auch. Oft dauerte es Jahre, doch es kam immer zu einem Resultat.

> „Wie erreichst du den Himmel? Du kannst doch nicht fliegen, wie machst du es also?
> Du kannst den Himmel erreichen, indem du die Spiritualität in dir entdeckst. Pferde kennen den Weg in diese

Jetzt als erwachsene Frau wünschte ich mir oft die kindliche Spiritualität und die Fähigkeit zurück, diese auszuleben.

Wenn ich an diese Zeit zurückdenke, erinnere ich mich an eine Situation, die ich erlebte, während ich mit meinen Eltern in einem Tannenwald, in der Nähe der Eifel spazieren ging. Es war Winter und die Bäume hatten leuchtend weiße Gewänder um ihre Äste gelegt. Ab und zu hörte man eine Schnee-Eule in der Winterlandschaft gurren. Es war kurz vor Weihnachten, Stille lag über dem Tal. Die Vögel hatten sich schon vor Wochen aufgemacht, um in den warmen Süden zu fliegen. Da entdeckte ich den Baum, groß, breit und mächtig.

„Das ist mein Freund!"

Kindliche Begeisterung sprudelte aus mir heraus, während ich auf den riesigen Baum zustürmte. Mit einem schnellen Satz ließ ich mich rückwärts in seine ausgebreiteten *Arme* fallen und plumps, lag ich mitten im Schnee auf dem Boden. Ein bisschen enttäuscht, dass die große kräftige Tanne mich nicht festgehalten hatte, war ich schon. Doch die Faszination über seine Schönheit übertraf dieses Gefühl im selben Moment. So wie Kinder nun einmal sind, war ich der festen Überzeugung, dass dieser Baum mein Freund war. Immer wenn wir dort wieder spazieren gingen, lief ich zu diesem Baum. Ich hatte das tiefe Bedürfnis mit diesem Baum zu kommunizieren. Meine Eltern lachten immer erfreut, wenn ich mit nicht zu bremsender Begeisterung und hohem Stimmchen rief: „Da ist er wieder, da ist mein Freund der Baum!"

Damals als Kind, so bin ich mir sicher, hatte ich das Leben in dieser mächtigen Tanne gespürt. Wenn ich daran zurückdenke, fühle ich noch die unsagbare Energie, die von diesem Gewächs ausging. Erst später im Erwachsenenalter kam dann die so genannte Vernunft, die uns jegliches Träumen verbietet. Die ach so wichtige Realität, die uns daran hindert, unsere Visionen zum Leben zu erwecken. Wie oft hatte ich zu hören bekommen, ich solle einen *richtigen Beruf* erlernen.

Als ich später im Erwachsenenalter begonnen hatte, Gesangsunterricht zu nehmen, sagte mein Lehrer: „Schade, dass du so spät angefangen hast. Du hättest Opernsängerin werden können."

Den Zugang zur Kunst habe ich erst sehr spät gefunden, den Zugang zur Spiritualität hatte ich schon eher. Doch richtig bewusst wurde es mir erst durch meine Arbeit mit den Pferden, meine Zusatzausbildungen und vor allem durch das Schreiben. Immer mehr spürte ich die tiefe Verbundenheit zu meinen Tieren. Wenn ich auf den Hof kam und meine vier Katzen rief, kamen sie sofort hocherfreut zu mir angelaufen. Betrat ich den Stall, so konnte ich in den Gesichtern der Pferde lesen. Während meiner Arbeit verrieten mir meine Tiere Diagnosen und Eigenarten meiner Patienten, die ich sonst niemals erfahren hätte. Meine Tiere wurden immer mehr zum Mittelpunkt meines Lebens.

Je weiter ich mich auf diesem Weg befand, umso häufiger gelang es mir, Gefühle und Gedanken von anderen Menschen und Tieren wahrzunehmen. Diese Eigenschaft verbesserte sich von Tag zu Tag. Meine – sowieso schon sehr ausgeprägte – Sensibilität erhöhte sich noch um ein weiteres Maß, da ich jetzt wieder vermehrt *hinhörte* oder auch *hinfühlte*. Ich spürte, wie die kindlichen Fähigkeiten zurückkehrten. In meinem persönlichen und beruflichen Umfeld kristallisierte sich diese Fähigkeit immer mehr heraus.

In den mehr als dreizehn Jahren, in denen ich als Reittherapeutin tätig war, hatte ich mir mittlerweile einen sehr guten Ruf zugelegt. Vielen Menschen, die mich aufsuchten, um gemeinsam mit mir und meinen Pferden zu arbeiteten, konnte ich helfen, bewusster mit sich selbst und ihrem Umfeld umzugehen.

Um zu dieser Art von Sensibilität zu gelangen bzw. zu ihr zu stehen und sie als Stärke anzuerkennen, musste ich mich auf einen steinigen Weg begeben. Diesen Pfad zu überwinden war der Grundstock dafür, meine eigene Verletzbarkeit anzunehmen und aus ihr zu lernen. Sie ermöglichte mir, dem Ruf zu folgen, eine geistige Verbindung mit den Tieren aufzunehmen. Wie ich dazu kam, will ich später noch berichten. Aber zunächst möchte ich Ihnen etwas über meine größte Schwäche mitteilen. Sie hat mich mein ganzes Leben begleitet und mich oft an meine Grenzen geführt.

Gemeint ist meine Ruhelosigkeit. Diese innere Unruhe ist der Gegenpol vieler Menschen, die sehr sensibel und verletzbar sind. Um die eigene Hochsensibilität aushalten können bzw. um sich vor der Gesellschaft nicht zu entblößen, beginnen die meisten, diese Eigenschaft mit Arbeit zu kompensieren. Man kann das Ganze auch als *Laufen im Hamsterrad* bezeichnen.

Wenn Pferde die Handbremse ziehen

Ruhelosigkeit, Rastlosigkeit. So oft schon hatte ich das Gefühl, ich sei der besagte *Hamster im Laufrad.*

Mein ganzes Leben lief und lief ich – immer schneller, immer schneller. Das Ziel, weswegen ich irgendwann einmal losgelaufen war, verschwand immer mehr vor meinem geistigen Auge oder es gab immer wieder ein neues, ein anderes Ziel. Es war nie genug. Ich lief immer schneller, suchte immer neue Ziele, doch je schneller ich lief, desto schneller verschwand mein Ziel aus meinen Augen.

Früher, zu Zeiten, als ich noch Besitzer eines Pferdes war, kam es dabei schon mal vor, dass dieses plötzlich krank wurde. Entweder, es hatte ein Hufgeschwür oder eines hatte einen Sehnenfaserriss oder ähnliche Dinge. Aber es waren immer wieder Krankheiten, die mich zur Reitpause zwangen. So als hätte das Tier die Bremse gezogen. Natürlich habe ich das damals nicht so gesehen. Später war es dann so, wie sie lesen werden, dass, als ich dann mehr Pferde zur Auswahl hatte, meine Tiere gesund blieben. Inzwischen hatte das Universum damit begonnen, den Hauptverursacher lahmzulegen.

Mich selbst!

Viele meiner Patienten, die zu mir kommen, haben genau dieses die ganze Zeit praktiziert. Sie haben funktioniert. In ihrem Bemühen ihre Sensibilität zu verstecken, entwickelten sie aus Ehrgeiz, für die Gesellschaft zu funktionieren, ein nahezu perfektionistisches Verhalten. Diese Menschen haben sich starkem Stress ausgesetzt. Etwas was hochsensible Menschen überhaupt nicht aushalten können, nur um nicht empfindlich zu wirken. Sie sind gelaufen wie die Hamster in Laufrädern. Sie sind Vollgas gefahren, ohne nach rechts oder links zu schauen, frei nach dem Motto *Augen zu und durch*, nur um nicht unterzugehen. Diese Menschen haben ihre Schwäche als Stärke gesehen und ihre Stärke als Schwäche, nur weil die Gesellschaft sie so sehen wollte.

Ich habe lange gebraucht, um festzustellen, dass ein gesunder Ehrgeiz etwas sehr Wertvolles ist. Dass aber eine krankhafte Ruhelosigkeit einem auch sehr viel Lebensfreude nehmen kann.

Aber wo fängt Krankheit an und wo endet Gesundheit? Wo beginnt manisches Verhalten und wo ist der Unterschied zwischen ruhender und beginnender Depression? Ich denke, es ist sehr schwierig und man wird darüber diskutieren können, denn die Übergänge sind hier fließend. Genauso schwierig wird es sein, herauszufiltern, ob es Menschen gibt, die eine geistige Verbindung zu Pferden oder anderen Tieren aufbauen können. Es gibt Menschen, die eine telepathische Verbindung zu den Tieren herstellen und mit ihnen sprechen. Es gibt aber auch Menschen, die sprechen mit ihrem Fernseher. Wo ziehen wir Grenzen und gibt es diese überhaupt. Wer maßt sich an, hier überhaupt ein Urteil zu fällen.

Nun aber wieder zurück zur Schwäche *Ehrgeiz*. Bei mir persönlich war es so, dass ich durch meinen unsagbaren Ehrgeiz sehr viel erreicht habe, was ich sonst nicht erreicht hätte. Trotzdem oder gerade deshalb habe ich mir aber auch sehr viele Steine in den Weg gelegt. Die Frage, die sich mir stellt ist die, ob die Dinge, die ich erreicht habe, für mich persönlich von so großer Bedeutung sind. Vielleicht ist es nur die Kompensation dessen ist, was ich gern erreicht hätte aber noch nicht erreicht habe. Ich bin ja immer nur gelaufen, um diesem Ruf zu folgen, der mir bis vor kurzem noch unbekannt war, den ich aber tief in meinem Inneren schon gespürt haben muss. Der Ruf der Wolfsfrau, die geistige Verbindung zwischen Mensch und Tier aufzunehmen. Das ist immer mein ureigenes Ziel gewesen.

Nur, bis vor kurzem wusste ich nichts davon.

Was ich wusste, war, dass ich reiten wollte. Ich wollte einer der ganz Großen sein. Ein Künstler im Sattel. Ich hatte immer tausend Ausreden, warum ich das nicht war. Kein teures Pferd, viel zu spät mit dem Reiten angefangen, zu wenig Talent, und … und … und …!

Trotzdem oder gerade deshalb wollte ich es schaffen. Ich hatte es aus diesem Grund immer wieder mit meiner extremen Willenskraft zu beeinflussen versucht. Wenn ich zum Beispiel ans Reiten denke, erinnere ich mich daran, dass ich so sehr diese geistige Verbindung wollte, dass ich nur daran dachte. Ich war so kopfgesteuert, dass mein Gefühl in dem Moment gar keinen Platz hatte. Wie sollte sich da eine geistige Verbindung aufbauen?

Ich kontrollierte meinen Körper. Ich kontrollierte mein Pferd und ich kontrollierte meine Gedanken. Ich saß Stunden auf dem Pferd. Tag für Tag. Ich wollte eine wunderbare Reiterin werden. Ich wollte! Ich wollte! Ich wollte! Um jeden Preis!

Ich ritt und ritt und ritt. Das ist sicherlich auch nicht falsch, nur darf man bei all dem Ehrgeiz das Wichtigste von allem nicht vergessen: das Gefühl! Für sich selbst und für sein Pferd.

Ich dachte, dass ich das *Reiten* durch *Reiten* lerne. Was im Prinzip ja auch richtig ist. Nur benötigt man dazu auch das richtige Konzept und auch einen kompetenten Reitlehrer, der einem genau das vermitteln kann. Leider habe ich beides erst sehr spät gefunden.

„Du musst nur genug üben, dann klappt das schon.“

Also übte ich. Ich übte und übte und übte ... Meine eigene Verbissenheit perfektionierte sich von Tag zu Tag, nicht aber das Reiten. Als ich zu dieser Zeit so krampfhaft versuchte, das Reiten zu lernen, hatte ich den Eindruck, dass ich mich einer unüberwindbaren Aufgabe gestellt hatte. Warum blieb es nun bei dem verzweifelten Versuch? Ich versuchte, meine Gliedmaßen zu koordinieren, mir die Lektionen zu merken, die Hände stillzuhalten und die Hacken zu senken. Weiterhin den Reitlehrer nicht mit meinen Fragen zu nerven, mich bei dem *Zossen* durchzusetzen und vor allem bitte, mit Gefühl zu reiten. Das alles gelang mir nicht annähernd, was den Reitlehrer jedes Mal schier zur Verzweiflung brachte. Mich überzeugte es davon, dass ich unfähig war, diese Kunst jemals zu erlernen. Meine damaligen Trainer waren nicht dazu in der Lage mir das gefühlvolle Reiten zu vermitteln. Mein Frust stieg von Stunde zu Stunde.

Dieses Prozedere dauerte lange Jahre.

Wie sollte ich, die ja so vermeintlich kalt und hart war, zu gefühlvollem Reiten kommen. Alle Bücher, DVDs und Lehrgänge sprachen immer über das eine Thema: Gefühl. Meine Reitlehrer schalten mich ständig, ich solle mit Gefühl reiten. Aber was denn für ein Gefühl? Ich hatte während des Reitunterrichts viele Emotionen. Mein hauptsächliches Gefühl bestand jedoch aus Angst. Furcht zu versagen, seelisch verletzt zu werden und vor allem mich zu blamieren. Doch genau diese

Emotionen wollte ich nicht haben. Ich hasste diese Schwächen an mir. Je mehr ich sie hasste, umso größer wurde meine Mauer, hinter der ich mich zu verstecken versuchte. Natürlich blieb dieses inkongruente Verhalten nicht ohne Folgen. Mein Pferd und sicher auch meine Reitlehrer konnten mit dieser nicht vorhandenen Authentizität schlecht umgehen. So war es nicht verwunderlich, dass ich zu keinem zufriedenstellenden Ergebnis kam.

Die Verzweiflung wuchs und die Unfähigkeit gefühlvoll zu reiten, verstärkte sich von Mal zu Mal.

Mein Selbstwertgefühl sank bis in meine Schuhsohlen. Mein Lebensinhalt, das Reiten, meine Pferde schienen sich zum Alptraum zu entwickeln. Warum lernte ich nicht einfach stricken? Mehrfach war ich an dem Punkt angelangt, einfach aufzugeben.

Hätte ich damals schon mehr auf meine Pferde gehört, wäre mir und meinen Tieren so einiges an Enttäuschungen erspart geblieben.

Ein Zitat von *Manuel Jorge de Oliveira* trifft diese Beschreibung mit seinen Worten genau auf den Punkt:

> *„Wir glauben immer Reiten sei etwas sehr Kompliziertes, und Pferde seien so schwer zu verstehen. Mit diesem Empfinden verbringen wir Jahre, in denen die Arbeit mit dem Pferd und der Umgang mit uns selbst immer schwieriger werden. Man gelangt dann an einen Punkt, an dem man nicht mehr weiterkommt. Das ist der Moment, an dem man entweder aufgibt, oder den man nutzt um zur Einfachheit zurückzukehren.“*

Nachdem ich für ein knappes Jahr aufgegeben hatte, entschloss ich mich, weiter zu reiten.

Irgendetwas gab es, was mich immer wieder dazu brachte, nicht aufzugeben, sondern einen Neuanfang zu starten. Ich hatte einen Traum. Mein größter Wunsch war es, richtig gut reiten zu können. Ich bewunderte die Reiter der Spanischen Hofreitschule zu Wien. Ich las Bücher über feines Reiten von Philippe Karl, Anja Beran und Richard Hinrichs. Ich sah mir die Videos von Pat Parelli an und besuchte Lehrgänge von seinen Instruktors. Ich machte einen Centered Riding Kurs und verschlang das Buch „Reiten aus der Körpermitte" von Sally Swift.

Den Weg zu meinem Gefühl fand ich dann auf einer ganz anderen Ebene, was ich im folgenden Kapitel noch beschreiben werde. Doch zunächst noch Beispiele für das Lösen der angezogenen Handbremse durch ein Pferd.

Nina

Da gab es zum einen Nina mit ihrer Friesenstute. Die junge Frau hatte so viel Stress und stand unter solch einem enormen psychischen Druck, dass ihr Pferd an der Longe nicht mehr im Kreis laufen konnte. Die Stute stieg nur noch, wenn ihre Besitzerin sie vorwärtstreiben wollte.

Die Besitzerin fährt Vollgas. -- Das Pferd zieht die Bremse!

Ein typisches Beispiel: *Das Pferd spiegelte die Besitzerin.*

Lena - Autoaggressiver Teenager

Sie war für mich der potentielle Amokläufer. Ich kannte Lena und ihre Familie mittlerweile seit mehreren Jahren. Ihre Mutter war ebenfalls bei uns in der Versorgung. Die häuslichen Verhältnisse waren – gelinde ausgedrückt – mehr als schwierig. Lena hatte mit neun Jahren eine Magersucht entwickelt, die sich bis zu ihrem vierzehnten Lebensjahr fortsetzte. Ihr ältester Bruder war so etwas wie der Sonnenschein der Familie, der gut für sich sorgte und kaum Probleme bereitete. Dagegen war der Jüngste der Familie ein kleiner Haustyrann. Der Vater trank nach Feierabend ziemlich viel Alkohol, was sich im Laufe der Jahre immer mehr steigerte. Sein Hobby bestand darin, im Internet mit wildfremden Frauen zu chatten und seine über alle Maßen eifersüchtige Ehefrau damit regelmäßig „auf die Palme" zu bringen. Lenas Mutter war psychisch so krank, dass sie ihre Emotionen nicht unter Kontrolle hatte und ihre Medikamente nicht regelmäßig einnahm. Ständig drohte sie damit, sich oder schlimmstenfalls die Tochter umzubringen, sollte diese versuchen, irgendwo um Hilfe zu bitten.

Lena versuchte das Ganze zu kompensieren, indem sie den gesamten Haushalt fast alleine meisterte, um die Mutter zu entlasten. Es gab jeden Tag Streit in der Familie. Das Mädchen entwickelte sich zu einer tickenden Zeitbombe. Inzwischen war der Teenager achtzehn Jahre alt. Ich versuchte immer wieder sie dahin zu bringen, dass sie endlich für sich selbst die Verantwortung übernahm.

„Lena, wie wäre es, wenn du in eine Wohngruppe für junge Frauen ziehen würdest? Ich denke, es ist wichtig, dass du endlich mal zur Ruhe kommst!" Diese Frage hatte ich meiner Patientin schon so oft gestellt. Eigentlich war es völlig überflüssig, denn ich kannte die Antwort schon. Ich spürte, wie ich zu resignieren begann. Das wollte ich natürlich auf keinen Fall, aber es war schwer für mich, den Mut nicht zu verlieren, nicht aufzugeben. Ungefähr drei Monaten lang holte ich das Mädchen Woche für Woche von zu Hause ab. Jedes Mal spürte ich diese unterschwelligen Aggressionen. Sprach ich sie auf eine eigene Bleibe an, antwortete Lena bockig: „Wenn ich nicht da bin, läuft doch gar nichts mehr!"

Ich sah sie irritiert an. „Wie meinst du das?"

Lenas Gesicht wurde rot. Ihr Mund zog sich zu einem schmalen Spalt zusammen, ihre Augen blitzten auf. Scharf klangen ihre Worte, als sie sagte: „Na was glauben Sie denn, was dann passiert? Meine Mutter bringt sich um, wenn ich weggehe. Ich kann sie nicht allein lassen. Die packt das nicht mit Hendrik und vor allem mit meinem Vater und seinen Weibergeschichten!"

Während sie sprach, kratzte sie völlig gedankenverloren an ihrem Oberarm herum. Verachtung stand in ihrem Gesicht.

„Sag mal, Lena", begann ich vorsichtig zu fragen, „du sprichst immer von Weibergeschichten. Ich weiß, es ist nicht toll, wenn jemand im Internet mit anderen Frauen chattet. Aber ich habe ja auch mal deine Mutter betreut, und soweit ich mich erinnern kann, ist außer ein paar Gesprächen, nie etwas Ernstes zwischen deinem Vater und den Frauen gewesen. Ist das richtig oder hat sich da inzwischen etwas geändert?"

„Neeeeeein." Sie zog das Wort so sehr in die Länge, dass man denken konnte, ein Kaugummi klebe zwischen den Buchstaben. „Aber die Alte!"

Betont abfällig klangen ihre Worte. *Die Alte* war eine Freundin ihrer Mutter, die nur zu Besuch kam, um der Frau den

Mann auszuspannen. Ich bin nie wirklich dahinter gekommen, wer von den beiden Frauen, Mutter oder Tochter, so wahnhaft war oder, ob sich hinter der Fassade des Vaters, tatsächlich ein vermeintlicher Gigolo befand.

Lena ritt immer auf meiner Friesenstute Xsarah, während ich diese am Strick führte. Solche Gespräche, wie ich es beschrieben habe, liefen bei jedem Treffen in der gleichen Form ab. Es drehte sich immer wieder um dieses eine Thema: *Eltern*. Entweder ging es darum, dass diese ihrer Tochter noch Geld schuldeten, der Vater dieses aber lieber in Alkohol umsetzte. Oder es ging darum, dass er wieder irgendwelche *Weibergeschichten* am Laufen hatte. Diese wurden jedoch nur vermutet. Auf jeden Fall fühlte sich Lena für ihre Eltern verantwortlich und nicht umgekehrt. Das ging sogar so weit, dass die Tochter eines Tages das Handy ihres Vaters kontrollierte. Stolz berichtete sie mir davon.

Eines Nachmittags ritt die Patientin auf Xsarah, die ich am Strick führte. Während wir gemeinsam durch die Feldmark gingen, spürte ich, dass Lena mal wieder voller Aggressionen steckte. An diesem Tag war es so schlimm, dass ich es kaum aushalten konnte. Schon den ganzen Weg hatte ich versucht, dem Teenager klarzumachen, dass ihn das Leben seiner Eltern nichts anginge. Dass ihr Vater alt genug sei, zu entscheiden, was er täte und dass sie in Gottes Namen nicht das Recht hätte, sein Handy zu kontrollieren.

„Aber wenn die Alte kommt, schmeiß ich sie raus!" Lena saß trotzig auf dem Pferd und hörte mir überhaupt nicht zu.

Ich versuchte es noch einmal im ruhigen Ton. „Lena, deine Eltern sind erwachsen!"

„Aber ..."

Jetzt reichte es mir. Nachdem ich eine Dreiviertelstunde in aller Ruhe versucht hatte, das hochaggressive Mädchen zu beruhigen und ihr zu erklären, dass sie endlich die Verantwortung abgeben musste, platzte mir wortwörtlich der Kragen! Das war ein *aber* zu viel. Ich stoppte das Pferd, drehte mich zu Lena um und sah ihr ganz ernst in die Augen.

„Jetzt pass mal auf!" Ich spürte, wie sich ihre Aggressivität auf mich übertragen hatte. In der Fachsprache nennt man dies *Gegenübertragung.*

Natürlich wollte ich mich nicht von Ihrer Wut anstecken lassen, doch es war zu spät. Ich hatte keine Lust mehr gegen eine Wand zu reden. Das Gefühl von diesem Mädchen als Punchingball benutzt zu werden, machte sich in mir breit. Dieses Gespräch hatte jegliche Konstruktivität verloren. Lena steigerte sich dermaßen in ihre Wut hinein, dass es unerträglich für mich war. In diesem Moment erkannte ich, dass diese Konversation weder für sie noch für mich zu einem erfolgsversprechenden Ende führen würde. Also beschloss ich, die Reißleine zu ziehen und ihr ein Ultimatum zu stellen. Bis ich an solch einem Punkt angelangt bin, muss schon so einiges passieren. Also sagte ich zu ihr: „Es gibt genau zwei Möglichkeiten. Entweder du hörst jetzt auf ständig *aber* zu sagen und denkst mal darüber nach, was ich dir sage oder du steigst jetzt ab, ich bringe dich nach Hause und wir beenden an der Stelle hier alles!"

Lena war geschockt über mein resolutes Auftreten. Damit hatte sie nicht gerechnet. An diesem Tag hatte der Teenager verstanden. Sie wollte auf keinen Fall mich oder die Pferde verlieren. Endlich war das Mädchen ruhig und begann damit, das Gefühl des Getragenwerdens zu genießen. Sie entspannte sichtlich auf dem Pferd, welches sich dafür mit einem lauten Schnauben bedankte.

„Siehst du, Lena. Ist es nicht viel schöner zu entspannen und die Natur zu genießen? Wenigstens beim Reiten solltest du für diesen Moment deine familiären Probleme beiseiteschieben. Im Auto, wenn ich dich abhole oder wieder nach Hause bringe, bleibt genug Zeit darüber zu reden. Auf dem Pferd solltest du entspannen.“

An diesem Tag konnte Lena sich gut darauf einlassen. Ihre häusliche Situation war jedoch so prekär, dass ihre Aggressionen von Tag zu Tag und von Woche zu Woche wuchsen. Lena kratzte sich immer mehr ihre Arme auf und mit jedem unserer Treffen, wuchs ihre Wut unaufhaltsam.

Das Mädchen sprach zwar auf dem Pferd nicht mehr über die desolaten Familienverhältnisse, doch ihre Wut war immer noch deutlich spürbar. Irgendwann hielt die Stute die Spannung, die von Lena ausging, nicht mehr aus und nahm das Zepter selbst in die Hand. Sie machte eine Vollbremsung und ließ zeitgleich das Hinterteil nach oben schnellen. Lena krachte auf den Feldweg. Gott sei Dank war ihr dabei nichts Körperliches passiert. Jedoch war endlich das Gaspedal gelöst und Lena weinte den ganzen Tag. Alle Gefühle, die sich über die ganze Zeit angestaut hatten, wurden in einem Fluss der Tränen weggeschwemmt. Es wurde Zeit, dass Lena einen Zugang zu ihren Gefühlen gefunden hatte. Nun war es möglich, daran zu arbeiten. Die Verbohrtheit war nicht mehr so extrem. Natürlich hatte Lena durch den Sturz keine Spontanheilung erfahren, aber sie hatte gelernt, ihren Gefühlen Raum zu geben. Sie hatte endlich einmal geweint. Diese Phase hielt eine ganze Zeit lang an.

Wie oft verrennen wir uns in unserem Leben und merken nicht, wie wir immer planloser werden. Wir jagen einem vermeintlichen Ziel hinterher, ohne zu bemerken, dass wir die Struktur schon lange verloren haben. Damit meine ich nicht, dass wir von nun an alles schleifen lassen und nur so in den Tag hinein leben sollen. Wir müssen lernen, den gesunden Mittelweg zu finden.

Doch wo liegt der Unterschied zwischen einer gesunden Selbstdisziplin und einer kompletten Selbstkontrolle, die zur Selbstaufgabe führt. Selbstdisziplin ist etwas Hervorragendes. Wenn ich zum Beispiel dazu in der Lage bin, mich gesund zu ernähren, meinen Körper wohlwollend zu behandeln, d.h. ihm genügend Schlaf, körperliche Bewegung und keine Gifte zuzufügen, dann übe ich eine gewisse Selbstdisziplin aus. Wenn ich meine Pferde so versorge, dass sie genügend zu fressen, zu saufen und auch sonst artgerecht versorgt sind, verhalte ich mich ihnen gegenüber auch hier diszipliniert und wertschätzend.

Möchte ich meine Pferde so trainieren, dass ich sie sportlich fördern und einsetzen kann, muss ich auch hier eine gewisse Selbstdisziplin aufweisen. Ich muss einen Trainingsplan erarbeiten, den ich entsprechend den Fähigkeiten des Pferdes und natürlich meinen eigenen, einsetzen kann. Dabei muss ich darauf achten, dass ich weder das Pferd – und das steht hier an erster Stelle – noch mich selbst, überfordere.

Und hier sind wir auch schon beim Unterschied zwischen Selbstdisziplin und Kontrollversuch bzw. Kontrollverlust.

Wenn ich von mir selbst ausgehe, so dachte ich immer, ich sei so diszipliniert. Aber Disziplin wäre gewesen, die Handbremse selbst zu lösen und nach einem Ritt von zwanzig Minuten, aufzuhören.

Das ist die Schwierigkeit bei der Selbstdisziplin. Es gibt nur wenige Menschen, die sie so beherrschen, dass sie nicht von ihr selbst beherrscht werden.

Wir können es immer wieder in unserem Umfeld beobachten. Sportler, die nicht mehr aufhören können, zu trainieren.

Die Kliniken sind voll mit Menschen, denen der Sport zum Verhängnis, ja zur Sucht geworden ist. Essgestörte Menschen sind seit Sendungen wie *Top-Model* nicht gerade weniger geworden. Auch hier werden die Wartezeiten in den Kliniken zu wahren Ewigkeiten, von Alkohol und Drogenproblemen gar nicht zu sprechen.

Aber eben auch in der Tierwelt macht unser Ehrgeiz es unseren Vierbeinern nicht unbedingt leichter. Wie sehr wünschen wir Menschen uns doch eigentlich alle eine intensive Verbindung zu unseren Tieren. Es sind doch nicht nur die ReiterInnen, die davon träumen.

Aber wie kommen wir dahin? Doch sicher nicht, indem wir immer wieder auf die sogenannte Dominanz in allen Lebenslagen pochen. Sicher sollten wir uns nicht von unseren Pferden oder Hunden auf der Nase rumtanzen lassen. Aber ist es wirklich notwendig jeden Tag bei jeder Gelegenheit zu demonstrieren, dass man der Boss ist. Frei nach dem Motto: *Ich Chef-du Nix!*

Als ich auf dem Seminar von Ulrike Dietmann war, von dem ich schon zu Beginn des Buches berichtete, war unter den Teilnehmerinnen eine junge Tierärztin. Sie hatte zwei faszinierende Hunde dabei. Eine Australien Shepard Hündin und die Tochter von ihr, deren Vater ein Border Colli war. Die beiden Hündinnen waren von Beginn an meine Favoriten. Sie hatten eine ganz besondere Ausstrahlung und ich gewann den

Eindruck, sie wären da, um mir etwas beizubringen. Letztendlich erfuhr ich, dass es auch genauso sein sollte.

An einem der Nachmittage saß ich auf einem der Felsen am Round Pen und schaute bei einer Übung zu. Die ältere der beiden Hündinnen, Scharry, setzte sich neben mich und sah mich die ganze Zeit an. Es war so, als ob sie mir etwas sagen wollte. Ich erwiderte ihren Blick und sagte zu ihr: „Du bist eine so tolle Hündin. Meinst du, Pauline wird auch mal so?" (Pauline ist meine Hündin, die ich an anderer Stelle noch beschreiben werde).

„Vertrauen statt Dominanz!", bekam ich als Antwort von ihr. Ich war erstaunt. Ich bin mir sicher, dass sie sich deshalb neben mich gesetzt hatte. Genau das wollte sie mir mitteilen.

Sechs Wochen später kaufte ich mir ein Buch über Wölfe. In diesem Buch stand genau das drin, was Scharry mir gesagt hatte: *Vertrauen statt Dominanz.*

Ich gebe zu, dass ich sechs Wochen zuvor noch ein bisschen an ihren Worten gezweifelt hatte. Jetzt weiß ich, dass sie recht hatte.

Dominanz ist die Handbremse, Vertrauen ist das Lösen – das Abgeben der Kontrolle.

Abgeben von Kontrolle ist das Zulassen von Gefühlen – Zulassen von Gefühlen verbindet sich oft mit der Angst vor Kontrollverlust.

Doch, wie schafft man es, Kontrolle abzugeben und Gefühle zuzulassen?

Der Weg zum Gefühl

Die Rastlosigkeit ist es, die uns daran hindert, einen Zugang zu unseren Gefühlen herzustellen. Teilweise erwünscht, teilweise schon so einprogrammiert, dass wir es nicht einmal bemerken.

In einer Generation von Nachkriegs-Kindern, -Enkeln und -Urenkeln, sind wir es gewohnt, Emotionen durch Arbeit zu überdecken. Denken Sie zurück an die sogenannten „Trümmerfrauen" oder auch die Kriegsversehrten. Es wurde nicht über das Unfassbare gesprochen, sondern es wurde wortlos wieder alles aufgebaut. Wenn man arbeitet, muss man nicht reden – Arbeit heilt.

Dass es aber immer wieder Menschen gab und auch gibt, die nicht so gut mit schwierigen Situationen umgehen konnten und auch immer noch nicht können, zeigen die überfüllten Kliniken, Psychiater-Praxen und leider auch die vielen suchtkranken Menschen.

Wie aber lernt man es nun, zu seinen Gefühlen zu stehen? Oder wie nimmt man sie erst wahr, wenn man es nie gelernt hat?

Besonders als ReiterIn kommt man hier ganz schnell an seine Grenzen, wenn man feststellt, dass man keine gefühlvolle Hand hat. So nennt man das, wenn ein ReiterIn nicht in der Lage ist, sein Pferd so zu dirigieren, dass man ihm weder im

Maul reißt, noch ihm zu viel Freiheit lässt, dass es mit uns hinläuft, wohin es will. Aber ist das nicht auch gerade ein Problem, was uns unser ganzes Leben begleitet?

Wie viel Gefühl zeige ich meinem Gegenüber, ohne Gefahr zu laufen, verletzt zu werden? Wie zeige ich, dass ich getroffen bin, ohne mich weiter angreifbar zu machen? Wie hart muss ich mich geben, ohne eine solche Schutzmauer aufzubauen, dass auch keine Sonnenstrahlen mehr durchpassen?

Was ist überhaupt ein Gefühl?

Laut Wikipedia ist das Gefühl ein subjektiver Zustand des Erlebens und Wahrnehmens von Freude, Lust, Geborgenheit, Wut, Liebe etc.

> *„Nach dem gegenwärtigen Stand der Gefühlsforschung gibt es weder in der Psychologie noch in der Neurologie oder Philosophie eine Übereinstimmung darin, was Fühlen ist."*
>
> (Internet: Wikipedia)

Meiner Meinung nach ist das Gefühl eine Verbindung geistiger, körperlicher und seelischer Aktivitäten.

Gefühle machen sich bemerkbar, indem alles Körperliche und Seelische aktiviert ist. Meist meldet sich auch der Geist. Ob dieser jedoch konform zu den Gefühlen ist, d.h., ob der Mensch sortieren kann, ob die Gedanken zu den Gefühlen die richtigen sind, ist fraglich.

Beispiel: Eine junge Frau wurde als Kind von einem Mann belästigt, der ein rotes Auto fuhr. Jedes Mal, wenn sie nun ein rotes Auto sieht, bekommt sie Schweißausbrüche. Da sie sich aber nicht mehr an das rote Auto erinnern kann, weil es in ihrem Gedächtnis nicht mehr an der Oberfläche ist, bringt sie die Schweißausbrüche mit ihren Wechseljahren in Verbindung. Nicht mit dem roten Auto.

D.h. die Gedanken reagieren – Schweißausbrüche – Wechseljahre. Sie müssen aber nicht zwangsläufig die richtige Schlussfolgerung sein. Das Gefühl – in dem Fall Angst – muss auch nicht richtig sein – subjektiv – denn ein rotes Auto ist ja zunächst mal potentiell ungefährlich.

Was ich sagen will, ist, unsere Gefühle können uns auch täuschen. Es ist sicher wichtig, prinzipiell auf sein Bauchgefühl zu hören. Dennoch ist es genauso wichtig, seine Gefühle zu hinterfragen und kennenzulernen.

Doch nun wieder zur Eingangsfrage. Wie finde ich Zugang zu meinen Gefühlen?

Hier sind unsere Pferde wahre Lügendetektoren. Diese Tiere haben, wie schon an vielen anderen Stellen beschrieben, keine Angst davor, Gefühle auszuhalten. Wut, Trauer und Hoffnungslosigkeit sind Gefühle, die wir nicht nach außen zeigen wollen. Solange wir den Pferden gegenüber nicht ungerecht werden und unsere Wut unter Kontrolle haben, können diese Tiere das gut kompensieren. Was sie nicht ertragen können, ist Inkongruenz oder cholerisches Verhalten.

Celine

Celine war eine junge Frau mit einer Borderline Störung. Celine ritt seit zwölf Jahren und kümmerte sich um Arthros, ihr Pflegepferd. Sie war einundzwanzig und hatte schon einige

Pflegepferde. Arthros war jedoch ihr Seelenpferd, wie sie selbst sagte. Die junge Frau hatte eine lange Odyssee an Klinikaufenthalten hinter sich. Ihr Vater war politisch sehr aktiv und stand im Licht der Öffentlichkeit. Celine fühlte sich einem enormen Druck ausgesetzt, was sie dadurch zu kompensieren versuchte, indem sie sich massiv schnitt. Ihre negativen Gefühle konnte sie nicht aushalten. Deshalb verletzte sie sich mit einer Rasierklinge an Armen und Beinen.

Celine lebte das typische Schwarz-Weiß-Schema einer Borderline Persönlichkeit. Zu Hause, aus ihrer Wahrnehmung heraus, empfand sie alles schlecht – deshalb wurde dort geschnitten.

Im Stall bei Arthros erlebte sie hingegen alles sehr positiv, wenn sie sich mit dem Pferd beschäftigte. Egal ob sie auf ihm ritt oder ihn longierte.

„Celine, was machen Sie, wenn es Ihnen nicht gut geht, wenn Sie bei Arthros sind?"

Ich war das erste Mal bei der jungen Frau auf der gepflegten Anlage. Wir hatten besprochen, dass ich mit ihr und ihrem Pferd gemeinsam auf therapeutischer Ebene arbeite. Dass sie zu diesem Pferd eine wunderbar innige Bindung hatte, bemerkte ich schon sehr schnell. Menschen mit einer Borderline Persönlichkeitsstörung haben starke Bindungsdefizite. Deshalb freute ich mich besonders über die enge Beziehung zwischen Pferd und Reiterin.

Celine lachte und antwortete: „Dann stelle ich ihn nur in den Paddock. Er buckelt dann und es geht nichts mehr."

„Warum buckelt er?" Ich sah das Mädchen fragend an.

„Na, weil ich so schlecht drauf bin!" Sie sprach mit einer solchen Überzeugung, dass ich keinen Zweifel daran hatte, dass Celine das ernsthaft glaubte.

„Das glaube ich nicht!“ Ich versuchte sie ein wenig aus der Reserve zu locken, als ich erneut fragte: „Warum buckelt er?“

Sie sah mich irritiert an.

„Ich verrate Ihnen etwas. Pferde halten es schon aus, wenn wir traurig oder wütend sind. Sie halten es aber nicht aus, wenn wir so tun, als wäre alles in Ordnung. In diesem Moment verstellen wir uns. Wir sind nicht echt für diese Tiere. Pferde sind Fluchttiere, die uns in diesem Fall für unehrlich halten. Sie verlieren das Vertrauen zu uns und verlassen sich daher lieber auf sich selbst als auf einen inkongruenten Menschen.“

Celine schaute mich traurig an. „Aber er ist doch mein Freund. Er kann doch gar nichts für meine Probleme. Da muss ich mich doch zusammenreißen!“

Hier erkannte ich wieder genau das typische Muster. Es gab nur gut oder schlecht. Alles, was positiv ist, kann nicht auch irgendwo etwas Negatives beinhalten. Es gibt nur *entweder ... oder.*

Ich versuchte ihr zu erklären: „Ja genau, er ist Ihr Freund und Freunde lügt man nicht an. Freunde halten auch mal schlechte Stimmungen aus. Denn auch wenn man eine gute Beziehung hat, kann es auch mal Schwierigkeiten geben.“

Als wir darüber sprachen, führte Celine das Pferd am Zügel über den Reitplatz. In dem Moment, indem ich ihr genau diese Situation erklärte, hielt das Pferd an und sah seiner Pflegerin in die Augen.

„Das gibt es ja nicht!“ Celine strahlte über das ganze Gesicht. „Ich will doch nur, dass hier immer alles gut ist.“

„Ist denn zu Hause alles schlecht?“

„Nein“, antwortete das Mädchen.

„Sie müssen lernen, dass zu Hause nicht alles nur schlecht ist und auch bei Arthros nicht immer alles nur gut ist. Das darf auch so sein."

Je weniger wir unsere negativen Gefühle unterdrücken, umso weniger geballt überrollen sie uns irgendwann. Wir müssen lernen, sie dosiert zuzulassen.

Bei sich selbst bleiben

In meinen Seminaren und auch bei Therapiestunden lasse ich meine Teilnehmer und Klienten das Pferd zunächst mit Strick führen. Dabei bitte ich den Pferdeführer, den Strick so wenig wie möglich zu benutzen. Nach einer ganzen Weile, wenn sich der Führer auf sich selbst und auf das Pferd konzentriert, folgt das Tier. Bei Klienten erhöhe ich dann manchmal, je nach psychischer Verfassung den Schwierigkeitsgrad und löse den Strick. Das mache ich aber erst, wenn das Pferd wirklich konzentriert gefolgt ist.

Was glauben Sie, was passiert?

Hat der Pferdeführer ein gutes Selbstwertgefühl und glaubt daran, es wert zu sein, dass ihm das Pferd folgt, geht das Ross weiter hinter ihm her.

Zweifelt der Klient jedoch daran, dass ihn das Tier jetzt noch begleitet, dreht sich dieses sofort um und verlässt ihn. Pferde sind mit ihren Herdenmitgliedern scheinbar auf einer telepathischen Ebene verbunden. In dem Moment, in dem der Mensch das Vertrauen verliert, vertraut das Pferd auch nicht mehr. Es geht weg, um sich einen neuen Herdenführer zu suchen, dem es vertrauen kann.

Ein sehr schönes und effektives Training, um das Gefühl des Vertrauens zu studieren.

Eine andere ganz besondere Übung, die ich im nächsten Kapitel näher beschreiben werde, ist, mit dem Pferd zu tanzen. Ich habe diesen Tanz, den *Tanz der Würde mit dem Pferd* genannt. Bei dieser Übung verschmelzen die Sinne und Gefühle des Menschen mit denen des Pferdes. Wenn es dem Menschen gelingt, sich ganz auf das Pferd einzulassen, entwickelt sich eine geistige Verbindung zwischen den beiden Kreaturen.

Weitere Möglichkeiten, um an seine Gefühle zu gelangen sind kreative Einheiten. Manchmal sitzen die Gefühle so tief, dass sie den Klienten gar nicht bewusst sind. Teilweise sind versteckte Aggressionen vorhanden, sodass die Pferde ebenfalls mit aggressivem Verhalten reagieren. Um eine Retraumatisierung zu vermeiden bzw. eine Ablehnung durch das Tier, ist es manchmal sinnvoll, den verschütteten Gefühlen durch kreative Einheiten einen würdevollen Rahmen zu geben.

Malen, Modellieren, Musizieren, Singen oder auch surrealistische Texte schreiben, hilft manchmal Gefühlen den nötigen Raum zu geben. Dabei vermeidet man es, Dinge auszusprechen, die man nicht aussprechen möchte.

Frei nach dem Motto der Zukunftswerkstatt: „Wenn Worte allein nicht reichen!"

Ich persönlich hatte lange Zeit ein enormes Defizit beim Reiten, was meine Gefühle betraf. Mein Traum war es – wie schon an anderer Stelle beschrieben – eine ganz *große Reiterin* zu werden, eine Künstlerin im Sattel. Doch dazu fehlte es mir offensichtlich am Gefühl. Meine Reitlehrer erwarteten von mir immer, dass ich mit mehr Gefühl reiten sollte. Ich hatte jedoch keine Idee, wie ich das anstellen konnte.

Irgendwann entdeckte ich dann den Gesang für mich. Ich fand einen guten Gesangslehrer, der mich ermutigte selbst eigene Texte zu schreiben. Dabei lernte ich, meinen verschütteten Emotionen einen Raum zu geben. Beim Trainieren meiner Stimmbänder lernte ich zusätzlich, Gefühle durch meine Stimme klingen zu lassen. Nun endlich bekamen diese den nötigen Raum. Einer der Texte soll hier als Beispiel aufgeführt werden.

Puppenkind

Ein kleines Püppchen, ganz allein auf der großen Welt
Als besondere Dekoration
In eine edle Glasvitrine gestellt
Aus feinstem Biskuitporzellan gebaut
Von allen gern angeschaut
Von allen gern angeschaut
Aus feinstem Porzellan gebaut
Eines Tages hört man ein sonderbares Geräusch
Dem kleinen Puppenkind, so anmutig und so keusch
Wird die zarte Porzellanhaut zerbrochen
Ein Vogel kommt herausgekrochen
Kommt herausgekrochen, die zarte Haut zerbrochen

Puppenkind, Puppenkind, die Schale bricht
Puppenkind, Puppenkind, verlass mich nicht
Puppenkind, Puppenkind, ich brauche dich
Puppenkind, Puppenkind, du bist der größte Schatz für mich

Ich schließ dich ein in mein Herz

In einen Käfig aus Gold
Ich lass dich nicht gehen, du sollst hier nur stehen,
In einem Käfig aus Gold, aus purem Gold,
Wer du wirklich bist, interessiert mich nicht
wer du wirklich bist, interessiert mich nicht
nur, bitte nur verlass mich nicht, verlass mich nicht, nein ...

Puppenkind, Puppenkind, die Schale bricht
Puppenkind, Puppenkind, verlass mich nicht
Puppenkind, Puppenkind, ich brauche dich
Puppenkind, Puppenkind, du bist der größte Schatz für mich.

In diesem Text wird die Ambivalenz deutlich, was geschah, als die Schale aufbrach. Einerseits der prachtvolle Paradiesvogel, der unbedingt wegfliegen wollte, andererseits das Verlangen der Umwelt, diesen Vogel wieder einzusperren und sei es in einem goldenen Käfig. Zusätzlich die Sicherheit des Vogels in dem Käfig zu verbleiben, denn Freiheit bedeutet Ungewissheit.

Wenn ein Mensch, der jahrelang seine Gefühle versteckt hat, diese plötzlich entdeckt und zu leben beginnt, ist das genauso unbequem, als würde ein Pferd urplötzlich seine verborgenen Emotionen zeigen. Mensch und Pferd sind auf einmal nicht mehr berechenbar. Wenn Pferde, die in ihrer Vergangenheit schlecht behandelt wurden und nun auf einmal bei einem schwächeren Besitzer spuren, dass sie ihre Kräfte gegen diesen einsetzen können, wird aus der Unberechenbarkeit eine echte Gefahr. Diese Art von Gefühlsausbrüchen sind vergleichbar mit einem Dampfkochtopf, den man erhitzt. Öffnet man dann unkontrolliert den verschlossenen Deckel, ohne zuvor den Dampf abgelassen zu haben, endet das mit einer Explosion. Ich hatte mich tatsächlich jahrelang wie eine Porzellanpuppe gefühlt. Anmutig und stolz – aber auch kühl und farblos. Die Kälte war mir nicht bewusst und dennoch wusste ich intuitiv, dass der Paradiesvogel in dieser kalten Schale versteckt war. Diese wunderschöne Puppe, die niemand anfassen durfte, musste aber zunächst zerstört werden, damit der Vogel die Freiheit erleben durfte. Sicher, er war immer in einem goldenen Käfig. Er hatte alles: Genug zu essen, ein tolles Haus, ein wunderbar geordnetes und behütetes Leben. Doch die Seele, die in Form des Vogels darin war, konnte sich nicht selbst befreien. Erst als die harte Schale dieser Porzellanpuppe zerstört wurde, hatte diese die Chance auf ein neues, viel farbenfroheres Leben.

Nachdem ich gelernt hatte, meine Gefühle zuzulassen, konnte ich das auch beim Reiten endlich umsetzen.

Gefühle, die so tief verschüttet sind, lassen sich oft durch Pferde herausfinden, indem diese sie spiegeln. Zum Bearbeiten ist es manchmal jedoch hilfreich, kreative Mittel einzusetzen.

Der Tanz der Würde mit dem Pferd

Während einer Weiterbildung in Hamburg für kreative Traumatherapie lernte ich einen Tanz, den man den *Tanz der Würde* nennt. Dieser Tanz dient dazu, das Gefühl dafür zu entwickeln, sich zunächst in einer devoten Körperhaltung befindend, im Einklang mit der Musik, immer weiter aufzurichten. Der Tänzer soll dabei das Gefühl der Würde für sich selbst empfinden. Der Tanz wurde entwickelt von Udo Baer und Gabriele Frick-Baer nach ihrem Konzept und gleichnamigen Buch: *Aufrichten in Würde*. Da ich diesen Tanz schon in meinem Buch *Hautnah – Wie Pferde verletzte Seelen heilen*, erwähnt habe, möchte ich darauf hinweisen, dass es sich hierbei um keine Wiederholung handelt. Es ist eine Erweiterung der Idee des Tanzes der Würde, nämlich in Form eines Tanzes mit Pferd.

Während ich in Hamburg als eine von insgesamt zwölf Frauen diesen Tanz der Würde tanzte, sah ich die ganze Zeit mein Pferd Tabernero vor mir, der mich zur Musik und zu meinen Bewegungen begleitete.

Sein perlmuttfarbenes Fell glänzte in der Sonne und ich verbeugte mich lächelnd vor seiner Schönheit.

Wieder zu Hause angekommen, hatte ich nur den einen Wunsch. Ich wollte mit Tabernero tanzen. Die Gefühle, die in mir durch den bezaubernden Tanz aufgekommen waren, hatten Samenkörner in meinem Unterbewusstsein hinterlassen.

Eines Abends, vor einer geplanten Operation, ging ich also zu meinem *Porzellanpferd*, um mit ihm zu tanzen.

Im Stall angekommen begrüßte ich zunächst meine anderen Pferde. Danach ging ich zu Tabernero, meinem weißen Freund, der schon auf mich zu warten schien. Schon in dem Moment, als ich Tabernero die Decke abnahm, um ihn zu putzen, spürte ich eine beruhigende Energie auf mich zukommen. Er stand da mit seinen großen grünen Augen und sah mich ganz ruhig an. Ich streichelte ihm über den Hals und dachte bei mir, mein Gott, wie schön er ist. Dann nahm ich den Striegel aus seiner Putzkiste und begann mit kreisförmigen Bewegungen, sein glänzendes Fell zu massieren. Er machte einen gelassenen Eindruck. Ich hatte das Gefühl, dass es ihm ganz gut tat, in der Nacht seine Ruhe vor den anderen Pferden zu haben. Tagsüber war der Wallach mit den anderen Tieren im Paddock. Tabernero stand sehr gerne im Mittelpunkt und er schien es auch zu genießen, dass die Stuten sich teilweise um seine Gunst zu streiten schienen. Er war eben ein Charmeur. Jedoch bedeutete dieses Gehabe der anderen auch immer Stress für alle. Nachts konnten sich die Tiere in ihren Boxen erholen und in aller Ruhe ihr Heu fressen.

Während ich ihn putzte, legte Tabernero seinen Kopf auf meine Schulter und begann mich zu beknabbern. Ich war immer ein wenig vorsichtig, da er sein Hengstsein noch nicht komplett abgelegt hatte. Doch diesmal wusste ich intuitiv, dass ich seine Liebkosungen zulassen konnte, ohne Angst haben zu müssen, dass er mich mit seinen Zähnen ernsthaft verletzen würde. Er schien meine Hilflosigkeit und Urängste zu spüren. So vorsichtig war das Tier mit seinem Maul. Er benutzte nur die Lippen, während ich diese innige Verbindung zu meinem Seelenpferd genoss. Schließlich wusste ich nicht, was am nächsten Tag auf mich zukam.

Nachdem unser Putz- und Knabberritual abgeschlossen war, legte ich Tabernero sein Halfter um und führte ihn an einem locker durchhängenden Strick in die Reithalle. Vertraut folgte er mir. Ich schaltete das Radio ein, das wir in der Halle platziert hatten, um ein wenig für Abwechslung zu sorgen. Tabernero beobachtete mich genau. Er ließ mich wie immer nicht aus den Augen. Zunächst nahm ich mir eine Longierpeitsche und forderte meinen Wallach auf, sich ein bisschen in der Halle zu bewegen. Doch dieser hatte gar keine Lust sich von mir zu entfernen. Ich begann mit Tabernero zu spielen, indem ich mit der Peitsche auf den Boden klopfte. Der Wallach war sehr interessiert und spielte sofort mit. Er schlug übermütig mit den Vorderhufen auf den Boden und sah mir dabei tief in die Augen. Es war ein bewegender Moment für mich. Ich stellte mir vor, ich sei bei der Apassionata, tausende Zuschauer mit erwartungsvollen Gesichtern schauten uns zu. Die Musik lief im Hintergrund. Ich war auf einer geistigen Ebene mit meinem Pferd. Danach legte ich die Peitsche weg und nahm mir eine Gerte, die sich als handlicher gestaltete. Nun konnte ich Tabernero, mit meinem verlängerten Arm, besser die Richtung weisen. Langsam bewegte ich meinen Körper zur Musik. Der Wallach ließ mich weiterhin nicht aus den Augen. Er folgte meinen Bewegungen Schritt für Schritt. Ein wunderbar leichtes Gefühl durchfloss meinen Körper. Ich spürte regelrecht, wie die einzelnen Meridiane durch die Energie des Pferdes freigespült wurden. Ich tanzte den Tanz der Würde. Ich begann mit meinen Bewegungen auf dem Reithallenboden. Das Pferd stand wie ein Beschützer an meiner Seite. Ich fühlte mich weder klein noch schutzlos, denn es stand jemand an meiner Seite und er nahm auch keine Gestalt an, mich zu verlassen.

Ich begann meinen Körper aufzurichten, ganz langsam. Mein Blick war noch gesenkt. Ich ging langsam um mein Pferd herum. Mein Beschützer tat dasselbe. Er blieb ganz dicht an meiner Seite und machte jede Bewegung mit. Es erinnerte mich an die spanischen Tänzer, die mit ihren Frauen diesen Tanz vorführen, in dem es so aussieht, als würden die Tänzer ihre Frauen umwerben. Genauso fühlte es sich an. Nur mit dem Unterschied, dass ich mich von Tabernero nicht umworben, sondern behütet fühlte. Ich bewegte mich um ihn herum und er machte jeden meiner Schritte mit. Tabernero und ich vollzogen den Tanz der Würde. Aller Schmerz, der in mir war und der unbedingt herauswollte, ließ sich mit diesem Tanz vereinen. Ich spürte, wie sich meine Gefühle ihren Weg suchten. Es kam mir so vor, als würde an diesem Abend der gesamte Weltschmerz auf mir lasten und Tabernero war bereit, diesen Schmerz mit mir zu teilen. Er folgte mir mit einem unglaublichen Vertrauen. Ich fühlte mich verzaubert an diesem Abend. Draußen war es schon stockdunkel und es fühlte sich an, als sei es schon tiefste Nacht. Im Hintergrund lief das Lied *Out of the Dark* von Falco. Ich genoss jede Sekunde mit meinem Pferd und dachte nicht darüber nach, was morgen sein würde. Heute war heute und heute Abend tanzte ich mit Tabernero gemeinsam.

Wir bewegten unsere Körper um einander herum, als wäre es das letzte Mal in unserem Leben.

Später als ich an einem Seminar der Heldenreise mit Pferden, der Heros Journey bei Ulrike Dietmann teilnahm, durfte ich erneut mit einem Pferd tanzen. Wieder spürte ich diese tiefe Verbundenheit, dieses Zusammentreffen zweier Seelen.

Bevor ich damals diese geistige Verbindung mit dem Pferd eingehen durfte, führte die Co-Therapeutin Nathalie einen sogenannten Körperscan mit mir durch. Hierbei ging sie mit mir geistig in einer Art Meditation, meinen gesamten Organismus, vom Scheitel bis zur Sohle durch. Plötzlich hatte ich das Gefühl der Geist von Linda Kohanov würde über mir schweben. Ich hatte das Gefühl, ihre Seele und das kollektive Unterbewusstsein verbanden sich mit meinem Inneren. Ich ging in den Paddock, sah das braune Pferd an und verbeugte mich vor ihm. Die Musik drang leise und unaufdringlich, jedoch klar und rhythmisch zu der Stute und mir hinüber. Das Pferd kam auf mich zu und es schien, als verbeuge es sich ebenso. Ich drehte mich langsam, wie eine spanische Tänzerin, und die Stute tat es mir nach. Es waren atemberaubende Augenblicke. Wir waren eine Einheit. Flicka, so hieß die Pferdedame, ließ mich keine Sekunde aus den Augen. Sie bewegte sich wie durch ein unsichtbares Band von mir geführt, entsprechend meinen Bewegungen. Es gab nur sie und mich. Die Zeit schien stillzustehen, die Erde drehte sich nur um uns. Ich war fasziniert, gerührt ja ehrfürchtig vor so viel Hingabe. Dankbar verbeugte ich mich vor der Stute, als sie sich wegdrehte.

„Es gibt keinen Grund sich so klein zu machen!"

Diesen Gedanken, der mich sehr rührte, empfing ich von der Stute. Ohne ihn weiter zu hinterfragen, akzeptierte ich diesen und verließ den Paddock.

Bei der Nachbesprechung mit meiner Mentorin Ulrike berichtete ich nach einigem Zögern, was ich bei der Meditation für ein Erlebnis hatte. Ulrike bestätigte mir, dass meine Bewegungen denen ihrer Kollegin Linda Kohanov sehr ähnlich waren. Nathalie, die unser Gespräch mit angehört hatte, sagte:

„Ich kann das nur bestätigen, ich dachte die ganze Zeit: Das ist Linda!“

Dieses Erlebnis bestätigte mir wieder einmal die Existenz des kollektiven Unterbewusstseins und die Möglichkeit, dass sich alles verbinden kann. Der Geist des Menschen mit dem Geist der Tiere oder einer anderen Person. Ebenso der Geist zweier Personen, selbst wenn diese sich zu dem Zeitpunkt auf zwei verschiedenen Kontinenten befinden und diese sich nie zuvor kennengelernt haben.

An dem Abend, als ich mit Tabernero tanzte, hatte ich noch keine Ahnung davon, dass auf einem anderen Kontinent, eine Frau mit dem Namen Linda Kohanov, damit begonnen hatte, mit ihren Pferden zu tanzen. Zeitgleich hatte sie herausgefunden, dass das Tanzen mit diesen Kreaturen eine heilende Wirkung hatte, indem zwei Seelen miteinander verschmelzen.

An diesem Abend wusste ich nur, dass ich während einer Ausbildung als Traumatherapeutin einen Tanz gelernt hatte, den man den *Tanz der Würde* nannte. Ich wusste, dass mir eine Operation bevorstand, jedoch nicht so genau, was danach kam. Was ich wusste, war, dass ich einen Wunsch hatte, die geistige Verbindung zwischen meinem Pferd Tabernero und mir zu erfahren. Weiter, ich hatte die Hoffnung, die Verbindung in diesem Tanz zu finden – in diesem Tanz – und in dieser Nacht!

Mittlerweile lehre ich diese Reigen auf meinen Seminaren. Immer wieder kommt es zu wundervollen Erlebnissen. Die Teilnehmerinnen und auch die Zuschauer sind fasziniert und ergriffen davon, wie viel Kraft und Energie von dieser Verbindung ausgeht. Es ist jedes Mal ein Ereignis, bei dem mir nicht selten vor Rührung die Tränen in die Augen schießen. Einfach nur wundervoll.

Reiten und Therapie

Andrea

Während meiner Tätigkeit als Reittherapeutin hatte ich auch immer wieder Patientinnen mit eigenen Pferden oder solchen, die selbst geritten sind. Zu Beginn dachte ich, es würde sich als besonders schwierig gestalten, mit diesen Frauen, die ja selbst Reiterinnen waren, zu arbeiten. Jedoch konnte ich meine Patientinnen recht schnell mit meiner *Methode* den Pferden zuzuhören, vertraut machen. An eine Frau erinnere ich mich noch besonders gut. Andrea war eine sehr sympathische Frau, die an einer Panikstörung litt. Sie hatte nicht die geringste Ahnung, warum diese Panikattacken plötzlich auftraten. Andrea besaß eine sensible Araberstute, die sie als Westernpferd ausgebildet hatte. In letzter Zeit traute sie sich kaum noch im Gelände zu reiten, da das Pferd ihr regelmäßig durchging.

Die Frau war sehr unglücklich darüber. Das Reiten war ihr Ausgleich für ihr sonst so sorgenvolles Leben. Ihr Sohn war sehr schwerbehindert und schon mehrfach operiert worden.

Einmal kam sie zu mir und hatte Tränen in den Augen. Als ich sie nach dem Grund ihrer Traurigkeit fragte, begann sie zu weinen und sagte, „Ich hatte gestern wieder eine Panikattacke. Ich hatte solche Herzschmerzen und Luftnot, dass mein Mann den Rettungswagen anrufen musste. Ich habe geglaubt, ich müsste sterben. Es ist so furchtbar. Mein Gehirn sagt mir, ich sei kerngesund, aber mein Körper versetzt mich in eine solche Todesangst, dass ich wirklich denke, ich würde es nicht überleben.“

Menschen, die oft schwere Krankheiten oder auch Todesfälle in ihrem direkten Umfeld erlebt haben, neigen dazu Panikstörungen zu entwickeln. Für diese Patienten ist es wichtig, dass sie viel Sicherheit erfahren. Ein Pferd, das diese Angstgefühle spiegelt, ist ein weiterer Stressfaktor.

Ich erklärte der Frau, dass das Pferd nur ihre Panik widerspiegeln würde. Nach einiger Zeit, die Andrea bei mir und den Pferden verbrachte, wurde sie ein wenig ruhiger. Wir übten das Reiten auf meinen Pferden. Andrea genoss es, meine Stute Kenja zu reiten. Diese bewegte sich sehr ruhig unter ihr.

An einem Tag, an dem Andrea innerlich sehr aufgewühlt sein musste, reagierte jedoch auch Kenja mit schnelleren Bewegungen. Für Andrea war es jedoch schwierig zu akzeptieren, dass die Pferde ihre Gefühle spiegelten. Sie sagte, dass wenn ihr Mann das Pferd nicht ritt, dieses dann ruhiger sei. Natürlich kann es sein, dass das Tier bei unsachgemäßem Reiten noch unruhiger wurde. Wenn Pferde körperlich verspannt sind, ist auch ihre Psyche stark angegriffen. Diese Pferde sind meist sehr nervös und angespannt. Der Verdacht einer Übertragung der Angst lag hier jedoch sehr nahe oder verstärkte zumindest die Symptomatik um ein Vielfaches.

Jutta

Eine weitere Patientin, die mich aufsuchte, hatte ein ähnliches Problem. Sie machte auf mich den Eindruck, als käme sie nicht ganz freiwillig. Ich sehe sie noch genau vor mir. Ihre dunkelbraunen Augen sahen aus wie die von einem ängstlichen Reh. Ich hatte sofort den Verdacht einer schweren Traumatisierung, als ich diese ängstlichen Augen sah. Aus einem mir inzwischen unerklärlichen Grund verwarf ich den Gedanken jedoch recht schnell wieder, als sie mir von ihrer glücklichen Familie berichtete.

Meine Patientin wollte das Wort Therapie gar nicht hören. Intuitiv wusste ich, dass sie ihre Termine nicht weiter wahrnehmen würde, sollte ich versuchen, in das Innere ihrer Seele zu schauen. Ich ließ sie auf Samurai reiten, um ihr ein Gefühl der Sicherheit zu vermitteln.

Vielleicht würde ihr Vertrauen zu mir wachsen und die scheue Frau könnte irgendwann darüber sprechen, was sie scheinbar zu belasten schien. Die Tatsache, dass sie trotz ihrer Ambivalenz zur Therapie kam, weckte ein Fünkchen Hoffnung in mir. Ich weiß aus meiner Erfahrung, dass es Menschen gibt, die einfach noch nicht so weit sind, ihre tiefen Gefühle jemandem Fremdes anzuvertrauen. Wenn irgendwann der Tag gekommen ist, bin ich für diese Patienten da. Wenn er nicht kommt, würde ich niemals versuchen, sie zu etwas zu drängen. Alles was an Erinnerungen und Gefühlen hervortreten soll, kommt, wenn die Zeit dafür da ist.

Es ist wie beim Einreiten eines jungen Pferdes. Man muss annehmen, was das Pferd einem anbietet, um es dann auf seinem Weg zu begleiten und zu unterstützen. Auch meine Patienten hole ich dort ab, wo sie stehen und forciere nichts, was noch nicht an der Zeit ist.

Insgeheim wusste ich, dass bei dieser Frau eine Idealisierung ihrer Situation vorlag. Jutta, so hieß die Dame, wollte immer auf Samurai reiten. Sie besaß eine Hannoveraner Stute, mit der sie beim Reiten arge Probleme hatte. Diese Stute war sehr ängstlich und lief Jutta regelmäßig davon. Wenn die Frau auf Samurai ritt, war es schwer für mich, ihr zuzusehen, da er nicht gerade glücklich wirkte. Die Verspannungen der Reiterin übertrugen sich auf das Pferd. Einmal sagte Jutta zu mir ziemlich barsch: „Das liegt doch an mir, dass er den Kopf ständig nach oben reißt. Das ist doch bei Ihnen nicht so, oder?"

Ich war ein wenig verunsichert, da ich sie nicht bloßstellen wollte. Schließlich war ich Therapeutin und wollte mich hier nicht als tolle Reiterin profilieren. Andererseits wollte ich Jutta jedoch auch zeigen, dass man mit Gefühl bei diesem Pferd viel mehr Erfolg hat, als mit purer Technik. Nachdem ich das Für und Wider gegeneinander abgewogen hatte, fragte ich sie: „Möchten Sie, dass ich ihn Ihnen vorreite?"

Als Sie meine Frage bejahte, setzte ich mich auf meinen sensiblen Rappen, um ihn in allen drei Gangarten zu reiten. Samurai und ich waren von Beginn an eine Einheit gewesen und so war es für mich auch nicht verwunderlich, dass er sich geschmeidig unter dem Sattel bewegte.

Normalerweise ließ ich meine Pferde auch nur im Schritt und durch mich geführt von meinen Patienten reiten. Doch bei Jutta war es anders. Diese Frau war so verängstigt und gleichzeitig mit einer solchen Scham besetzt, dass ich ihr eine Tür zu mir öffnen wollte. Diese Tür sah ich bei ihr nur in Form des selbstständigen Reitens.

Nachdem ich wieder abgestiegen und zu meiner Patientin gegangen war, sagte diese zu mir: „Sehen Sie, das wusste ich, dass er bei Ihnen läuft. Ich kann reiten, ich kann alles funktionell. Das ist mein Kopf, nur mein Kopf."

Ich war zunächst von dem ersten Satz irritiert, verstand jedoch, was sie mir sagen wollte. Sie meinte nicht direkt ihren Kopf, sondern ihr Gefühl. Jutta wollte sagen, dass sie alles im Kopf beherrscht, aber nicht über das nötige Gefühl verfügte. Jetzt erinnerte ich mich an unser erstes Treffen. Ich hatte diese Inkongruenz gespürt, mich jedoch von ihren Erzählungen beeinflussen lassen. Das war es, warum sie das Gefühl hatte, dass sie nicht reiten konnte. Ich hatte die große Verletzung in ihren Augen gesehen und sie tat alles, um diese Wunde erfolgreich zu verstecken. Die Pferde spürten das und reagierten beim Reiten mit Angst und mit Verspannung. Die gleiche Hemmung und die gleiche Furcht, die ich bei meiner Patientin von Beginn an gespürt hatte. Dadurch verkrampften sich beide, Pferd und Mensch. Ein harmonisches Miteinander war auf diese Weise nicht möglich.

Beim nächsten Termin forderte mich Jutta auf: „Ich möchte heute nicht reiten, können wir ein Stück spazieren gehen?"

„Natürlich, kein Problem", antwortete ich ihr.

Ich holte meinen Labrador Q.C. und ging mit Jutta den Feldweg entlang, der an den Stall grenzte. Q.C. mit seinem sorglosen Wesen war an jenem Tag genau das richtige Medium, um die Blockaden meiner Patientin zu lösen.

Jutta begann nun, mir von ihrer Kindheit zu berichten. Ihre Mutter war Alkoholikerin und ihr Vater gewalttätig gegenüber dieser. Sie hatte einen Hass auf ihre Mutter, da diese an Geburtstagen und an Weihnachten, statt ihre Tochter zu beschenken, betrunken in der Ecke lag.

„Wie war das mit Ihrem Vater? Hatten Sie Angst vor ihm?“ Ich sah meine Patientin emphatisch an.

„Nein, vor meinem Vater, hatte ich keine Angst. Er hat mir nichts getan.“ Dann überlegte sie eine Weile und fuhr zögernd fort: „Na ja. Ich hatte immer Angst, dass er meine Mutter schlägt. Einmal, ich war noch sehr klein, wollte meine Mutter mich gerade zu Bett bringen. Sie hatte mich auf dem Arm und ging mit mir die Treppe zu meinem Kinderzimmer hinauf. Ich erinnere mich nur noch, dass mein Vater betrunken war. Er fasste meine Mutter von hinten an ihrem Pferdeschwanz und riss sie zu sich herum. Dann wie aus heiterem Himmel schlug er ihr mit der geballten Faust ins Gesicht. Ich erinnere mich nur noch daran, wie die Faust an meinem Antlitz vorbeiflog, in das Gesicht meiner entsetzten Mutter. Sie verlor durch den Schlag ihre kompletten vorderen Zähne. Ich weiß nicht mehr, ob ich geschrien habe oder was sonst noch geschah. Ich sehe es vor mir, dieses schmerzverzerrte panikerfüllte Gesicht und das Blut, das ihr aus dem Mund lief. Ja! Ich hatte Angst vor ihm. Aber nicht wegen mir, nur weil ich meine Mutter beschützen musste. Mein Vater war immer für mich da. Ich habe ihn geliebt.“

Nun konnte ich ihre starke innere Verspannung verstehen. Diese wahnsinnige Ambivalenz, die sie schon ihr ganzes Leben mit sich herumtrug. Sie hasste ihre Mutter für deren Schwäche. Statt sich zu trennen, sah sie dabei zu, wie ihre Mutter im Selbstmitleid und im Alkohol versank. Die kleine Tochter musste die Verantwortung für sich selbst und für ihre kranke Mama übernehmen. Sie erhielt dafür weder ein Dankeschön noch irgendeine andere Aufmerksamkeit. Noch nicht einmal zu Weihnachten oder zu ihrem Geburtstag bekam sie ein Geschenk. An diesen Tagen lag die erwachsene Frau regelmäßig betrunken in der Ecke. Ihre Tochter war auf sich selbst angewiesen.

Der Vater, den Jutta liebte, war gleichzeitig ein Schläger, vor dem sie seine Ehefrau beschützen musste. Trotzdem sah sie in ihm den Helden, vielleicht weil er stark wirkte? Oder einfach, weil sie in ihrer verzweifelten Welt irgendjemanden lieben musste, um zu überleben. Jedenfalls begann sie, die Mutter extrem abzuwerten und den Vater zu idealisieren.

Nun kam die ganze Fassade, die sie sich so mühevoll angelegt hatte, ins Bröckeln. Hier wäre nun der Punkt gewesen, an dem ich mit Jutta hätte arbeiten können. Sie hätte lernen können, ihre Gefühle zuzulassen und eine gefühlvolle Reiterin zu werden.

Leider war das die letzte Stunde, die ich mit Jutta verbrachte. Sie sagte mir, dass sie jetzt eine Psychotherapeutin hätte und dort reden würde. Ich muss gestehen, dass ich diese Aussage bezweifelte. Ich habe Jutta seitdem nicht mehr gesehen. Jedoch war sie ein wichtiger Grund, der mich dazu brachte meinen Wunsch, Reitlehre und Therapie miteinander zu verbinden, zu verwirklichen.

Ich erinnerte mich an meine anfänglichen Reiterfahrungen, an meine Erlebnisse, mein Gefühl zu finden.

Ich wollte dazu beitragen, dass es mehr Menschen gab, die sich mit den Pferden als eine Einheit sehen konnten. Ich wollte, dass meine Patienten, die Begegnung mit den Pferden als ihre Heilung ansahen. Dass sie lernten, wie sie mit den Pferden eins werden würden. Hätte ich zu dieser Zeit schon mehr Erfahrung im Vermitteln des reiterlichen Gefühls gehabt, wäre Jutta vielleicht geblieben und wir hätten vielleicht irgendwann eine gemeinsame Basis gefunden, um das Erlebte zu verarbeiten.

Beate

Als Beate, eine Patientin mit einem ungenügenden Körpergefühl nach ein paar Stunden Therapie den Wunsch äußerte, *richtig* Reiten zu lernen, hatte ich mich schon mehr mit den Techniken des *Centered Riding* befasst. Mit Hilfe dieser Technik war es mir möglich, die inneren Bilder des Reiters zu aktivieren und diesen so an ein besseres Körpergefühl heranzuführen.

Beate hatte ein sehr geringes Selbstwertgefühl, das sie durch ein etwas burschikos wirkendes Auftreten zu überspielen versuchte. Sie hatte sich angewöhnt, ihren Kopf-Hals-Bereich ständig vor ihrem Körper herzutragen. Meine Patientin erinnerte mich an eine Schildkröte, die aus ihrem Panzer herauslugt. Diese Haltung war so extrem, dass es so aussah, als gehöre ihr Kopf gar nicht zum Rest des Körpers. Im Prinzip war das auch genau das Verhalten, das sie zeigte. Es schien so, als seien Kopf und Gefühl voneinander getrennt.

Ich begann damit, Beate auf meiner Andalusierstute Kenja, das Reiten beizubringen. Da ich schon an Beates Haltung ihre Verspannung ablesen konnte, begannen wir ganz langsam damit, dass die Frau ein Gefühl für ihren Körper bekommen sollte. Zunächst forderte ich meine Schülerin auf, sich vorzustellen, dass an ihrer Kappe ein goldener Faden hinge, der sie nach oben zieht und im Gleichgewicht hält. Ich arbeitete viel mit Bildern, um die Verspannung nicht noch weiter zu forcieren. Hätte ich im Gegenzug dazu gesagt, *Geradesitzen - Kopf hoch* usw., wäre eine körperliche und seelische Anspannung das Resultat gewesen. Wir begannen also im Schritt und arbeiteten uns dann Stunde um Stunde weiter vor.

Um die eigene Wahrnehmung Beates zu schärfen, forderte ich sie auf, das spiegelnde Verhalten der Stute zu lesen. „Beate, Sie können genau sehen, wann Ihre Hals-Kopf-Position richtig ist. Kenja macht dann den Hals lang und entspannt sich."

In den nächsten Stunden lernte Beate, mit geschlossenen Augen auf dem Pferd im leichten Sitz zu traben. Ich war erstaunt, wie sehr sie es genoss, blind zu reiten. Beate vertraute mir und dem Pferd, was sie sicher in ihrer Therapie ein ganzes Stück weiterbrachte. Sie lernte ihrer Wahrnehmung zu vertrauen und sie lernte, ihren Körper zu fühlen. Langsam stellte sich immer mehr Selbstvertrauen ein. Das Interessante an meiner Schülerin war, dass – sobald sie die Augen schloss – ihre Gefühle dominant wurden. So ging ich einmal mit ihr bewusst durch die grünen Wiesen. Beate saß auf Kenja, die ich führte, und hatte die Augen geschlossen. Ich forderte sie nun auf, mir zu berichten, was sie alles von ihrer Umwelt wahrnahm. Sie hörte Vögel zwitschern, Autos fahren und sie vernahm die Geräusche der Hufe.

Am aufschlussreichsten war jedoch folgendes Erlebnis. Ich führte die Stute, mit meiner Patientin auf dem Rücken, über die Weide. Beates Augen waren geschlossen. Nun forderte ich sie auf, mir mitzuteilen, was sie wahrnahm, während wir über das grüne Gras schlenderten.

„Mir wird ganz seltsam zumute", sagte die Reiterin.

Ich ging mit dem Pferd gerade an dem neuen Stacheldraht vorbei, den unser Gartennachbar erst kürzlich gezogen hatte. Als wir am Ende des Zauns angelangt waren, sagte Beate: „Jetzt wird es besser."

Ich war sehr irritiert. Sollte sie tatsächlich die Gefahr, die von dem Zaun ausging, gespürt haben? Das wollte ich nun genau wissen. Ich ging weiter über die Grünfläche und überquerte sie dann, um wieder auf den Stacheldraht zuzugehen. Meine Schülerin bestätigte mir, auf meine Frage, dass alles in Ordnung wäre. Als ich jedoch abbog, um auf das vermeintliche Gefahrenobjekt zuzugehen, meldete sich meine Patientin wieder: „Jetzt ist es wieder da!“

Ich versuchte nun, der Sache auf den Grund zu gehen. „Wie fühlt es sich an, Beate?“

„Kann ich nicht so sagen. Es ist ein mulmiges Gefühl. Ich fühle mich eingeengt, irgendwie bedroht.“

Ich ging mit der Stute direkt auf den Zaun zu und fragte: „Wie ist es jetzt? Gibt es eine Veränderung?“

„Ja, es wird immer stärker, immer unangenehmer.“

Mittlerweile standen wir fast direkt vor dem Zaun. Ich forderte Beate auf, die Augen zu öffnen. „Schauen Sie mal, wo wir hier sind!“

Ich war gespannt, wie sie die Situation mit geöffneten Augen einschätzte.

„Da ist ein Zaun! Ein Stacheldraht, das war es also!“

Mich wunderte sehr, dass meine Patientin, die ihre eigenen Gefühle nicht wahrnehmen konnte, mit geschlossenen Augen in der Lage war, die Gefühle des Pferdes wahrzunehmen. Ich bin mir ziemlich sicher, dass es Kenjas Gefühle waren, die Beate spürte. Denn warum sollte ein Stacheldraht bei einem Menschen ein schlechtes Gefühl auslösen. Wie dem auch sei, auf jeden Fall hat Beate mit geschlossenen Augen ihre Umwelt besser wahrnehmen können.

Durch Centered Riding gefühlvolles Reiten erlernen

Nach diesen Erlebnissen war ich mir sicher, was ich wollte. Meine therapeutische Arbeit würde sich verbessern, wenn ich zusätzlich auf dieser Ebene Reitunterricht geben würde. Viele traumatisierte Frauen besaßen Pferde, hatten ein Pflegepferd oder ritten in diversen Reitställen – Pferde und traumatisierte Frauen zogen sich magisch an.

Im Sommer 2014 bot sich mir die Möglichkeit, den Trainerschein als *Centered Riding Instruktor Level I* zu absolvieren. Diese Methode setzt sich aus drei Elementen zusammen. Dem Tai Chi, der Alexandertechnik und der Feldenkrais-Methode. Ich absolvierte zunächst einen offenen Kurs für Interessierte und im Anschluss, einige Wochen später, einen Trainerkurs.

Schon vor ungefähr zwanzig Jahren hatte ich mir das erste Buch von der Amerikanerin Sally Swift gekauft und verschlungen. Sally Swift sprach in ihrem Werk von sanften Augen, tiefem Atmen, *der Kugel im Nest* – das Zentrieren des Körpers und den Bausteinen, um unseren Körper auszubalancieren.

Ich versuchte damals mit Hilfe der Bilder, die in dem Buch beschrieben wurden, zu einem gefühlvolleren Reiten zu kommen. Zu dieser Zeit gab es noch keine kompetenten Trainer in meiner Umgebung oder ich hatte zumindest nichts davon gehört. Außerdem war ich eine junge Mutter und finanziell begrenzt.

Zehn Jahre später hatte ich eine kleine Einführung ins Centered Riding, während meiner Weiterbildung als Reittherapeutin genossen. Es dauerte weitere zwölf Jahre, bis ich mich dem Thema intensiv zuwenden konnte.

In den verschiedenen Modulen lernte ich - gemeinsam mit anderen Teilnehmerinnen - ein neues Körpergefühl beim Reiten zu entwickeln und auch zu unterrichten. Die Stimmung in den Kursen war angenehm ruhig und friedlich. Kein Leistungsdruck, keine Konkurrenz, so wie ich es aus der Vergangenheit gewohnt war. Jeder achtete auf einen sorgsamen Umgang mit seinem Pferdepartner und ebenso auf seinen menschlichen.

Wir lernten sehr viel über unsere Wahrnehmung, über das *Loslassen* und vor allem lernten wir, achtsam zu sein. Wir arbeiteten daran, unsere eigenen Schwächen zu akzeptieren und uns über kleine Veränderungen unserer alten Muster zu freuen. Jeder noch so kleine Schritt in die richtige Richtung wurde von der Gruppe gelobt. Die Trainerin berichtete von ihren Missgeschicken als Reitanfänger, sodass niemand das Gefühl hatte, er könne diesen Weg nicht auch gehen.

Die Bilder, die unsere Trainerin benutzte, erreichten bei mir und den anderen Teilnehmern, dass unsere Körper sich besser auf die Pferde einstellen konnten und ebenso unser Geist. Während der Kurse hatte ich das Gefühl mit Tabernero, der mich begleitete, auf der geistigen, wie auf der körperlichen Ebene verbunden zu sein.

In jedem weiteren Kurs merkte ich Verbesserungen an meinem Sitz und an meiner Wahrnehmung.

Die Trainerin, Sybille, ließ uns zu Beginn der Stunde erfühlen, welche Verspannungen sich im Pferd und in uns bemerkbar machten. Dabei sprach sie mit einer ruhigen meditativen Stimme und forderte uns auf, gedanklich unsere Gelenke und ebenso gedanklich, die der Pferde zu ölen. Schritt für Schritt ging sie auf die einzelnen Gliedmaßen ein, indem sie uns immer wieder aufforderte, einen warmen Tropfen Öl in das jeweilige Gelenk zu geben.

Die Teilnehmer und die Pferde befanden sich in einem entspannten und zentrierten Zustand.

Nach der Übung forderte die Ausbilderin uns auf, wieder in uns und unsere Pferde zu spüren. Es war wie ein Wunder. Die Pferde gingen wesentlich gelöster als vorher.

Ich habe diese Übung später auch mit meinen Schülern und Patienten durchgeführt. Meine ReiterInnen und ich konnten jedes Mal ein entspanntes Pferd beobachten.

Daran erkannte man wieder, wie sehr Pferde ihre Menschen spiegeln. Oder ist es doch Telepathie? Egal was es ist, wichtig ist nur der Erfolg.

Die gesamten Basics des Centered Riding aufzuführen, würde nun den Rahmen des Buches sprengen. Es gibt sehr gute Bücher von Sally Swift und anderen, die diese wunderbare Art des Reitenlernens erklären.

Tabernero und mir hat dieser Kurs sehr geholfen, aufeinander zu achten. Ich hatte zu Hause an meinem Sitz gearbeitet, indem ich mir immer wieder die inneren Bilder vor Augen hielt. Ich arbeitete an den Basics: sanfte Augen, Bauchatmung, Zentrieren und Balance.

Das dritte Modul schloss ich erfolgreich mit dem Centered Riding Instruktor Level I ab.

Mittlerweile besuche ich regelmäßig Tai Chi Kurse, um weiter an meinem Körpergefühl und an meiner geistigen und körperlichen Balance zu arbeiten. Zusätzlich besuche ich Kurse bei Centered Riding Trainern als Assistentin. Dabei frische ich meine Kenntnisse auf und vertiefe sie gleichzeitig. Während des Unterrichtens erkenne ich immer wieder auch meine eigenen *Baustellen* und kann zu Hause weiter daran arbeiten.

Übertragung von Traumata in die nächste Generation

Ein weiteres Beispiel für die tiefe Verbundenheit auf der geistigen Ebene ist die folgende Geschichte.

Als ich Melanie das erste Mal sah, fiel mir sofort ihr besonders kindlicher Gesichtsausdruck auf. Fröhlich lachend öffnete sie mir bei unserem Erstgespräch die Wohnungstür.

Melanie war eine vierunddreißigjährige Frau, der ich zunächst ihr Alter nicht wirklich glauben konnte. Ich hatte keine Ahnung, was es war, das mich eher an einen fröhlichen Teenager erinnerte als an eine erwachsene Frau, die gerade eine schwere depressive Episode durchlebte. Melanies Mutter war vor sechs Monaten an Leberkrebs verstorben. Es gab mehrere Erlebnisse im Leben meiner Patientin, die dazu beigetragen hatten, dass es ihr gerade seelisch so schlecht ging.

Melanie besaß ein Pferd, Flakon. Sie hatte ihn vor zwei Jahren gekauft und eine innige Beziehung zu ihm aufgebaut.

Flakon war ein hoch begabtes Dressurpferd, welches von seiner Vorbesitzerin so sehr gefordert und überfordert wurde, dass er in ein klassisches Burnout, in der Endphase gerutscht war.

„Er war völlig depressiv, als ich ihn bekommen habe. Er lief mit gesenktem Kopf und es war ihm alles egal. Ich hätte ihn gegen die Wand reiten können, er hätte es getan. Er war wie zu einem Roboter mutiert, ohne Gefühle ohne eigenen Willen, schrecklich!"

Melanie hatte mit einer Horsemanship Trainerin an Flakons Selbstbewusstsein und an ihrer Beziehung zu ihm gearbeitet. Zudem mit einer Reitlehrerin, die sich auf klassisch barocke Reiterei spezialisiert hatte, an ihren eigenen Reitkenntnissen und an der natürlichen Haltung des Pferdes. Die beiden, Melanie und Flakon, hatten es geschafft, eine intensive Beziehung zueinander aufzubauen.

Sie halfen sich beide. Melanie unterstützte Flakon, so zu sein, wie ein Pferd eben sein soll und darf, und Flakon war Melanie ein dankbarer Begleiter. Doch während ihrer schwersten Zeit geschah etwas, was dieses sonst so vertraute miteinander umgehen, arg ins Wanken brachte.

Die junge Frau ritt Flakon auf dem Reitplatz, als dieser plötzlich und völlig unerwartet, zu buckeln begann. Sie konnte sich zwar gerade noch auf dem Pferd halten und ritt im Anschluss auch noch weiter. Jedoch war dieser Kontrollverlust das komplette Aus für ihr Vertrauen. Melanie war so traurig und enttäuscht über diese Situation, dass sie lange nicht damit umgehen konnte.

Als ich die junge Frau dann als Patientin in die ambulante psychiatrische Pflege aufnahm, begann ich mit ihr Stück für Stück die Situation durchzugehen. Dabei stellte sich heraus, wie sehr Melanie mit ihrem Pferd emotional verbunden war. An diesem Tag hatte er nichts anderes getan, als ihre wahren Gefühle zu spiegeln und diese auszuleben. Melanie hatte es nie gelernt, ihre Emotionen wahrzunehmen bzw. zuzulassen. In diesem Buckler steckte ihre gesamte Frustration, ihre Wut, ihre Hoffnungslosigkeit und alles, was sie sonst so verdrängte. Flakon war dermaßen verunsichert über ihr plötzliches inkongruentes Verhalten, dass er selbst nicht in der Lage war, diese Spannung auszuhalten. Er musste buckeln, um diese negativen Schwingungen loszuwerden.

Wie schon an anderer Stelle beschrieben, können Pferde dieses unechte Verhalten nicht aushalten, da sie sich dann bedroht fühlen.

Flakon, der in seinem ganzen Leben nur Aggressionen und rigides Reiten erfahren hat, fühlte sich von den unterdrückten Gefühlen seiner Reiterin dermaßen angetriggert, d.h. in seine Vergangenheit versetzt, dass er keinen anderen Ausweg für sich sah. Er hatte Angst vor Wiederholung seines Traumas.

In weiteren Gesprächen, kunst- und reittherapeutischen Einheiten, ging ich mit meiner Patientin weiter auf die Suche nach den Ursachen für ihre versteckten Gefühle. Dabei stellte sich heraus, dass es in der Familie gang und gäbe war, Gefühle nicht zu zeigen.

Melanies Vater war in Kriegsgefangenschaft gewesen und ihre Mutter war damals mit ihrer Oma geflohen. Die ganzen Kriegstraumata schienen auf der jungen Frau zu lasten. Meine Patientin hatte unter anderem Probleme mit ihrer Weiblichkeit. Ihre erste Regelblutung begann gleich mit einer Katastrophe, da sie einen Blutsturz erlitt, den sich niemand erklären konnte.

In vielen Gesprächen hatten wir gemeinsam herausgefunden, dass Melanie ihr ganzes Leben die Verantwortung für ihre Mutter übernommen hatte. Als ihr Vater, der ebenfalls an Krebs gestorben war, nicht mehr da war, übertrug die Mutter sämtliche Verantwortung auf ihre Tochter.

„Melanie, haben Sie schon mal davon gehört, dass Traumata in die nächste Generation übertragen werden? Man nennt das auch Symptomträger".

Melanie sah mich an, als sei ihr eine Erleuchtung gekommen. „Diesen Blutsturz, den Sie erfahren haben, findet man meist bei Fehlgeburten.“

„Aber ich hatte doch nicht mal einen Freund, ich war Jungfrau“, entgegnete sie mir überrascht und nicht ahnend, auf was ich hinaus wollte.

„Aber Sie haben mir erzählt, dass ihre Mutter vier Fehlgeburten hatte!“

Melanie wurde ganz blass und sah mich an, als würde sie nun alles verstehen. „Sie hat schon immer alles auf mich abgeladen, wenn auch nicht bewusst! Die Ärzte hatten damals keine Erklärung dafür, das wäre eine, die einleuchtend ist.“

Während der schweren Zeit, die Melanie mit ihrem Pferd Flakon verbrachte, um ihn zu rehabilitieren, zog sie unter anderem eine Osteopathin hinzu, die sich zusätzlich mit Tierkommunikation befasste. Während diese das augenscheinlich traumatisierte Pferd behandelte, stieß die Pferdeflüsterin an ihre und Flakons Grenzen. Um seine verspannten Gliedmaßen lockern zu können, musste sie dem Tier in die Nähe des Genitalbereiches fassen. Flakon, der sich von seiner Besitzerin an sämtlichen Stellen seines Körpers anfassen ließ, gebärdete sich nun wie ein wildes Raubtier, das man versucht in einen Käfig zu sperren.

Melanie verstand die Welt nicht mehr. Was war geschehen? Warum regte sich das Tier so auf. Dann fragte die Osteopathin: „Haben Sie Probleme mit ihren Eierstöcken?“

Melanie sah die Therapeutin fassungslos an.

„Er hat es mir gesagt“, lächelte sie und zeigte auf Flakon. Melanies Augen füllten sich mit Tränen. Und dann berichtete sie von der Zyste, die kurz vor dem Platzen gewesen war, von der schmerzhaften Endometriose, von ihrer schweren Operation und von der ungewollten Kinderlosigkeit.

Die Osteopathin, die ruhig zugehört hatte, antwortete nun: „Und das alles trägt ihr Pferd mit Ihnen. Seine ganzen Verspannungen in dem Bereich sind zum größten Teil Übertragungen von seiner Reiterin, der er vertraut und der er die ganze Verantwortung abnehmen will."

Als Melanie mir davon berichtete, erkannte ich spontan dieses Dreigestirn. Meine Patientin hatte jahrelang die Verantwortung für das Leben ihrer Mutter übernommen. Sie hatte ihre Traumata im wahrsten Sinne des Wortes „getragen".

Flakon wiederum hatte genau dasselbe getan, er hat die seelischen und körperlichen Verletzungen seiner Reiterin getragen, um diese zu schützen. Das erste Mal in seinem Leben hatte er jemanden gefunden, der ihn so nahm, wie er war. Jemand, der ihn aufrichtig liebte und an ihn glaubte. Er trug und ertrug alle seelischen Verletzungen, die ihm und seiner Besitzerin jemals zugefügt wurden.

Als ich mit Melanie ungefähr acht Wochen gearbeitet hatte, machte ich ihr den Vorschlag sich einen Malachit zuzulegen. Diesem dunkelgrünen Halbedelstein wird nachgesagt, dass er die Weiblichkeit eines Menschen bewusst werden lassen kann. Da meine Patientin ganz offensichtlich Probleme mit der Identifikation als Frau hatte, war ich gespannt, was daraufhin passieren würde. Die junge Frau war von Beginn an sehr offen für Ideen, sodass sie sich noch am selben Tag einen solchen Stein zulegte.

Was dann geschah, war einfach unfassbar. Melanie veränderte sich von Tag zu Tag. Sie begann damit, ihre Jogginganzüge im Schrank zu lassen und sich weiblicher zu kleiden. Bei jedem Gespräch, welches wir miteinander führten, veränderte sich ein Teil ihrer Persönlichkeit. Die junge Frau machte gerade eine rasante Entwicklung durch, vom Kind zum Teenager und letztendlich zur Frau.

Wenn Melanie zur Weide fuhr, um ihr Pferd zu besuchen, konnte sie es kaum fassen, dass ihr sonst so devoter Wallach die gleiche Veränderung durchmachte. Sein Fell begann zu glänzen und seine ganze Manier erinnerte eher an einen pubertierenden Hengst, als an einen schon recht betagten Wallach. Flakon entdeckte plötzlich, genauso wie Melanie, seine neugewonnene Jugend, die er wahrscheinlich genauso wenig ausleben durfte, wie seine Besitzerin.

Während Melanie eines Abends bei Sonnenuntergang am Weidezaun stand und ihren, sich vor einer Stute präsentierenden Wallach, der wie ein stolzer Hengst aussah, so betrachtete, sagte sie zu ihm.

„Du hast recht Flakon, ich habe keine Angst vor dir. Ich habe Angst vor mir selbst und vor meiner Weiblichkeit.“

Während sie das sagte, rollten ihr die Tränen der Verletzung über die rosigen Wangen. Flakon kam zu ihr an den Zaun und leckte sich die Lippen. Dann beugte er sein Haupt und begann zu kauen. Dabei empfing sie einen Gedanken von ihm: „Macht nichts, Kleine. Wir lernen es gerade beide und ich zeige dir, wie es geht.“

Flakon war seiner Besitzerin immer einen Schritt voraus. Wenn sie ihn ansah, konnte sie erahnen, welcher Schritt in ihrem Leben als Nächstes anstand. Diese beiden Lebewesen hatte eine Seelenverwandtschaft entwickelt, von der manche Menschen nur zu träumen wagten.

Dass Melanie zu den hochsensiblen Menschen gehörte, konnte man sehr gut, schon allein durch die Verbindung zu ihrem Pferd, erkennen. Das ging sogar so weit, dass sich die beiden nicht nur ihre seelischen, sondern auch ihre körperlichen Leiden teilten.

Melanie entdeckte an ihrem Knöchel einen kreisrunden Fleck, der sich heiß anfühlte und sehr druckempfindlich war. Sie hatte keine Ahnung, was dieser zu bedeuten hatte. Da sie regelmäßig joggte, kam bei ihr der Verdacht auf, dass sie sich beim Laufen überanstrengt hatte.

Ein paar Tage später hatte Melanie einen Termin bei einer Osteopathin, die zugleich Tierärztin und Tierkommunikatorin war. Diese äußerte bei Flakon den Verdacht einer beginnenden Arthrose. Melanie war zunächst am Boden zerstört. Die Ärztin erklärte ihr jedoch, dass es noch früh genug für eine Behandlung wäre. Meine Patientin, die sehr viel von der Veterinärmedizinerin hielt, zeigte ihr darauf ihren Knöchel. Die Ärztin untersuchte den Fuß ganz genau und sagte dann erstaunt: „Es sieht aus wie Arthrose, es ist aber keine. Sie haben mal wieder die Probleme Ihres Pferdes übernommen. Sie haben eine so enge Bindung zu ihm, dass Ihr Körper gleich mitreagiert hat."

Insgesamt arbeiteten wir vier Monate zusammen.

In dieser Zeit stellte sich immer mehr heraus, dass Melanie ein Mensch war, der zu den Hochsensiblen gehörte, was sich nicht nur im Umgang mit dem Pferd darstellte. Melanie konnte Trauer und Schmerzen von ihren Mitmenschen wahrnehmen. Ihre „Haut" war extrem dünn. Durch ihre perfekte Verdrängungstechnik war ihr das jedoch nie bewusst gewesen. Wie schon auf den vorherigen Seiten beschrieben, rührte ein großer Teil ihrer Probleme von dieser Verdrängung her. Als wir das herausgefunden hatten, bereitete diese Gabe Melanie zunächst große Angst. Erst in vielen Gesprächen konnte ich sie von der Chance, die diese Eigenschaft mit sich bringt, überzeugen.

Melanie machte große Fortschritte. An unserem letzten Termin sagte sie zu mir: „Frau Wilhelms, ich habe Sorge, es ohne Sie nicht zu schaffen. Ich weiß, es ist wie mit dem Schwimmen. Ich fürchte mich, ohne Schwimmreifen ins Wasser zu gehen. Doch bin ich mir sicher, dass ich es schaffe. Sie haben mir beigebracht, nicht unterzugehen.“

Sie hatte Tränen in den Augen, als sie das sagte. Aber ich war mir sicher, sie würde es schaffen.

Einige Monate später rief mich Melanie an und sagte ganz erfreut.

„Hallo, Frau Wilhelms. Ich würde Sie gern mal besuchen kommen und Ihnen ein paar Neuigkeiten von Flakon und mir berichten.“

„Sehr gern“, antwortete ich. „Ich bin gespannt.“

Wir verabredeten uns an einem sonnigen Nachmittag bei meinen Pferden auf der Wiese. Melanie kam mit ihrem gewohnten quietschgelben Smart angefahren und sprang strahlend aus dem kleinen Auto. Fast hätte ich sie nicht erkannt. Aus der jungen Frau im Schlabber-Jogginglook war eine stattliche Dame geworden, nicht überkandidelt – nein sehr feminin, aber trotzdem nicht aufdringlich. Sie wirkte fröhlich und ausgelassen. Melanie erzählte mir, dass sie einen neuen Job hatte und sich wohl fühlte.

„Ich mache eine Ausbildung als Tierheilpraktikerin und ich arbeite wieder als technische Zeichnerin. Ich habe einen neuen Job und einen tollen Chef. Außerdem habe ich keine Angst mehr vor meiner Hochsensibilität. Ich sehe es jetzt als Gabe. Die Pferde sprechen jetzt mit mir und ich genieße es. Ich nutze meine Fähigkeit und sehe es als Potential, zu helfen.“

Sie schien wirklich deutlich entspannt.

„Das freut mich für Sie. So ist es in Ordnung. Sie können es auch nicht ändern, denn es ist da. Es als Gabe zu nutzen, ist sehr gut. Sie können so Menschen und Tieren eine große Hilfe sein."

„Ich wollte, dass Sie mal sehen, dass sich Ihre Arbeit gelohnt hat. Deshalb bin ich gekommen. Danke für alles."

Ich habe mich sehr gefreut, Melanie noch einmal gesehen zu haben. Vor allem, dass sie es geschafft hat, den Zugang zu den Tieren für sich entdeckt zu haben. Sie hat die geistige Verbindung zu sich und zu ihrem Pferd und zu den Pferden in ihrer Umgebung gefunden.

Ich möchte hier noch einmal zum besseren Verständnis auf die Thematik eingehen, dass Traumata über Generationen vererbt werden können. Was muss man sich darunter vorstellen und was ist überhaupt unter dem Begriff Trauma zu verstehen?

Zunächst einmal kommt das Wort Trauma aus dem Altgriechischen und heißt nichts weiter als *Wunde*. Ursprünglich wurde der Begriff in der Medizin von den Unfallchirurgen verwendet, wenn es sich um schwere körperliche, schockartige Verletzungen handelte. Schädel-Hirn-Trauma z.B. ist ein weitverbreiteter Begriff.

In der Psychiatrie bezeichnet man schwere seelische Verletzungen als Trauma, wobei der Schwerpunkt hierbei liegt, dass die Person, der dieses Schicksal widerfährt, sich in einer absolut hilflosen Position befindet. Vergewaltigungen, schwere Unfälle, sexueller Missbrauch, Naturkatastrophen, Kriegsgeschehen usw. zählen zu solchen schrecklichen Ereignissen, die ein Trauma auslösen können.

Aber auch Geschehen, an denen wir nicht direkt beteiligt sind, die wir jedoch als Zeuge miterleben, können diese Ohnmachtsgefühle der Hilflosigkeit und somit ein Trauma auslösen. Rettungssanitäter, die auf ein Zugunglück stoßen, der Lokführer, der einen Suizidalen umfährt oder das Kind, das sieht, wie Papa die Mama verhaut. All diese Dinge können Traumata auslösen. Das sind die Traumata, in denen Menschen direkt oder indirekt beteiligt sind. Doch was geschieht bei einer Übertragung von Traumata in die nächste Generation?

In ihrem Buch „Wie Traumata in die nächste Generation wirken" beschreiben Udo Baer und Gabriele Frick-Baer, beides Therapeuten auf diesem Gebiet, zunächst die Hauptleiden des posttraumatischen Stress-Syndroms. Es gibt noch viele weitere Anzeichen, doch die häufigsten und wichtigsten, die hier aufgezählt werden, haben sie bei den Probanden zu gleichen Teilen festgestellt. Bei diesen Klienten konnten sie feststellen, dass die Generationen vor ihnen Kriegsopfer waren und die Klienten selbst keine eigenen Traumatisierungen erfahren hatten.

Zum besseren Verständnis möchte ich die genannten Symptome hier, samt Erklärung, aufzählen.

Flashbacks:
Diese sind Blitzlichter, die aufflammen und den Erlebenden in eine Situation hineinwerfen, aus der er selbst nicht herauskommt. Er fühlt sich wie in einem Film, in dem er gezwungen wird, mitzuspielen, ohne zu wissen, um was es eigentlich geht, jegliche Erinnerung fehlt. Ausgelöst wird diese Situation durch einen sogenannten *Trigger*. Das kann ein Geruch, ein Wort, ein Blick oder Ähnliches sein.

Erregung:

Traumatisierte Menschen sind immer in Erregung, in sogenannter Alarmbereitschaft. Was früher, zu Zeiten des Säbelzahntigers noch ein Schutzmechanismus war, ist für den traumatisierten Menschen, nur noch purer Stress. Er befindet sich ständig in Alarmbereitschaft, sein Adrenalinspiegel ist dauernd erhöht, was ihn auch anfällig für Krankheiten wie z.B. Bluthochdruck etc. macht.

Vermeidungsverhalten:

Menschen mit Traumatisierungen meiden Orte und Begebenheiten, die ihnen zur Gefahr werden können. Das kann so weit gehen, dass dieses Vermeidungsverhalten solche starken Ausmaße annimmt, dass diese irgendwann nicht mehr in der Lage sind, ihr Haus bzw. ihre Wohnung zu verlassen, spätestens dann wird es problematisch, da diese Menschen nicht mehr in der Lage sind, für den eigenen Lebensunterhalt zu sorgen. Zum Überleben gehört auch Essen und um dies zu besorgen, muss man das Haus verlassen.

Emotionale Abflachung, Ängste und Ängstlichkeit:

Wer Schreckliches erfahren hat, wird Angst haben, dieses noch einmal zu erfahren. Diese Angst ist normal und ein gesunder Schutzmechanismus. Wird diese Angst jedoch übermächtig und beginnt uns überall und immer zu verfolgen, dann spricht man von einer Angststörung.

„Wie in dem Märchen, von einem der auszog, das Fürchten zu lernen, ist eine Form der Angst auch die völlige Furchtlosigkeit. Die Angst ist so groß und so gegenwärtig, dass sie irgendwann dissoziiert (abgespalten) wurde. Die

betreffenden Menschen kennen, wie der Held des Märchens, keine Furcht und begeben sich selbstverständlich in die gefährlichsten Situationen, ohne dass sie das Gefühl haben, dafür Mut zu benötigen. Die Angst ist so sehr Thema, dass sie kein Thema mehr ist."
(Wie Traumata in die nächste Generation wirken
Udo Baer/Gabriele Frick-Baer)

Eine emotionale Abflachung entsteht, wenn das Geschehene so grauenvoll ist, dass der Mensch dieses nicht ertragen kann. Im Krieg schrieben sich die überlebenden Deutschen gegenseitig Ansichtskarten von den zerbombten Kirchen und Marktplätzen, die es längst nicht mehr gab. Niemand konnte sich vorstellen, wie man so herzlos sein konnte. Es war die emotionale Abflachung, die eingetreten war, um überhaupt das Grauen des Krieges irgendwie zu überstehen, für diesen Moment. Der Rest wurde totgeschwiegen (*Wie Traumata in die nächste Generation wirken* Udo Baer/Gabriele Frick-Baer).

In einem Experiment wurde festgestellt, dass für die Übertragung der Traumata in die nächste Generation wohl die Spiegelneuronen mit verantwortlich sind. Hierzu ein Zitat aus eben genanntem Buch:

„Die Spiegelneuronen sind die biologisch-neuronale Basis dafür, dass sich Menschen in andere Menschen hineinversetzen. Wir nennen diese Resonanz, vom Lateinischen resonare ‚miteinander schwingen'."
(Cramer 1998)

„Offensichtlich versetzen sich Kinder in ihre Eltern hinein und spüren das, worüber diese gerade nicht erzählen,

Wenn man nun davon ausgeht, dass das tierische Gehirn dem menschlichen sehr ähnlich ist, und dass Pferde auch über Spiegelneuronen verfügen, so ist es nach dieser These auch verständlich, warum Flakon die Gefühle seiner Besitzerin so exakt gespiegelt hat. Sie werden auch in weiteren Geschichten erfahren, wie sehr Pferde das Leben ihrer Menschen spiegeln. Mit diesem Hintergrundwissen ist es vielleicht auch für Sie, lieber Leser, liebe Leserin, leichter nachzuvollziehen, warum unsere Pferde oft so wirken, als seien sie hellsichtig.

Ein Spiegelneuron ist eine Nervenzelle im Gehirn, die beim Betrachten das gleiche Muster an Aktivität aufweist, als würde es die Aktivität selbst ausführen. Außerdem ist es für die Bindung und die Empathie zuständig. Es ist eine sehr komplexe Nervenzelle, deren ganzes Ausmaß wahrscheinlich noch nicht komplett erfasst wurde.

„Als die Spiegelneuronen entdeckt wurden, reagierten die meisten Fachleute skeptisch. Neuronen, die nicht nur feuern, wenn Menschen eine Handlung ausführen, sondern auch, wenn sie beobachten, wie eine ähnliche Hand-

lung ausgeführt wird, passten nicht in das gängige Bild eines Gehirns, nach dem für die Beobachtung der Welt eine Reihe ganz anderer Gehirnareale zuständig waren, als für die Planung eigenen Handelns verwendet werden. Anfangs blieb diese neue Auffassung des Gehirns auf das motorische System beschränkt, doch in den letzten Jahren hat sich der Geltungsbereich ausgeweitet. Zum einen stellte sich heraus, dass die Emotionen anderer Menschen, mit Hilfe gemeinsamer Schaltkreise verarbeitet und durch Aktivierung ähnlicher gesichtsmotorischer Programme und viszeraler Emotionen simuliert werden. Zum anderen scheinen sogar taktile Wahrnehmungen anderer Menschen durch gemeinsame Schaltkreise verarbeitet zu werden, wenn wir sehen, wie sie berührt werden- oder wie sie sich bewegen."

(Unser emphatisches Gehirn
Christian Kysers)

Seelenpferde und deren geistige
Verbindung zum Besitzer

Frieda war eine braun-weiß gescheckte Tinkerstute mit einer langen gleichfarbig gestreiften Mähne, die ihr bis über die Schulter reichte. Die Stute fristete ihr vorheriges Leben als Schulpferd und Zuchtstute. Als Lucy, die Besitzerin des Pferdes, diese zum ersten Mal sah, war es Liebe auf den ersten Blick. Obwohl der jungen Frau diverse Personen in ihrem Umfeld davon abrieten, diese Stute zu kaufen, wurde das Tier trotzdem ihr Eigen. Der Verkäufer war als dubioser Händler bekannt und deshalb mit Vorsicht zu genießen. Lucy hatte jedoch ihre Wahl getroffen und ließ sich von niemandem davon abhalten, das Pferd zu erwerben.

Dass sich diese Entscheidung als richtig, ja sogar für Lucy als sehr wertvoll erwies, erfuhr ich erst ein Jahr nach dem Kauf des Tinkers.

Lucy kümmerte sich rührend um Frieda. Im Schulbetrieb hatte das Pferd nie die Chance gehabt, eine intensive Bindung eingehen zu können. Das Tier war die meiste Zeit ruhig und gelassen, konnte jedoch von einer Minute zur anderen in Panik geraten, wenn es in eine Stresssituation geriet. Diesen Stressfaktor zu erkennen und gegebenenfalls zu vermeiden, erschien der neuen Besitzerin zunächst als unlösbare Aufgabe. Die Liebe zu dem Tier war jedoch so intensiv und authentisch, dass die junge Frau alles daran setzte, diesem vermeintlich traumatisierten Tier zu helfen und das Vertrauen der Stute zu gewinnen. Sie ließ eine Osteopathin kommen, die zunächst eine „Großbaustelle" an sämtlichen Gelenken diagnostizierte.

Lucy nahm Reitunterricht, in welchem sie lernte, wie sie das Pferd reiten musste, um die schwachen Muskeln zu stärken und dem Tier so Linderung und Freude bei der Bewegung zu verschaffen.

Nach ungefähr einem Jahr war aus Pferd und Besitzerin ein eng zusammengeschweißtes Team geworden.

Frieda erwachte förmlich aus ihrer Lethargie. Wenn die Tiere gefüttert wurden, trat sie mit einer Vehemenz gegen die Boxentür, dass ich manchmal Sorge hatte, ihr Huf würde gleich durch die Holztür kommen. Beim Ausritt wurde sie immer schneller und ich konnte jeden Tag ihre neu gewonnene Lebensfreude erkennen.

Nach ungefähr zwei Jahren bekam Lucy dann im Herbst große familiäre Probleme. Ihre Eltern trennten sich und lieferten sich sprichwörtlich einen *Rosenkrieg*. Lucy schien das Ganze nicht so sehr zu belasten. Zumindest tat sie alles dafür, dass niemand sehen konnte, wie sehr sie litt. Die ganze Tragödie spitzte sich immer weiter zu, von Tag zu Tag, von Woche zu Woche, bis hin in den tief verschneiten Winter. Mal waren die Eltern getrennt, mal wieder zusammen. Mal sprachen sie mit Lucy über ihre Probleme, mal taten sie so, als ginge ihre Tochter das ganze Drama nichts an. Teilweise erfuhr die junge Frau erst über Dritte, wie gerade der neuste Stand der Beziehung ihrer Eltern war. Lucy arbeitete bis spätabends, begann damit, sich zurückzuziehen und setzte ihre *Alles-gut-Maske* auf. Weihnachten verging, Silvester kam mit der Hoffnung auf eine Stabilisierung der Familie. Mittlerweile waren weitere Probleme hinzugekommen. Vom Verlassen der gemeinsamen Wohnung der Eltern, bis hin zu der Frage, was passiert mit den Tieren, die Lucy und ihrer Schwester gehörten. Eine Katastrophe folgte der nächsten und Lucy arbeitete weiter. Manchmal erinnerte sie mich an die drei Affen: nichts hören, nichts sehen, nichts sagen. Insgeheim fragte ich mich, wie lange sie diese Situation noch ertragen konnte. Ihre Dekompensation war vorprogrammiert. Doch es geschah etwas anderes, womit ich nicht gerechnet hatte.

Schon seit ein paar Wochen war mir aufgefallen, dass Frieda immer zurückhaltender wurde. Sie ging den anderen Pferden im Paddock aus dem Weg und stand meist teilnahmslos in irgendeiner Ecke. Auch das Treten beim Füttern gegen die Boxentür hatte das Tier eingestellt.

Eines Morgens, als ich die Pferde aus ihren Ställen führte, um sie in die Ausläufe zu bringen, weigerte sich Frieda hinauszugehen. Ich fasste sie an der Mähne und sagte, „Los! Frieda, raus jetzt. Die Sonne scheint".

Aber die Stute hatte einfach keine Lust. Ich hatte keine Chance, dass sie freiwillig zu den anderen Pferden hinausging. Als es mir dann nach einer Weile gelang, das scheinbar störrische Pferd davon zu überzeugen nach draußen zu gehen, fiel mir ihre unsagbar traurige Verfassung auf. Ich erschrak fürchterlich, als ich plötzlich das Bild von Lucy empfing und den Gedanken: *Ich kann es nicht mehr ertragen, meine Besitzerin so leiden zu sehen. Es bricht mir das Herz.*

Ich war erschrocken, ja mehr noch; ich war geschockt. Das waren nicht meine Gedanken. Frieda hatte in ihrer Verzweiflung Kontakt zu mir aufgenommen, um mich um Unterstützung zu bitten. Ich streichelte der Stute über den Hals und sagte: „Schon gut Frieda, ich hab dich verstanden. Ich verspreche dir, ich kümmere mich darum."

Am selben Tag noch rief ich Lucys Freundin Hanna an, deren Stute ebenfalls in unserem Stall stand. Hanna ist ebenfalls eine Freundin von Lucys Mutter. Durch die ständige Trennung und der immer wieder darauf folgenden Wiedervereinigung hatten die beiden Freundinnen oft Streit gehabt. Für Hanna war die ganze Situation nicht nachvollziehbar. War diese zu Beginn des ganzen Desasters noch sehr mit Lucys Mutter verbunden, so hatte doch der Vater dafür gesorgt, dass die beiden Frauen nun kein Wort mehr miteinander sprachen. Die ambivalenten Gefühle, denen Lucy tagtäglich ausgesetzt war, nämlich einerseits die Wut auf ihre Eltern, die sie so sehr verletzten, in ihrem puren Egoismus und ihrer symbiotischen Beziehung, und anderseits der Liebe zu ihnen, die ja jedes Kind für seine Eltern empfindet, egal was sie ihm angetan haben. Das alles versuchte Lucy mit Arbeit und Schweigen zu kompensieren. Frieda spiegelte perfekt die seelische Leere, die Lucy mit Aktivitäten zu füllen versuchte.

Nachdem ich das herausgefunden hatte, sprach ich mit Lucy über diese verfahrene Situation. Ich hatte eigentlich damit gerechnet, dass Lucy meine Beobachtungen belächeln würde. Ein Pferd, das sich Hilfe bei einer Therapeutin sucht, um ihrer Besitzerin zu helfen. Ich muss gestehen, dass ich nicht damit gerechnet hatte, dass sie mich ernst nahm.

Doch Lucy ließ keinen Zweifel an meiner Aussage aufkommen. Ihr war schon aufgefallen, dass sich das Tier verändert hatte. Sie hatte nur nicht ganz verstanden, warum. Als ich ihr erklärte, was die Stute mir anvertraut hatte, war sie sehr besorgt um ihre Pferde-Freundin.

Die junge Frau hatte begriffen, dass es weder ihr, noch ihrem Seelenpferd helfen würde, ihre Gefühle zu verdrängen. Gleich am nächsten Tag bemerkte ich, dass die Stute wesentlich wachere Augen hatte. Der sonst so trübe Blick hatte sich in einen hellen, lebendigen Ausdruck verwandelt. Ich fragte die Stute gleich nach ihrem Befinden.

„Besser", antwortete sie und ich hatte das Gefühl, ein Lächeln in ihrem sonst so ernsten Gesicht zu erblicken.

Als Hanna, Lucys Freundin, in den Stall kam, sagte ich zu ihr: „Ich glaube, Lucy hat gestern mal richtig geweint. Jedenfalls geht es Frieda heute viel besser."

Hanna sah mich an, als hätte sie ein Gespenst gesehen. „Ja das stimmt. Ich habe heute mit ihr telefoniert. Sie sagte, nachdem sie mit dir gesprochen hat, hat sie geheult wie ein Schlosshund."

Dadurch, dass Lucy sich endlich ihren Gefühlen gestellt hatte, konnte die Stute aus ihrer Lethargie herausfinden. Die junge Frau hatte nicht die Kraft besessen, sich ihrer Verwundbarkeit zu stellen. Stattdessen hatte sie ihre gesamte Energie damit verbraucht, in ihrem Job alles zu geben. Nicht, dass es verwerflich ist, viel zu arbeiten. Wenn allerdings der Beruf dazu missbraucht wird, um seine Gefühle mit Arbeit zu kompensieren, sind wir auf einem falschen Weg. Frieda hatte gemerkt, dass Lucy sich gefühlsmäßig verkroch. Sie hat versucht ihrer Besitzerin zu helfen, indem sie deren Gefühle spiegelte. Diese tiefe Traurigkeit, die von dem weisen Schulpferd ausging, lebte die Stute an Stelle ihrer Besitzerin aus. Erst als Lucy das verstanden hatte, war sie in der Lage zu weinen. Damit rettete sie ihr Pferd aus der Depression.

Ein wunderbares Beispiel für die geistige Verbindung zwischen Mensch und Pferd.

Kimberly, ein weiteres Beispiel
für die Verbindung auf der geistigen Ebene

Als ich vor Jahren das erste Mal davon hörte, dass Menschen sich über Telepathie mit Tieren unterhalten sollten oder wollten, trat ich der ganzen Sache äußerst skeptisch gegenüber. Ich konnte mir einfach nicht vorstellen, dass so etwas möglich sein sollte. Aber als im Jahr 1880 die ersten Glühlampen von Thomas Alva Edison auf den Markt kamen, hatte zuvor auch niemand geglaubt, dass wir jemals Licht durch Elektrik hätten.

Mit der Zeit wurde ich dem Ganzen etwas zugänglicher, hatte aber immer noch meine Zweifel. Ich dachte mir, ich müsse mich mehr darüber informieren und kaufte mir sämtliche Bücher von Karin Müller, einer Autorin und Tierkommunikatorin. Nachdem ich die Bücher regelrecht verschlungen hatte, weil sie erstens so authentisch geschrieben, und weil sie zweitens so rührende Geschichten von Tierkommunikationen beinhalteten, beschloss ich, mich bei einem Kurs bei der besagten Autorin anzumelden. Beeindruckt von den Ergebnissen, änderte ich rasch meine Meinung. Ich bat Karin Müller ein Gespräch mit meiner Stute Kenja zu führen, da ich mir selbst das Ganze noch nicht zutraute. Von dem Protokoll, was ich erhielt, war ich beeindruckt. Unter anderem schilderte Kenja, dass sie sich eine Freundin wünschte. Sie berichtete davon, dass sie mit ihrer kleinen Familie zusammenlebte und dass es ihr sehr gut ging. Weiter erwähnte sie, dass sie Strahlen ausgesetzt sei und dass sie sich dann aber umdrehen würde. Es waren wirklich sehr viele beeindruckende Sätze dabei, die mich tatsächlich erschaudern ließen. Die Stute berichtete außerdem, dass Menschen zu ihr kamen, die innen so leer wären und sie fragte, ob sie drogenabhängig wären. Ich konnte mit dieser Aussage damals nichts anfangen. Heute weiß ich, was sie meinte. Ich arbeitete zu diesem Zeitpunkt mit schizophrenen Patienten. Diese Menschen bekommen meist sehr viele Medikamente, um die Stimmen, die sie hören, zu unterdrücken. Diese Menschen waren natürlich leer, denn es wurde ja alles in ihrem Geist unterdrückt.

Was mich dann letztendlich wirklich überzeugte, war die Äußerung, dass ich einen neuen Sattel gekauft hätte und dass dieser drücken würde. Kenja wusste, dass der Sattel neu war, denn er roch nach neuem Leder. Da dies tatsächlich der Fall war, überzeugte mich diese Aussage vollends.

Von da an war ich dem Mythos der Telepathie mit Pferden oder Tieren allgemein etwas offener zugewandt. Da mir Kenja eine sehr wichtige Freundin war und ich die ganze Zeit damit liebäugelte, mir ein Fohlen zuzulegen, beschloss ich im Stillen diesem Wunsch nachzugeben.

Als ich Kimberly, eine wunderschön gezeichnete junge Knabstrupperstute, im Februar 2006, drei Wochen vor meinem Geburtstag, kaufte und sie zu Kenja und Samurai in den Stall brachte, passierte das Unfassbare. Der Stall war ein Offenstall mit einem geräumigen Paddock daran. Direkt neben dem Stall befand sich eine kleinere Box, an die ebenfalls ein Paddock grenzte. Ich stellte Kimberly in diese Nachbarbox, damit sie sich erst einmal mit den beiden großen Pferden anfreunden konnte. Doch weit gefehlt. Kimberly rammte ihren Brustkorb mit einer solchen Wucht gegen den schon morschen Holzzaun, dass dieser kurzerhand nach wenigen Minuten umfiel.

Das Ganze wiederholte sie noch zwei- bis dreimal. Jedes Mal baute mein damaliger Stallvermieter den Holzzaun wieder auf. Als der Zaun nicht mehr als solcher zu erkennen war und nur noch die maroden Balken inmitten des Paddocks lagen, sagte mein Vermieter zu mir: „Also jetzt ist er komplett hin. Jetzt muss sie da durch. Da ist nun nichts mehr zu machen".

Er klang weder sauer noch genervt, einfach nur sachlich. Schließlich hatte er vollkommen recht. Wer nicht hören will, muss fühlen.

Wie sehr Kimberly dann noch fühlen musste, war für mich wirklich nicht schön anzusehen. Kenja und Samurai, die schon seit Jahren ein eingespieltes Team darstellten, rannten wie zwei tollwütige Wölfe mit offenem Maul und gebleckten Zähnen hinter dem kleinen gepunkteten Etwas her. Kimberly hatte die Augen weit aufgerissen, was durch ihre rassebedingten weißen Kreise, die sie um die Augäpfel hatte, noch wesentlich dramatischer aussah. Samurai versuchte ständig, das Fohlen in die Beine zu beißen und zu Fall zu bringen.

„Arme kleine Kimberly, hättest du doch besser auf mich gehört."

Als ich es nicht mehr aushalten konnte, das Elend mit anzusehen, und es auch keine Möglichkeit gab, die Drei wieder zu trennen, setzte ich mich kurzerhand in mein Auto und fuhr nach Hause. Ich würde dem kleinen Pferd jetzt nicht mehr helfen können und so beschloss ich, bei den Rangordnungskämpfen nicht dabei zu sein, sondern später noch einmal nachzusehen, ob Ruhe eingekehrt war.

Zu Hause angekommen ließ ich mir zum Aufwärmen meiner durchgefrorenen Gliedmaßen heißes Wasser in die Badewanne laufen. Ich holte mir ein Foto von Kenja und versuchte, so wie ich es in dem Kurs gelernt hatte, eine Verbindung zu ihr aufzubauen. Meine Idee war es, Kenja davon zu überzeugen, freundlich zu ihrer eventuell neuen Freundin zu sein, und dass diese dann Kimberly vor Samurai beschützen würde. Es würde also reichen mit einem Pferd, nämlich dem Ranghöheren, zu kommunizieren.

Nachdem ich das Gefühl hatte, dass sich eine mentale Verbindung zu meiner Stute einstellte, sagte ich zu ihr: „Kenja, du hast dir doch eine Freundin gewünscht, jetzt hast du die Chance. Warum scheuchst du das arme kleine Wesen so herum. Denk doch daran, wie es war, als du deine Kinder abgeben musstest, wie traurig warst du. Kimberly geht es genauso. Sie hat erst vor kurzem ihre Mutter verloren. Man hat sie auch einfach verkauft. Gib ihr doch eine Chance, bitte.“

Kenja hatte in ihrem früheren Leben zwei Fohlen geboren. Bei der Abgabe des zweiten Fohlens hatte sie eine Depression entwickelt. Sie fraß nichts mehr und magerte in kürzester Zeit ab. Durch viel Liebe von mir und meiner damaligen Reitbeteiligung schaffte es die Stute, wieder ins Leben zurückzukehren.

Nachdem ich mit meinem „Ritual“ fertig war, rief ich im Stall an, um mich nach dem Rechten zu erkundigen. Mein Stallvermieter erklärte mir: „Es ist alles ruhig. Mach dir keine Sorgen. Ungefähr eine halbe Stunde, nachdem du weg warst, war Ruhe. Jetzt stehen sie einträchtig nebeneinander. Keine Ahnung, warum das plötzlich so schnell ging. So etwas habe ich noch nie erlebt. Normalerweise dauert die Eingewöhnungsphase in eine neue Herde viel länger.“

Dass ich mit Kenja gesprochen hatte, behielt ich für mich. Es passte vom Zeitpunkt genau mit unserem Gespräch zusammen. Bis heute sind die beiden Stuten unzertrennliche Freundinnen.

Kimberly

Während der Arbeit mit meinen zum größten Teil traumatisierten Patienten erlebe ich immer wieder Augenblicke, die sich mit realistischen Einschätzungen nicht erklären lassen. Doch was ist realistisch? Was bezeichnen wir als Realität? Ist es nicht unsere Art von dem, was wir mit unserem menschlichen Verstand zu erkennen glauben? Früher im Mittelalter hat man Menschen, die Stimmen gehört haben, entweder als Hexen verbrannt oder einem Exorzisten ausgesetzt, weil man dachte, sie seien vom Teufel besessen. Heute pumpt man dieselben Menschen mit Psychopharmaka voll, weil man denkt, dass ihr Gehirn zu viel Dopamin produziert. Fakt ist, dass sie nicht in unsere Gesellschaft passen. Denn, wer anders denkt und sich anders verhält, der ist verrückt, sozusagen von der Realität abgerückt. Wer sagt uns denn ob diese Stimmen nicht tatsächlich existieren? Vielleicht sind diese Menschen ja einfach nur so sensitiv veranlagt, dass sie Stimmen von anderen Menschen auf unserer Welt hören können. Vielleicht können sie auch tatsächlich Dinge sehen und wahrnehmen, die nur wir nicht sehen können. Wissen Sie, was die meisten Menschen denken, wenn jemand sagt, dass er mit Tieren spricht?

Noch vor nicht allzu langer Zeit haben Wissenschaftler behauptet, dass Tiere nicht denken können und keine Emotionen haben. Mittlerweile hat man herausgefunden, dass Tiere das gleiche Gehirn haben wie Menschen und deshalb auch so denken wie Menschen. Wussten Sie, dass selbst Heuschrecken ein Gehirn haben?

Ist es nicht ganz schön arrogant von uns, so zu tun als seien wir die Erfinder der Realität? Meine Pferde zeigen mir jeden Tag etwas anderes. Sie spiegeln nicht nur die Gefühle meiner Patienten authentisch wieder, sie graben auch die tiefsten Seelenqualen aus der menschlichen Psyche hervor, sodass der Mensch eine Chance hat, das Thema zu bearbeiten. So wie meine Stute Kimberly, deren Auftrag es scheinbar war, eine ganz verborgene schwarze Stelle aus dem Unterbewusstsein von Anne gefühlsmäßig hervorzubringen.

Mit Realität ist dieses Erlebnis nicht zu erklären. Mit Telepathie oder mit der geistigen Verbindung der beiden Kreaturen schon eher. Aber ist so etwas real?

Anne, eine sehr gepflegte Frau mittleren Alters, wurde von ihrem Vater schon in sehr frühen Jahren sexuell missbraucht. Die furchtbaren Erinnerungen an dieses schreckliche Ereignis sind im Lexikon ihres Unterbewusstseins gespeichert, zu dem sie nur begrenzt Zugang hat. Diese fragmentierten Erinnerungsfetzen sind nur auf der intellektuellen Ebene vorhanden, die dazugehörigen Emotionen sind verschüttet. Anne war sehr offen für die Therapie und die Arbeit an ihren Gefühlen. Bedingt durch den Missbrauch, hatte sie einen sehr schlechten Zugang zu ihrem Körper, was sich in einer massiven Essstörung abzeichnete. Die sympathische Frau wechselte ständig zwischen dem Bedürfnis schlank zu sein, um positive Aufmerksamkeit zu bekommen, und der großen Angst davor gesehen und wahrgenommen zu werden. Einerseits wollte sie weiblich sein, anderseits hatte sie eine Abneigung dagegen. Somit war Anne ständig damit beschäftigt, sich und ihren Körper zu bestrafen. Die beiden Extreme, welche die Frau damit zu kompensieren versuchte, bestanden daraus, sich bis auf ein lebensgefährliches Untergewicht herunterzuhungern oder sich im Gegensatz dazu, später, wieder eine Art Schutzschicht „anzufressen". Diese Methoden waren so extrem, dass sie in ein selbst zerstörerisches Handeln ausarteten. Wenn Anne beschlossen hatte abzunehmen, quälte sie sich den ganzen Tag. Sie zerkratzte sich Arme und Beine, um die unerträglichen Hungergefühle nicht wahrzunehmen zu müssen.

Ich bat Anne, Zeichnungen von ihrem Körper anzufertigen, um sie dann mit Hilfe von Gesprächen langsam und behütet an das neue Gefühl heranzuführen. Als ein paar Therapiestunden vergangen waren, dachte ich, dass es an der Zeit wäre, ihr Körpergefühl durch das Reiten, auf einem meiner Pferde, zu intensivieren.

Dabei zeigte mir ein besonderes Ereignis, wie eng der Geist der Pferde, mit dem des Menschen verbunden ist.

„Anne, was halten Sie davon, wenn Sie heute mal reiten?"

„Das gibt's ja nicht." Meine Patientin strahlte über das ganze Gesicht. Ihre Augen leuchteten regelrecht, als sie fortfuhr: „Genau das wollte ich Sie heute fragen."

In den vorherigen Therapiestunden hatte Anne immer mit Tabernero Übungen am Boden absolviert. Sie war genauso wie ich, diesem sensiblen Aussehen verfallen. Tabernero war ihr auch sehr zugetan. In der Reithalle folgte der Wallach der Frau wie ein Hund. Da er jedoch beim Reiten recht schwierig war und auf minimalste Hilfen reagierte, beschloss ich, für diese Übung meine Stute Kimberly einzusetzen. Die Stute war ein erfahrenes Therapiepferd, welches auch kleine Unstimmigkeiten in der Gefühlswelt meiner Patienten kompensieren konnte.

„Das ist mir sehr recht", antwortete Anne, als ich ihr den Vorschlag unterbreitete. „Ich mag Tabernero sehr gerne, aber er hat so eine gewisse Wildheit in seinem Erscheinen, dass ich mich nicht auf seinen Rücken setzen würde."

Ich lachte und sagte: „Ja, das ist wohl richtig. Ich lasse ihn mit Patienten auch nur am Boden arbeiten. Er ist sehr sensibel und beim Reiten noch sehr unsicher. Ein ängstlicher oder nicht geübter Reiter würde diese Eigenschaft nur verstärken. Damit wäre niemandem geholfen. Kimberly ist zu einer selbstbewussten Persönlichkeit herangereift. Sie wird ihre Aufgabe gut meistern."

Nachdem Kira, meine Praktikantin, Kimberly aus dem Paddock geholt hatte, begann Anne sie erst einmal zu streicheln und zu putzen.

„Die ist ja toll", sagte sie nach einer Weile. „Das ist ja so ein Unterschied zu Tabernero. Tabernero hat mir ganz viel Nähe gegeben aber auch ganz viel Nähe beansprucht. Ich hatte das Gefühl, dass er mich aussaugt. Deshalb konnte ich seine Energien auch nach einer Weile nicht mehr aushalten. Bei Kimberly ist das anders. Bei ihr habe ich das Gefühl, dass sie mir ganz viel Nähe gibt und dass ich nichts dafür zurückgeben muss."

Hatte ich recht gehabt mit dem Gedanken, dass Tabernero traumatisiert war? Dr. Johann, den ich an anderer Stelle noch erwähne, hatte es mir bestätigt aber meine Frage nach dem *Wie* nicht beantwortet. Traumatisierte Menschen haben ein sehr starkes Bedürfnis, ihre emotionale Vernachlässigung aus der Vergangenheit mit neuen Emotionen aufzutanken. Dabei ist es meist egal, ob diese positiv oder negativ behaftet sind. Hauptsache sie sind da.

Waren traumatisierte Pferde auch dazu in der Lage? Oder war es einfach nur ein so genannter Trigger, ein Auslöser an das Erlebte, was Tabernero bei Anne gesetzt hatte, indem er sie durch seine Männlichkeit an ihre Geschichte erinnerte. Zuneigung bekommen, heißt Kontrollverlust.

Nachdem Anne sich mit Kimberly bekanntgemacht und diese ihr Vertrauen geben konnte, sattelte ich die Stute. Kira holte die kleine Trittleiter und stellte sie an die linke Seite des Pferdes. Meine Patientin stieg darauf und atmete tief durch. Ein Anflug von Panik war in ihrem Gesicht zu erkennen.

Das erste Mal auf ein so großes Tier zu steigen, bereitete Anne sichtlich Schwierigkeiten. Die Angst sich auf etwas Neues, Fremdes, einzulassen schien ihr eine unüberwindbare Hürde zu sein. Kira und Anne verstanden sich seit Beginn der ersten Stunde sehr gut, weshalb ich meiner Patientin anbot, dass meine Praktikantin ihr Hilfestellung leisten könne. Meine Patientin lehnte dieses Angebot der Hilfestellung zum Aufsteigen auf das Pferd ziemlich forsch ab, indem sie zu Kira sagte: „Nicht anfassen!"

Kira ging schnell zur Seite, um die verängstigte Frau nicht zu bedrängen. Diese stieg auf das Pferd und ich konnte ihr ansehen, wie viel Mühe sie hatte, um die Koordination und die Fassung nicht zu verlieren. Als sie auf dem Pferd saß, stieg ihr die Panik ins Gesicht.

„Ganz ruhig Anne", sagte ich zu ihr. „Atmen Sie tief durch. Wir bleiben hier erst einmal stehen."

Auf einmal sagte Anne: „Jetzt könnte ich doch eine Hand gebrauchen."

Sofort stand Kira lächelnd neben meiner, mit ihrem gefühlten Kontrollverlust kämpfenden Patientin, um ihr die rettende Hand zu reichen.

„Ja, so ist es besser." Anne lächelte zuversichtlich. „Nun kann es losgehen."

Ich zog leicht an Kimberlys Strick, sodass das gepunktete Pferdchen sich langsam in Bewegung setzte. Kira ging schweigend neben Anne her und hielt wortlos und geduldig ihre Hand.

Nach ungefähr zehn Minuten sagte Anne: „Ich glaube, jetzt ist es okay."

Sie lächelte Kira dankend an und löste ihre Hand aus der Hand meiner hilfsbereiten Praktikantin.

„Sie haben da eine ganz schöne Hürde geschafft, Anne. Zuerst einmal der Mut, aufs Pferd zu steigen, obwohl Sie so große

Angst davor hatten und dann auch noch die körperliche Nähe durch Kira, obwohl Sie sich so ungern berühren lassen. Eine beachtliche Leistung", erklärte ich ruhig.

Kira nickte verständnisvoll und ich fragte mich, ob sie das Ausmaß dieser Situation tatsächlich deuten konnte.

In der nächsten Stunde beschloss Anne, wieder auf Kimberly zu reiten. Diesmal stieg sie selbstbewusst auf die Stute und fühlte sich von Anfang an wohl. Wir drehten einige Runden, als Anne mich fragte: „Kann ich mich auch mal nach vorne über den Hals beugen?"

Ich ließ das Pferd anhalten und ermutigte sie: „Natürlich, Sie können ruhig die Arme um Kimberlys Hals legen. Sie kann das aushalten."

Meine Stute Kenja, ebenfalls wie Tabernero aus Spanien stammend, konnte so viel Nähe nicht aushalten. Kimberly war da anders. Sie konnte gar nicht genug Nähe bekommen.

Anne ließ ihren Gefühlen freien Lauf und umarmte und streichelte die Stute liebevoll. Doch plötzlich machte das Pferd ein Geräusch, als sei es ein Hengst, der auf eine rossige Stute trifft. Ich hatte diese Art von „röhren" bis jetzt nur von meinen beiden Wallachen gehört, die beide sehr spät gelegt wurden und deshalb die Lust des Deckaktes nicht vergessen hatten. Aber Kimberly, eine Stute? Sie war ja schon immer recht hengstig, aber in dieser Situation?

„Kira, ist da draußen ein anderes Pferd?"

Kira wirkte genauso verwirrt wie ich. „Nein, da ist nichts. Alles ruhig."

Ich wusste intuitiv, dass diese Frage überflüssig war, denn wäre dort ein weiteres Pferd gewesen, hätte sich das Wiehern von Kimberly eher nach einem Rufen angehört. Meine Vermutung bestätigte sich, als die Stute den Kopf zu Annes Fuß drehte und ein erneutes Röhren ausstieß. In diesem Moment wusste ich, dass das Pferd eine sexuelle Animation gefühlt haben musste.

Fast zeitgleich sagte Anne: „Oh, jetzt wird mir übel. Mir ist so übel.“

Ich sah sie verwirrt an. Ich konnte gar nicht glauben, was ich da sah und fragte vorsichtig: „Ist es besser, wenn Sie hochkommen?“

Anne richtete sich mit ihrem Oberkörper auf und sagte gleich darauf: „Jetzt ist es besser.“

„Anne, wissen Sie, was eben passiert ist? Bevor Ihnen übel wurde, muss Kimberly gespürt haben, was da in Ihnen vorgeht. Ich mag es kaum sagen, aber könnte es vielleicht etwas Sexuelles gewesen sein? Die Stute hat geröhrt wie ein Hengst.“

„Ja, ich weiß, ich hatte nur dieses Gefühl von Ekel in mir aufsteigen gespürt. Es muss etwas ganz Tiefes gewesen sein. Ich erinnere mich nicht, aber das Gefühl war tiefer Ekel.“

Im gleichen Moment wurde mir wieder bewusst, dass Anne mir berichtete, dass sie ihren Peiniger, der ihr eigener Vater war, oral befriedigen musste und sie deshalb schon seitdem sie denken konnte, unter psychosomatischen Schluckbeschwerden litt. Diese ganze Dramaturgie begann ab dem Zeitpunkt, als Anne gerade mal fünf Jahre alt gewesen war. Die furchtbare Erkenntnis darüber stellte sich bei einer stationären Traumatherapie heraus. Die visuelle Erinnerung daran konnte nur in einzelnen Fragmenten abgespeichert werden, völlig zusammenhangslos mit den Gefühlen des Ekels, wie auf einer Art Festplatte, dem Unterbewusstsein, gespeichert.

Die Reaktion des Pferdes und die der Patientin kamen bis auf wenige Sekunden zeitgleich, was mich in der Annahme bestärkt, dass es so etwas wie eine geistige Verbindung gibt. Ich hatte das Gefühl, ein Computer wäre mit einem anderen vernetzt und die Daten wurden zeitgleich übertragen.

Kimberly hatte sich mit dem Geist von Anne verbunden. Das, was Anne nicht ausdrücken konnte, hatte Kimberly versucht, auf ihre Art und Weise zu verbalisieren. Durch das Imitieren eines Hengstes kurz vor dem Sexualakt, hatte sie dem Ekelgefühl von Anne einen Namen gegeben. Diese sexuellen Gefühle, die vollkommen vergraben, im tiefsten Inneren lauerten, hatte das Pferd gespürt und auf seine Weise benannt. Es war so, als hätten sich der menschliche und der pferdische Geist miteinander verbunden, wobei die Stute den Teil der Übersetzung von Annes Gefühlen mit ihrer ganz eigenen Sprache zu übersetzen versucht hatte.

Nach diesem Erlebnis war es meiner Patientin möglich, den Kloß, wie sie ihr Trauma benannte und den sie als unbeschreibliches Gefühl in ihrem Körper trug, auf einem Blatt Papier aufzumalen. Als sie fertig war, fragte ich Anne: „Gibt es etwas, was Sie daran gerne verändern würden?"

Sie überlegte kurz, sah sich ihr Bild noch einmal genau an und antwortete dann nachdenklich: „Nein, verändern möchte ich nichts. Ich würde es gerne zerknüllen und wegwerfen."

„Na, dann tun Sie das", ermunterte ich sie. Daraufhin nahm die Frau das Papier, zerknüllte es emotionsgeladen und warf es dann mit voller Wucht in den Mülleimer. Sie stieß einen tiefen Seufzer aus, so als hätte sie gerade ihre ganzen Seelenqualen in diesem Papierknäuel vernichtet.

„So, jetzt ist es besser. Jetzt habe ich diesen dunklen Fleck, der sich in meinem Körper ausgebreitet hatte wie ein bösartiges Geschwür herausgerissen und entfernt. Kimberly hat mir diesen Teil in meinem Inneren deutlich gemacht und so konnte ich ihn malen und wegwerfen. Es geht mir jetzt sehr viel besser.“

Die Erleichterung, die Anne verspürte, übertrug sich eins zu eins auf mich. Jetzt konnte ich meine Patientin mit ruhigem Gewissen nach Hause gehen lassen.

Diese Reaktion, die Kimberly an diesem Tag zeigte, wiederholte sie noch zwei oder drei weitere Male bei anderen Patienten in ähnlichen Situationen. Es spielte sich genauso ab. Die Stute röhrte wie ein Hengst, die Patientin bestätigte hinterher gedanklich in einer sexuellen Situation gewesen zu sein bzw. gedanklich oder körperlich bei dem erlebten sexuellen Missbrauch.

Tabernero – Seelenpferd

Ich sah Tabernero, einen fast schneeweißen Andalusierwallach, mit einem perlmuttfarbenen glänzenden Schimmer über seinem seidigen Fell, zum ersten Mal an einem kalten Februartag. Er stand in seiner Box und schaute mich mit seinen faszinierenden, grün-gesprenkelten Augen neugierig an. Seine natürliche maskuline Ausstrahlung, welche mich in die Annahme versetzte, dass es sich bei diesem Pferd um einen Hengst handeln würde, zog mich sofort in seinen Bann.

Die Besitzerin, die zu diesem Zeitpunkt meine Trainerin war, erklärte mir jedoch, dass Tabernero sein Hengstsein vor ein paar Wochen verloren hätte, da er mit seinem hohen Anteil an Testosteron kaum zu bändigen war. Ich war völlig fasziniert von dieser unschuldig, ja fast zerbrechlich wirkenden Kreatur und konnte mir, in meiner sich sofort einsetzenden Phantasie, überhaupt nicht vorstellen, dass es sich hier um ein sehr schwieriges Pferd handeln sollte. Sofort hatte ich die Assoziation eines Einhorns vor Augen, das ja schließlich dem Menschen zugewandt ist und ihm nur Gutes tun will.

Mit meinen vier Pferden im Stall war ich sehr gut ausgelastet. Es war gerade ein halbes Jahr her, dass ich meinen Haflingerwallach Eddi verkauft hatte. Wie ich schon in meinem Buch „Hautnah – Wie Pferde verletzte Seelen heilen" beschrieben hatte, kaufte ich Eddi ausschließlich für die Therapie. Leider stellte sich heraus, dass der sensible Haflinger mit dieser Aufgabe völlig überfordert war. Er quälte sich mit den Gefühlen meiner Patienten und versuchte das mit massivem Koppen, das er sogar beim Fressen fortführte, zu kompensieren. Koppen ist eine Eigenschaft, die Pferde entwickeln, wenn sie unter Stress stehen. Sie schnappen dabei vermehrt nach Luft, um diese dann mit einem „Rülpser-ähnlichen" Geräusch wieder auszustoßen.

Nachdem ich Eddi in liebevolle Hände verkauft hatte, beschloss ich, nie wieder mehr als vier Pferde besitzen zu wollen.

Doch was ich hier sah, war für mich der Inbegriff von Anmut und Schönheit. Gleichzeitig wusste ich, dass es der pure Leichtsinn wäre, ein weiteres Pferd zu kaufen. Doch es war Liebe auf den ersten Blick. Die Besitzerin des Prachtexemplars sagte mir, während ich dort stand und staunte: „Er ist ein sehr schwierig zu reitendes Pferd. Er ist zappelig und unkonzentriert. Er muss noch ganz viel lernen."

Sofort erwachte in mir der Wunsch, diesen unbezähmbaren Wilden, der auf mich einen so hypersensiblen Eindruck machte, zu reiten. Gleichzeitig war mir klar, dass dies so schnell, wahrscheinlich eher niemals, der Fall sein würde. Er gehörte schließlich Jasmin und da sie keinen Verkaufsstall betrieb und sehr an ihren Pferden zu hängen schien, rechnete ich damit, dass ich diese Gelegenheit niemals bekommen würde.

In der folgenden Nacht träumte ich von Tabernero.

Ich träumte, ich säße unter einem großen, grünen, mit Laub gefüllten Baum. Vor mir im Gras spielten zwei Häschen Fangen, bevor sie sich, unter der warmen Sommersonne, zueinander bekannten. Ich blickte verträumt in die Ferne und sah plötzlich einen weißen Schein im Sonnenlicht leuchten. Dieser helle Schein kam langsam in meine Richtung. Ich glaubte meinen Augen nicht zu trauen, als ich bemerkte, was da vorsichtig, doch gleichzeitig vertrauensvoll auf mich zuschritt. Es war ein Einhorn. Sein glänzendes Fell, das im hellen Licht leuchtete wie ein Diamant, seine mittellange, lockige Mähne und sein voluminöser, reinweißer Schweif, ließen meinen Atem für ein paar Sekunden stocken. Mitten auf der Stirn hatte das Tier ein goldenes Horn, das wie bei einem Korkenzieher, in sich gedreht war. Ich saß da, bewegungslos, mit weit aufgerissenen Augen und mit vor Erregung aufeinander gepressten Lippen, um dieses wundervolle Fabelwesen nicht durch einen unwillkürlichen Schrei des Entzückens zu erschrecken und gegebenenfalls zu vertreiben. Mit leisen Schritten kam das Tier auf mich zu und stupste mich ganz sanft mit seiner samtig weichen, leicht rosafarbenen Nase an.

Tabernero

Gerade als ich erkannte, um wen es sich hier handelte und noch bevor ich Tabernero nach seiner Botschaft befragen konnte, wachte ich auf.

120

Obwohl meine Frage in dieser Nacht unbeantwortet blieb, wusste ich genau, dass das Universum dieses Pferd für mich bestimmt hatte. Tabernero war mir in Form eines Einhorns erschienen. Schon immer hatte ich den Wunsch, einem solchen Fabeltier zu begegnen. Dieses perlmuttfarbene Pferd wollte mit mir in Verbindung treten.

Doch zu diesem Zeitpunkt hatte ich noch nicht die geringste Ahnung davon, dass sich dieser Traum einmal erfüllen würde.

Es verging ein gutes halbes Jahr, in dem ich meine nächtliche Vision schon so gut wie vergessen hatte. Ich nahm regelmäßig Unterricht bei Jasmin und alle sechs Wochen besuchte sie meine Pferde und mich auf dem Hof meiner damaligen Firma. Wenn ich auf ihrem komplett fertig ausgebildeten Schulpferd ritt, übte ich höhere Lektionen und sie feilte an der Longe an meinem Sitz. Durch den regelmäßigen Unterricht und das ebenso regelmäßige Reiten meiner eigenen Pferde machte ich sehr schnell Fortschritte. Jedes Mal wenn ich zum Unterricht auf den idyllischen Reiterhof fuhr, sah ich Tabernero von weitem auf der Weide. Jedoch beachtete ich ihn nicht sonderlich, da ich den Traum ihn jemals zu besitzen inzwischen aus meinen Gedanken gestrichen hatte. Immerhin war ich der Meinung, dass niemand, der einmal im Besitz eines solchen Pferdes war, es jemals wieder verkaufen würde.

Eines schönen Tages jedoch forderte mich Jasmin auf, „Du kannst heute mal Tabernero reiten.“

Ich war völlig irritiert und überlegte für eine Sekunde, ob sie den Tabernero meinte. Also stammelte ich, „Den Weißen?“

„Ja, den Weißen...“

Es klang ein wenig ironisch, als sie meine Frage als Antwort wiederholte. Schließlich hatte sie mir immer nur gesagt, was für ein schwieriges Pferd er sei. Stolz und Angst machten sich gleichermaßen in meiner Brust breit. War ich denn schon so weit, ein so schwieriges, temperamentvolles Pferd zu reiten? Meine Gedanken drehten sich weiter, als sie zu mir sagte, „Er ist nicht ganz einfach von der Weide zu holen. Am besten du nimmst dir eine Gerte mit. Er klebt sehr an Holly, seiner Stute.“

Mit Halfter, Gerte ein paar Mohrrüben und einer gehörigen Portion Herzklopfen überquerte ich den ersten Paddock, um dann zu der Weide, auf der Tabernero stand, zu gelangen. Im Prinzip kannte ich ja das ganze Prozedere schon von den Reitstunden auf Holly. Es war immer sehr schwierig, die Stute von ihrem Verehrer zu trennen. Heute dürfte es allerdings noch schwieriger werden, da Taberneros Auserwählte mit dem noch dabeistehenden Wallach allein bleiben würde. Das dürfte, für ein noch so hengstiges Pferd ein Problem sein, musste er doch mit seiner Abwesenheit jegliche Kontrolle abgeben.

So schwierig sich dieses ganze Unterfangen jedoch in meinem Kopf schon vorher abspielte, so relativ einfach sollte es dennoch werden. Auf der Wiese angekommen, wurde ich gleich von allen drei Pferden umzingelt. Natürlich hatten sie schon von weitem mitbekommen, dass ich ein paar Möhrchen dabei hatte. So war es für mich auch gar nicht schwer, dem neugierigen Tabernero, zuerst den Strick über den Hals zu legen und dann dem erstaunten Tier das Halfter über den edlen Kopf zu streifen. Bevor er sich versah, war alles erledigt und er trottete ruhig und gelassen mit mir mit. Die Stute und der Wallach folgten uns. Als Tabernero allerdings bemerkte, dass ich vorhatte, mit ihm von der Weide weg auf den benachbarten Paddock zu gehen, wollte er seine beiden Freunde nicht verlassen. Ich hatte gerade den Toröffner von der

Stromlitze in der Hand, um diese hinüberzuziehen, als er auch schon protestierte. Er zog am Halfter und schlug wütend mit den Vorderhufen. Ich blieb jedoch ganz ruhig und sagte nur: „So nun komm. Du kannst ja gleich wieder zu Holly zurück."

Zu meinem Erstaunen genügte das und Tabernero folgte mir widerstandslos.

Nachdem ich ihn locker an einem dafür vorgesehenen Platz angebunden hatte, begann ich damit, sein von der Weide mit einem Grauschleier bedecktes Fell zu reinigen. Langsam kam der perlmuttglänzende Schimmer wieder durch. Tabernero stand relativ ruhig. Ab und zu wieherte er, um sich davon zu überzeugen, dass mit seiner Stute noch alles in Ordnung war, doch ansonsten verlief die Aktion unspektakulär.

Bevor ich mich auf dem Reitplatz auf mein Traumpferd setzen durfte, bat Jasmin mich, mit ihm noch ein wenig über den Platz zu gehen. Ich machte mit dem Pferd ein paar Horsemanship-Übungen und war überrascht, wie schnell er das verstand und wie aufmerksam er mitmachte. Langsam spürte ich, dass sich ein gegenseitiges Vertrauen aufbaute. Nun hatte ich weniger Angst davor, mich auf Taberneros Rücken zu setzen, obwohl ich ein leichtes Herzklopfen nicht verhindern konnte.

Meine Reitlehrerin nahm das Pferd an die Longe und ich ritt zunächst einmal im Schritt. Schon nach kurzer Zeit war meine Aufregung verflogen und ich spürte, wie wir so langsam zu einer Einheit verschmolzen. Es war ein wunderbares Gefühl auf diesem Pferd zu reiten. Und in mir erwachte erneut der Wunsch, dieses Pferd zu besitzen. Es war nicht nur sein Aussehen. Jetzt wusste ich, wie er sich anfühlte, ich spürte seine erhabenen Bewegungen und konnte unsagbares Talent erahnen.

„Er ist eine Mischung aus Genie und Wahnsinn“, erklärte mir Jasmin. „Wenn er bei der Sache ist, fühlt es sich traumhaft an auf ihm zu reiten. Dann macht er alles, was du dir vorstellst. Nur leider ist er oft sehr abgelenkt und mental auch nicht sehr belastbar. Er ist ziemlich begabt, und wenn du mit ihm irgendwann auftrittst, werdet ihr die Blicke auf eurer Seite haben. Er ist eben ein auffallend schönes Pferd. Schon allein seine Farbe ist absolut selten. Ich habe nun mittlerweile alles versucht, um eine Verbindung zu ihm herzustellen. Doch inzwischen habe ich aufgegeben, es funktioniert einfach nicht. Du scheinst jedoch eine Bindung mit ihm eingehen zu können. Es sieht so aus, als könntet ihr ein gutes Team werden.“

Mir wurde ganz warm ums Herz. Eine geistige Erregung ging von meinem Kopf aus zu meinem Bauch und machte sich in meinem gesamten Körper breit.

Tabernero, mein absolutes Traumpferd sollte tatsächlich verkauft werden. Falsch, er sollte nicht an irgendjemanden, verkauft werden. Er sollte an mich verkauft werden. Letzte Woche hatte sich jemand von einer bekannten Pferdeshow dieses Pferd angesehen und es geritten. Zum Glück hatte derjenige auch keinen Draht zu dem Pferd bekommen. Trotzdem wollte er ihn kaufen. Da jedoch Jasmins Herz an diesem Pferd hing, hatte sie dem potentiellen Käufer abgesagt.

„Ich hätte ihn am liebsten vom Pferd geholt“, sagte sie immer noch sehr erregt. „Nein, entweder es passt zwischen dem neuen Besitzer und Tabernero oder er bleibt hier. Das hat er nicht verdient.“

Obwohl ich vor Stolz und vor Glück gar nicht wusste, welchem Gefühl ich zuerst Raum bieten sollte, machte sich eine dritte Emotion, wie ein schwarzer Schleier, in meinem Brustkorb breit. Dieses Gefühl kam so plötzlich, dass es mit seinen scharfen Nadelstichen die anderen beiden wohlig warmen Emotionen verdrängte und mich in die Welt der Realität zurückholte. Ich hatte mich hier, in ein für meine Verhältnisse sündhaft teures Pferd verliebt. Universum hin oder her, zu diesem Zeitpunkt hatte ich weder die geringste Ahnung davon, wie ich das Geld für diesen schönen Wallach beschaffen sollte, noch wohin ich ihn hätte stellen können. Die Boxen, in denen meine Pferde standen, waren alle besetzt. Eins wusste ich jedoch ganz bestimmt: Irgendetwas auf dieser Welt hatte uns beide zusammengeführt. Diese Verbindung, die daraus entstehen sollte, war kein Zufall, sie wurde für sehr wichtig erachtet. Instinktiv war mir bewusst, dass hier eine Verbindung des Lebens entstehen würde. Eine geistige Verbindung zwischen Mensch und Pferd, ein Kentaur. Wie viel Zeit und Schmerz jedoch bis dahin vergehen sollte, ahnte ich zu diesem Zeitpunkt noch nicht.

Tabernero war nicht nur ein wunderschönes, sondern auch ein besonders begabtes Pferd. Seine Bewegungen wirkten athletisch und seine Ausstrahlung hatte, obwohl er nun seit einem halben Jahr gelegt war, nichts von seiner Kraft und Dynamik verloren.

Ich besuchte ihn zwei Wochen lang jeden Tag, um zu sehen, ob wir tatsächlich füreinander bestimmt waren oder, ob ich mir in meiner blühenden Gedankenwelt etwas zurecht phantasiert hatte. Jedes Mal, wenn ich das Grundstück betrat, auf dessen Seiten rechts und links die Weiden waren, sah ich wie Tabernero zu mir hinüberschaute.

Ich spürte instinktiv, dass er erneut versuchte, mit mir in Verbindung zu treten. Immer wieder, wenn ich ihn zum Putzen von der Wiese holte, spürte ich die geistige Verbindung zu diesem Tier. Ich konnte es nicht beschreiben, aber es war tatsächlich so, dass jeder der uns beide zusammen sah, der Meinung war, dass unsere Charaktere zusammenpassten. Blieb trotzdem noch dieser schwarze Schleier der Realität offen. Es fehlte mir immer noch das Geld und ich hatte weiterhin auch keinen Stall.

Tag und Nacht dachte ich darüber nach, wie ich dieses Pferd in meinen Besitz bringen konnte. Ich war wie besessen von seiner Schönheit, seiner Sensibilität. Ich bat das Universum, mir einen Weg zu zeigen, wie ich dieses Pferd zu meinem Eigentum machen konnte. Es gab keinen Zweifel. Ich hatte mich verrannt in diesen Gedanken.

Also setzte ich alle Hebel in Bewegung und kaufte dieses wundervolle Pferd.

Tabernero entwickelte sich als mein persönliches Therapiepferd. Immer wieder bemerkte ich die Ähnlichkeit zwischen uns beiden. Nicht nur, dass wir dieselbe Augenfarbe hatten und auch seine Mähne und mein Haar fast dieselbe Nuance aufwiesen – nein es waren charakterliche Eigenschaften, die mir immer wieder das Gefühl gaben, dass Tabernero der Spiegel meiner Seele war.

Zu Beginn ließ ich ihn mit meinen Patienten arbeiten, doch irgendwann beschloss ich, dieses Pferd, das an ein Einhorn erinnerte, als mein persönliches Reit- und Therapiepferd zu behalten. Tabernero hatte so etwas Zerbrechliches. Seine Haut sieht aus, als sei er aus Porzellan. Seine Augen blickten so weise als wüsste er genau Bescheid, was in jedem Menschen, vorging.

Irgendwann hatte ich das Gefühl, dass er mich darum bat, wieder in die Therapie einzusteigen. Also tat ich ihm den Gefallen, jedoch achtete ich darauf, dass es nur in Ausnahmefällen geschah. Tabernero war mein persönliches Pferd und das sollte er auch bleiben. Ich hatte eine so enge Bindung zu ihm, wie ich sie noch nie zu einem anderen Pferd hatte. Er war mein Seelenpferd. Da ich das Beste für ihn wollte, sollte er jedoch seinen Wunsch erfüllt bekommen. Ich frage Tabernero gern um Rat, wenn ich nicht wirklich weiter kam. Dieses Pferd ist so weise, dass es immer eine Antwort hatte.

So ging ich z.B. einmal mit einer Patientin gemeinsam mit dem Cremello spazieren. Die junge Frau war fasziniert von dem Wallach und ich ließ sie ihn führen. Tabernero, der sonst immer recht brav nebenherging, schnitt ihr die ganze Zeit den Weg ab und rempelte sie fast an.

„Kann es sein, dass es in Ihrem Leben jemanden gibt, der sie noch sehr bedrängt?" Ich sah meine Patientin fragend an.

„Ja, das wollte ich Ihnen noch erzählen", antwortete sie.

„Alfredo, hat mich über Facebook angeschrieben! Er hat mich gefunden. Ich hatte zwei Jahre nichts mehr von ihm gehört!"

Alfredo war der Ex-Freund meiner Patientin, der sie vor Jahren stark misshandelt hatte. Sie fühlte sich nun von ihm bedrängt. Das Pferd hatte genau diese Situation auf seine Art geschildert. Sobald die junge Frau ausgesprochen hatte, was sie belastete, ging Tabernero ganz brav und mit dem nötigen Abstand neben ihr her.

Diese und ähnliche Situationen meisterte er hervorragend.

Einmal stand er auch eine komplette Stunde bei einer schwer traumatisierten Patientin. Er hatte den Kopf auf ihre Schulter gelegt und die Augen geschlossen. Der Frau liefen die Tränen vor Rührung über die Wangen. Es war eine sehr emotionale Stunde. Das Tier schien der Frau seine ganze Energie zu schenken.

Beim Reiten entpuppte sich mein perlmuttfarbenes Pferd jedoch tatsächlich als Herausforderung. Tabernero hatte in Spanien das Gymnasium vor der Grundschule absolviert. Das führte dazu, dass er übernervös reagierte, wenn man ihm zu viel Freiheit in Form von langen Zügeln gab. Jedoch ebenso, wenn man zu viel von ihm forderte. Schon bei dem Versuch mit der Hand nachzugeben, dass er seinen Hals dehnen konnte, verfiel er in ein hektisches Rennen.

Nahm ich die Zügel kurz, rannte er zwar nicht mehr, rollte jedoch den Hals auf und drückte den Rücken weg. Ich hatte ständig das Gefühl auf einer kleinen Rakete zu sitzen. Als ich ihn kaufte, war es so, dass er zwar die Lektionen, Piaffe und Passage beherrschte, jedoch ein Vorwärts-Abwärts-Dehnen des Halses im völlig fremd zu sein schien. Wir arbeiteten jedoch akribisch weiter.

Mittlerweile hatte ich mit Yvonne eine sehr liebenswerte und versierte Reitlehrerin gefunden. Durch den Kauf des Pferdes hatte sich die Beziehung zu Jasmin verändert. Da sie selbst mit dem sensiblen Pferd nicht zurechtgekommen war, konnte sie mich natürlich auch nicht weiter unterrichten. Unsere Wege trennten sich.

Yvonne schien Tabernero von Anfang an zu verstehen. Sie arbeitete mit einer solchen Geduld und Hingabe an unserer reiterlichen Verbindung, dass wir schnell Fortschritte machten.

Ein Zwischenfall in der Beziehung zwischen mir und dem Wallach, den ich an anderer Stelle noch beschreiben werde, warf uns jedoch in unserem gegenseitigen Vertrauen weit zurück.

Im Nachhinein war diese Erfahrung trotz allem sehr wichtig für mein persönliches und reiterliches Fortkommen. Dieses

Schicksal war wichtig für mich, auf meinem Weg zu der geistigen Verbindung zwischen Mensch und Tier, weiterzukommen.

Geschichte eines traumatisierten Pferdes

Während der Zeit, in der ich Tabernero jeden Tag besuchte, erlebte ich etwas, was ich noch nie zuvor gesehen oder gehört hatte. Es standen dort neben Jasmins eigenen Pferden noch weitere Pferde in Ausbildung. Auf großen Weideflächen konnten sich die teilweise gestressten Tiere ausruhen und sanft ausgebildet oder auch korrigiert werden.

So auch ein Lusitano, der gerade erst seit ein paar Wochen von Portugal nach Deutschland gereist war. Dieses Pferd war erst vor zwei Wochen seiner Manneskraft beraubt worden, sodass man hier eigentlich eher von einem Hengst als von einem Wallach sprechen konnte. Das Tier war wahnsinnig schreckhaft und durch seine plötzlichen raptusartigen Bewegungen und Handlungen potentiell gefährlich. Die Vermutung lag nahe, dass es sich hierbei um ein schwer traumatisiertes Pferd handeln musste. Die Narben, die am ganzen Körper des Tieres verteilt waren, erzählten ihre eigene furchtbare und traurige Geschichte.

Sanchos, so hieß der Schimmel, stand in einer mit reichlich Stroh und Heu gefüllten Box. Neben ihm stand Bob Marley, der eigentlich anders hieß. Ich nannte ihn aber immer so, da ich mir seinen wirklichen Namen nicht merken konnte und weil er so lange dicke Zöpfe hatte, die mich immer an den verstorbenen Reggae Sänger erinnerten. Die beiden Pferde lieferten sich einen kurzen Kampf über die Boxenwände, als das Unglaubliche geschah.

Sanchos stand auf einmal völlig apathisch in seinem Stall und piaffierte auf der Stelle. Piaffieren ist eine Lektion der hohen Schule, bei dem die Pferde sehr viel Last auf die Hinterbeine aufnehmen und taktmäßig alle vier Beine mit viel Aktion vom Boden abheben. Sanchos schien diese Lektion unter Schlägen und anderen Qualen bis auf den Exzess durchgeführt haben zu müssen. Es war, als hätte man bei ihm einen Knopf gedrückt und das Pferd absolvierte seine Lektion wie bei einem Aufziehspielzeug – ohne Pause und ohne irgendetwas von seiner Umwelt wahrzunehmen.

Er trippelte von einem Bein auf das andere. Unfähig, wieder in die Realität zurückzukehren.

Bei einem traumatisierten Menschen hätte man gesagt, dass der vorausgegangene Kampf einen Flashback ausgelöst hat. Ein Flashback ist ein Kurzfilm über ein Geschehen in der Vergangenheit, das den Menschen in das Trauma zurückfallen lässt. Der Mensch befindet sich so inmitten des Geschehens, ohne zwischen Erinnerung und Realität unterscheiden zu können. Er durchlebt sein Schicksal auf ein Neues, mit allen dazugehörigen Gefühlen und Schmerzen. Um sich dem zu entziehen, fallen Menschen und auch Tiere häufig in einen so genannten dissoziativen Zustand. Das bedeutet, dass sie dem Grauen durch eine Abspaltung ihrer Gefühle auf ihre Art versuchen zu entfliehen. In diesem Fall haben Menschen und auch Tiere kein Schmerzempfinden mehr. Fluchttiere verfallen zum Beispiel in einen solchen Zustand, kurz bevor sie gefressen werden. Das hat die Natur intelligenterweise so eingerichtet, damit das Tier die Qualen des Verspeistwerdens, nicht aushalten muss. Da wir davon ausgehen, dass das tierische

Gehirn dem des menschlichen nicht nur ähnlich, sondern nach neusten Erkenntnissen sogar gleich ist, wage ich auch hier zu behaupten, dass Sanchos genau diesen Flashback hatte. Ausgelöst durch irgendetwas, was sich nicht mehr nachvollziehen lässt und er dabei in die Dissoziation verfiel. In diesem Zustand tat er das, was wahrscheinlich ständig von ihm verlangt wurde, er schaltete seinen Geist ab und piaffierte.

Als ich Sanchos dabei beobachtete und bemerkte, dass es keine Chance gab, das arme Tier von seinen seelischen Qualen zu befreien, trieb es mir die Tränen in die Augen. Ich hatte sofort die schrecklichen Bilder im Kopf, die eine Tierkommunikatorin gesehen hatte, als sie mit Sanchos Geist in Verbindung getreten war. Laut ihrer oder eher Sanchos Aussage hatte man ihn in Portugal ganz fürchterlich behandelt. Ich würde eher sagen, auf bestialische Weise gequält. Schon durch meinen Beruf weiß ich, zu was Menschen alles fähig sind. Jedoch war ich immer wieder aufs Neue erschrocken, wenn ich von Taten erfuhr, von denen ich zuvor nicht einmal geahnt hatte, dass es so etwas gibt. Ich wusste ja vorher schon, dass es in unserer Welt leider viele perverse und machtbesessene Menschen gibt, die Frauen und Kinder für ihre krankhaften Phantasien benutzen. Aber dass man Tiere auf solche Art und Weise quälte, um einen höheren Gewinn einzutreiben, schockierte mich zusätzlich.

Das Pferd hatte über den ganzen Körper kleine Narben verteilt. Die Dame, die mit ihm in geistigen Kontakt getreten war, sagte, er sei mit einer Peitsche aus Stacheldraht geschlagen worden, einer sogenannten *siebenschwänzigen Katze*. Wenn man sich die Narben ansah, konnte man die Form auch gut erkennen. Soviel ich weiß, hatte die Tierkommunikatorin nur ein Foto von Sanchos, zumindest ist das die übliche Art, mit den

Tieren in Kontakt zu treten. Nun kann man über diese Art von Telepathie geteilter Meinung sein. Fakt ist allerdings, dass diese Wunden auf einem Foto nicht zu erkennen waren. Wenn man jedoch direkt vor dem Pferd steht, ist es eindeutig. Als Zweites hatte sie gesagt, dass das Pferd in einer Box gestanden haben soll, die unter Strom gesetzt wurde. Das würde dafür sprechen, dass Sanchos in seiner Box piaffierte, ohne aufzuhören. Wenn man so etwas konditioniert, bleibt einem Tier nichts anderes übrig als zu dissoziieren.

Hierzu ein Zitat von dem Tierarzt Dr. Dr. Peter Schneider:

„Emotionale Blockaden werden bei Pferden hauptsächlich durch Schmerzen und Verletzungen verursacht, die den Tieren absichtlich oder unabsichtlich durch Menschen zugefügt werden. Solche Verletzungen haben für Tiere einen viel höheren Stellenwert als Verletzungen, die sie sich gegenseitig zufügen. Da Pferde Fluchttiere sind, können sie Verletzungen, chronische Schmerzen und körperliche Beeinträchtigungen psychisch regelrecht abschalten. Als Folge entstehen dann jedoch häufig psychische Blockaden und Verhaltensänderungen, die eine Gesundung auf der vitalenergetischen und körperlichen Ebene verhindern.“

Um Sanchos aus dieser endlosen und grausamen Situation des selbstzerstörerischen Verhaltens zu befreien, gab es nur eine Möglichkeit: Ein Fachmann musste her. Dieser Tierarzt, der sich mit ganzheitlicher Medizin befasste, war eine Koryphäe auf seinem Gebiet der Heilung. Durch seine Fähigkeit, unter anderem auch mit Tieren zu kommunizieren, hatte er Erfolge bei vielen verletzten Tierseelen.

Ich war angenehm überrascht, als ich den sympathischen Tierarzt bei der Arbeit beobachtete. Dr. Johann hatte die Zunge von Sanchos in der rechten Hand und die linke im Maul des Tieres. Zunächst konnte ich gar nicht deuten, was ich hier zu sehen bekam. Die Besitzerin von Sanchos, Katharina, hielt ihn am Strick fest, der an einem Kappzaum befestigt war. Ein Kappzaum ist ein Zaum, der als Nasenriemen eine Verstärkung aufweist, sodass man bei Bedarf Druck auf das empfindliche Nasenbein ausüben kann. Vorsichtig und umsichtig genutzt kann dieser Zaum eine gute Alternative zur Trense sein. Falsch dosiert, kann sich daraus eine Waffe entwickeln. Wer jetzt erschrocken ist und denkt, wie man so etwas dann überhaupt gebrauchen kann, der erinnere sich an ein Messer. Man kann damit Gemüse schneiden oder jemanden verletzen, im schlimmsten Fall sogar töten.

Katharina hielt den Wallach damit fest, da er dazu neigte, schnell einmal die Vorderbeine zu heben und nach dem Doktor zu treten.

„Der ist ganz schön schnell mit dem Bein", lachte Dr. Johann. „Aber das ist nicht ernst. Wenn er ernst machen würde, hätte er mich schon getroffen."

Mittlerweile hatte ich mitbekommen, dass der Tierarzt bestimmte Punkte in Sanchos Maul drückte, um Blockaden zu lösen. Ich berichtete der Besitzerin, dass Sanchos in seiner Box stand und die ganze Zeit nicht ansprechbar war.

„Er hat dissoziiert, ich bin mir sicher. Er war völlig weggetreten."

Der Tierarzt sah mich an und hob seinen Zeigefinger zur Bestätigung. „Gut, was machen Sie beruflich?"

Ich muss gestehen, dass eine Spur Stolz mitschwang, als ich antwortete. „Ich bin Reittherapeutin in einem ambulanten psychiatrischen Fachpflegedienst. Ich arbeite schon seit fast zehn Jahren mit traumatisierten Menschen, hauptsächlich Frauen, zusammen."

„Ah, sehr gut." Schon hatte sich der Doktor wieder dem Maul Sanchos zugewandt.

Die Behandlung dauerte für mein Gefühl ziemlich lange, doch nach deren Ende war das Tier wie ausgewechselt. Besonders beeindruckend fand ich, dass Sanchos, wie sich später herausstellen sollte, auch noch nach Wochen zu einem völlig entspannten Pferd entwickelt hatte. War es zu Beginn seiner Ankunft noch gefährlich, seine Box zu betreten, ohne durch eine plötzliche Panikattacke von ihm verletzt zu werden, so ließ er sich jetzt völlig komplikationslos aufhalftern, putzen und reiten. Nach meinem Wissen hat er danach nie wieder dissoziiert.

Dass Menschen sich immer wieder selbstverletzenden Verhaltensweisen aussetzen, um alten Mustern zu folgen, war mir bekannt. Dass Tiere, in diesem Falle Pferde, dasselbe tun, wurde mir erst durch Sanchos Verhalten richtig bewusst. Wenn ich zurück an Eddi denke, so koppte dieser so oft, dass er trotz hoher Futtermengen immer mehr abmagerte. Auch das Koppen könnte man als eine Form des Dissoziierens beschreiben.

Ich war beeindruckt und erschrocken zugleich, mit welch einem Automatismus Sanchos sein Muster abgespult hatte. Ich hatte schon Frauen gesehen, deren Arme vom vielen Schneiden so vernarbt waren, dass die Strukturen dessen, wie sie mal ausgesehen hatten, nur noch zu erahnen waren. Bei Männern zeigt sich selbstverletzendes Verhalten oftmals subtiler, in Form von übermäßig vielen Tätowierungen oder multiplen Piercings. Bei Vögeln kennt man diese Unart, wie sie von Laien genannt wird, oft als Federn rupfen. Ich nenne es die pure

Verzweiflung, den seelischen Schmerz mit Hilfe des körperlichen Schmerzes, besiegen zu wollen. Doch dieser Kampf ist vergeblich.

An diesem Tag behandelte der Doktor nach Sanchos noch ein paar weitere Pferde. Gespannt und sprachlos verfolgte ich seine Arbeit, und wie er zu jedem einzelnen Pferd eine geistige Verbindung herzustellen vermochte.

Q.C. – eine Zerreißprobe in meinem Leben

Als ich meinen Mann Olaf vor ungefähr neun Jahren kennenlernte, hatten wir beide schon eine Ehe hinter uns. Unsere Kinder waren mittlerweile relativ selbstständig und uns beide verband als kleine Familie ein damals acht Wochen alter schokoladenbrauner Labrador Welpe. Dieser kleine Teddybär erfüllte uns jeden Tag aufs Neue mit Glück. Er war ein so fröhlicher kleiner Kerl, der einen immer wieder zum Lachen brachte. Ich nahm ihn jeden Tag mit zu den Pferden, und als ich bei meinem ehemaligen Arbeitgeber damit begann, den ambulanten psychiatrischen Pflegedienst mit pferdegestützten Elementen aufzubauen, wurde er auch dienstlich mein ständiger Begleiter.

Meine Patienten liebten ihn und er liebte meine Patienten. Das ging stellenweise sogar so weit, dass er auf fremde Leute mehr hörte, als auf mich, was mich manches Mal – das muss ich gestehen – doch ein wenig verärgert hat. Er war eben ein Labrador auf ganzer Ebene. Sagte ich nur *Hallo* zu jemandem, so sah er das sofort als Aufforderung an, diesen Menschen ebenfalls zu begrüßen. Q.C. machte so manchen Stallwechsel mit und war mir, auch bei kalten Temperaturen, ein stetiger und treuer Begleiter. Er liebte die Pferde, die Menschen und sämtliche Tiere, denen wir begegneten.

So war Q.C. – er hatte nie etwas Schlechtes erlebt und war jedem Menschen und jedem Tier freundlich zugewandt.

Q.C.

Er begleitete mich acht Jahre jeden Tag, zu Fuß, zu Pferd, mit dem Auto, einfach überall. Er wurde neben den Pferden mein wichtigster Co-Therapeut. Denn er tröstete meine Patienten, wenn sie traurig waren, und brachte sie durch seinen unbändigen Lebensmut zum Lachen.

Berichteten die Menschen mir von Themen, die sie belasteten, ließen sich aber die ganze Tragweite nicht anmerken, so ging unser Hund zu ihnen und legte ihnen tröstend den Kopf auf den Schoß. Manchmal sah es auch aus, als würde er fest schlafen. Doch war ein Patient sehr traurig und weinte, selbst wenn dies völlig lautlos geschah, stand er auf, ging zu ihm und suchte dessen Nähe.

Später erfuhr ich, dass Hunde in der Lage sind, durch ihre feine Nase sämtliche Gerüche genauestens zu analysieren. Beim Weinen oder bei Stimmungswechsel werden Hormone ausgeschüttet, die der Hund riechen kann. Darauf hatte Q.C. reagiert.

Einen Wermutstropfen hatte unser Labrador allerdings. Leider war der Rüde extrem hormongesteuert. Es war nicht möglich, ihn mit anderen Hunden über einen längeren Zeitraum spielen zu lassen, ohne dass er schon nach fünf Minuten aufritt und ich Sorge hatte, dass er gleich einem Herzinfarkt erliegen würde. Er versuchte, tatsächlich alles zu begatten, was vier Beine hatte. Dabei machte er auch vor den Katzen, die auf unserem Hof zu Hause waren und vor einem Hausschwein, das sich auf einem früheren Pferdehof befand, nicht halt. Das Thema Kastration war leider immer ein Punkt, an dem mein Mann und ich uns sehr uneinig waren. Ich wäre sehr dafür gewesen, mein Mann war dagegen.

Da ich die meiste Zeit mit dem Hund unterwegs war und er sowieso nicht so viel mit anderen Hunden in Kontakt kam, konnte ich mich über ein paar Jahre mit diesem unliebsamen Thema arrangieren. Q.C. war ein freundlicher Hund und hatte nie Probleme mit anderen Artgenossen in Form von Beißereien o.ä. So hielt mein Mann einen solchen Eingriff für überflüssig. Meine damalige Trainerin deutete dieses Verhalten leider auch fälschlicherweise als Dominanzverhalten und erklärte mir, dass eine Kastration nichts an Q.C.s Verhalten ändern würde.

Erst im Alter von sieben Jahren klärte uns ein befreundeter Hundetrainer darüber auf, dass es sich hierbei keinesfalls um Dominanzverhalten handelte, sondern um einen extrem ausgeprägten Sexualtrieb. Er konnte Olaf davon überzeugen, dass wir dem Tier mit dem Erhalt seiner Manneskraft keinen Gefallen tun würden, sondern im Gegenteil, dass er dadurch nur unnötig leiden würde. Diese Chance ließ ich mir nicht entgehen. Bevor Olaf es sich noch einmal anders überlegen konnte, machte ich sofort einen Termin für die Operation und schon sechs Wochen nach dem Eingriff änderte sich das Verhalten des Labradors komplett. Der Hund spielte auf einmal wie ein junger mit allen Hunden, die ihm entgegenkamen. Er schien alles aufzuholen, was er verpasst hatte. Es war eine Wonne ihm zuzusehen. Kein Aufreiten mehr, kein aufgeregtes Hecheln. Einfach nur Spielen und Toben.

Die Operation war im Frühjahr 2012. Dass Q.C. stetig ruhiger wurde, fand ich nicht unangenehm, war er doch immer ein sehr lebhafter und dadurch auch anstrengender Hund gewesen. Doch etwas hatte sich noch verändert. Q.C. hatte immer mehr Schwierigkeiten, mich bei Ausritten mit meinen Pferden zu begleiten. Zunächst fiel es mir gar nicht auf, da er immer, wenn er zurückblieb, irgendwo schnüffelte. Später verglich ich dieses Verhalten mit der sogenannten *Schaufensterkrankheit*. Bei dieser Erkrankung haben die Patienten starke arterielle Durchblutungsstörungen. Vor lauter Schmerzen ist es ihnen zeitweise unmöglich weiterzugehen. Damit das niemandem auffällt, bleiben diese Menschen vor Schaufenstern stehen und schauen hinein. Ebenso verhielt sich unser Labrador.

Damit nicht auffiel, dass er nicht mehr laufen konnte, schnüffelte er vermehrt.

Die augenscheinliche Trägheit wurde über den Sommer hinweg immer deutlicher. Sicher, sein dickes Unterfell, das ihn dazu befähigte, auch bei eisigen Temperaturen unbeschadet ein Bad nehmen zu können, machte es ihm nicht leicht, die glühende Hitze auszuhalten. Dazu kam noch die tiefbraune Fellfarbe, die dazu beitrug, dass die Sonne sich darauf sehr wohl zu fühlen schien.

In jenem Sommer 2012 fiel mir auf, dass Q. C. mehr Probleme mit der Wärme hatte als die Jahre zuvor. Besonders beim Reiten beobachtete ich, dass es dem Hund nach relativ kurzer Zeit nicht mehr möglich war, dem Pferd bzw. uns beiden zu folgen.

Zunächst dachte ich, es läge am Alter oder an der vorausgegangenen Kastration. Man hört ja allgemein, dass die Hunde dann ruhiger werden. Dass er mehr Hunger hatte als zuvor und sein Körperumfang mehr zu werden schien, fiel uns zunächst nicht wirklich auf. Unbewusst hatten wir es wohl auch auf die Kastration geschoben.

Dann wurde es kühler und Q.C. schien es zunächst besser zu gehen. Kaum kam die Sonne zurück, litt der Hund sichtlich.

Diese Schübe zogen sich bis in den Herbst hinein. Als die Tage deutlich kühler wurden und Q.C. seine alte Vitalität nicht wiedererlangte, suchte ich meine Tierärztin auf. Ich hatte den Verdacht der Borreliose, da diese durch Zecken übertragene Krankheit bekannterweise in Schüben verlief. Die Veterinärin untersuchte unseren Hund und stellte eine deutlich vergrößerte Leber fest.

War unser Hund krank oder war er nur *alt*? Tatsächlich zählte ein Hund dieser Größenordnung schon zu den älteren seiner Kategorie.

Die Tierärztin erklärte mir: „Es kann tatsächlich mehrere Ursachen haben. Borreliose ist möglich, können wir aber nicht einfach so nachweisen. Fast alle Hunde haben Antikörper dagegen, da fast jeder Hund in seinem Leben schon massenweise Zecken hatte. Es könnte auch ein Tumor sein. Aber wenn es das ist, können wir auch hier sein Leiden nur verlängern und das unter Höllenqualen. Chemotherapie oder Operation wäre nur ein Hinauszögern, von höchstens ein paar Monaten und glauben Sie mir, die Tiere leiden wirklich nur. Wenn Sie darauf bestehen, kann ich jetzt eine aufwendige Diagnostik machen. Aber außer, dass es für Sie teuer wird und Ihr Hund sich quält, haben wir nichts gewonnen. Am Resultat wird sich nichts ändern. Die Prognose bleibt gleich. Wir können nichts tun, nur hoffen, dass die Vergrößerung der Leber altersbedingt ist."

Ich konnte mir nicht recht vorstellen, dass siebeneinhalb Jahre für einen Labrador viel waren, hatte ich doch mit einer Lebenserwartung von zwölf Jahren gerechnet. Und nun konnte es sein, dass er evtl. nur acht Jahre alt werden würde, weil er einen Tumor hatte?

So richtig glauben konnte ich das nicht. Ich hoffte natürlich zunächst, es würde sich um eine altersbedingte Vergrößerung handeln oder um eine Entzündung der Leber.

Zur gleichen Zeit war ich gerade in Behandlung bei einer Heilpraktikerin, die bei mir eine Entgiftung der Leber durchführte, auf homöopathischer Basis. Ihr Mann, ein Internist, hatte in meinem Blutbild Yersinien festgestellt und nun hoffte ich, bei meinem Hund könnte etwas Ähnliches die Ursache der vergrößerten Leber sein.

„Wie der Herr so's Gescherr", hoffte ich.

Q.C. bekam ebenfalls ein homöopathisches Leberentgiftungsmittel und Traumeel gegen die Schmerzen in den Gelenken. Beides besserte sich nicht wirklich.

Ich schonte ihn, indem ich ihn auf Ausritten nur noch auf sehr kurzen Strecken mitnahm. Sein ganzer Lebensinhalt wurde sein Freund Jack, der Labradorwelpe meiner Kollegin Nicole. Die beiden tobten und spielten, während wir mit unseren Patienten mit den Pferden arbeiteten. Der Winter kam und Q.C. wurde wieder mobiler. Was mir entging, war sein stetig zunehmender Bauchumfang. Dadurch, dass ich den Hund jeden Tag sah, fiel es mir zunächst nicht auf.

Später als ich mit Nicole darüber sprach, sagte sie mir: „Mir ist schon aufgefallen, dass er immer dicker wurde. Du hast es nicht gemerkt, weil du ihn jeden Tag siehst!"

An einem ziemlich kalten Wintertag, drei Wochen nachdem Q.C. das Medikament von der Veterinärin erhalten hatte, musste diese wegen einer Entzündung an Kenjas Bauch, zu uns auf den neuen Hof kommen. Ich bat sie, gleich mal nach dem Hund zu schauen. Sie tastete den Bauch ab und machte ein sehr ernstes Gesicht.

„Schade, das Medikament hat nicht geholfen. Aber egal, warten wir ab, es kann trotzdem das Alter sein. Das muss alles nichts heißen. Machen wir uns nicht verrückt!"

Ich mochte ihre positive Art. Sie schaffte es immer wieder, einem Mut zu machen. Sie dokterte nicht ewig an den Tieren herum, nur um jede müde Mark aus den Besitzern heraus zu leiern. Nein, sie wollte das Wohl der Tiere und tat alles dafür, dass es ihnen gutging.

Also wartete und hoffte ich weiter. Q.C. ging es die meiste Zeit auch recht gut. Er tobte mit Jack, und wenn er auch nicht mehr so weite Strecken laufen konnte wie früher, so machte er doch einen glücklichen Eindruck.

Eines Morgens, es war ein Freitag um halb sieben, war jedoch alles anders als sonst. Ich stand auf und Q.C. rührte sich nicht. Er lag vor der Küchentür und atmete schwer. Ich beugte mich zu ihm hinunter und sah ihn an. Seine Augen wirkten leer. Ich ging in die Küche, um sein Futter zuzubereiten. Normalerweise sprang er dann immer auf. Doch diesmal kam keine Reaktion, nicht einmal ein Zucken mit den Augenlidern. Es kam nichts. Tränen schossen mir in die Augen. Ich griff zum Handy und rief Nicole an.

„Hallo, Q.C. geht es ganz schlecht. Ich muss die Tierärztin herbestellen, ich hoffe, sie kann kommen."

Dass die Veterinärin in Notfällen Hausbesuche machte, war mir bekannt. Da es mir nicht möglich war, das Tier zu transportieren, hoffte ich, sie würde vorbeikommen. Ich konnte kaum sprechen, so sehr weinte ich.

„Okay, wenn du Hilfe brauchst, sag Bescheid!" Ich hörte, wie sie selbst den Tränen nah war. Nicole kannte Q.C. nun schon seit Jahren und hing auch sehr an ihm. Wir hatten schon lange geahnt, dass es sich bei der Lebervergrößerung nicht um das Alter handelte. Auch wenn wir nicht darüber gesprochen hatten, so war es uns beiden im Stillen klar gewesen. Jetzt stand der Wahrheit nichts mehr im Wege. Wir mussten dem Feind – dem Tod – ins Auge sehen.

Als Nächstes wählte ich die Nummer der Tierärztin. Unter Tränen berichtete ich ihr von Q.C.s desolatem Zustand und bat sie, zu mir nach Hause zu kommen. Ich teilte ihr mit, dass der Hund nicht mehr dazu in der Lage wäre, aufzustehen.

„Oh je, ich habe gleich zwei Operationen. Schaffen Sie es irgendwie ihn ins Auto zu bekommen?"

Sie fragte mich noch nach der Farbe des Zahnfleischs, nach der Farbe der Augenlider. Ich befand mich jedoch genauso wie das Tier im Schockzustand und konnte ihr diese Frage nicht wirklich beantworten. Irgendwie gelang es mir dann doch, den Hund zum Aufstehen zu bewegen und in mein Auto zu transportieren.

Ich fuhr noch kurz am Stall vorbei, damit Nicole sich von Q.C. verabschieden konnte. Sie nahm mich noch einmal in den Arm und sagte mir, dass sie jederzeit für mich da wäre.

Weinend und völlig aufgelöst fuhr ich mit unserem geliebten Hund zu meiner Tierärztin, um ihn auf seinem letzten Weg zu begleiten.

Dort angekommen quälte sich unser treuer Freund aus dem Auto. Die Veterinärin kam heraus und half mir, das todkranke Tier die Stufen zur Praxis heraufzutragen. In ihren Räumlichkeiten tastete sie den Bauch des Hundes ab und stellte fest, dass die Leber um ein weiteres Mal stark vergrößert war. Mir war bis dahin nicht aufgefallen, dass der Hund dicker geworden war, bzw. der Bauch.

„Jetzt ist es offensichtlich, es ist ein Tumor!"

Während sie das sagte, sah sie mich ernst an. Sie schaute dem Hund in die Augen und wandte sich mir wieder zu.

„Aber wenn ich ihn so anschaue, dann würde ich ihn jetzt noch nicht euthanasieren. Die Oma bringt man ja auch nicht einfach um. Er hat immer noch so ein Blitzen in den Augen, der will noch nicht gehen. Und der weiß ja auch gar nicht, was los ist. Ich würde ihn jetzt palliativ behandeln. Das heißt, er bekommt ein Schmerzmittel und dann sehen wir weiter. Wenn Sie jedoch darauf bestehen, dass ich das jetzt mache, dann tue ich dies. Es ist Ihre Entscheidung. Aber wenn es mein Hund wäre, würde ich ihn so nicht gehen lassen. Ich bin Tag und Nacht erreichbar. Nehmen Sie ihn mit nach Hause und wenn Sie merken es geht nicht mehr – und Sie werden es wissen – dann komme ich zu Ihnen und wir machen das in seiner gewohnten Umgebung."

Ich war der Ärztin sehr dankbar für diese Entscheidung. Ich gab Q.C. das Schmerzmittel und eine halbe Stunde später ging es ihm schon besser. Ich nahm ihn wie gewohnt mit zu meinen Patienten. Sollte er noch nicht von uns gehen, so sollte sich auch nichts an seinem Tagesablauf ändern. Meine Klienten bereitete ich schon mal auf den Abschied vor, der uns allen bevorstand. Viele Tränen wurden an diesem Tag noch vergossen, während Q.C. tapfer von einem zum anderen mitfuhr. Es schien dem Hund von Stunde zu Stunde besser zu gehen.

Am nächsten Tag, es war Samstag, rief die Veterinärin an und fragte, wie es unserem Labrador ginge.

„Es ist ein Wunder", sagte ich. „Es geht ihm richtig gut!"

„Passen Sie mal auf, der lebt noch fünf Jahre", lachte die Tierärztin am anderen Ende der Leitung.

„Noch fünf Jahre?" Erstaunen und Hoffnung schwangen in meiner Stimme mit, als ich diese Frage stellte.

„Na, fünf Jahre ist vielleicht ein bisschen viel, so schnell, wie der Tumor wächst. Aber das kann sich schon noch hinziehen."

Ich war ihr auf jeden Fall sehr dankbar für die Entscheidung noch nicht gleich aufzugeben.

An diesem Morgen dachte ich, es sei die letzte Fahrt, die ich mit unserem geliebten Hund zum Tierarzt gemacht hätte. Mir wäre jede Möglichkeit genommen worden, mich von ihm zu verabschieden. Auch Olaf hätte so nie die Möglichkeit gehabt, von seinem Freund Abschied zu nehmen. Es hätte ein tiefes Loch in unsere Seele gerissen, von dem ich nicht gewusst hätte, ob wir es je hätten schließen können. Wenn Q.C. uns nun verlassen würde, so wären wir darauf vorbereitet. Es würde trotzdem schwer genug sein, doch wir hätten Zeit, uns mit seiner Krankheit und mit seinem Fortgehen auseinanderzusetzen. Es würde sich besser anfühlen, als wenn wir ihn so abrupt verlieren würden, zumindest dachten wir das zunächst.

Dass Q.C. noch eine sehr lange Zeit bei uns bleiben sollte, ahnten wir damals noch nicht. Eine Zeit des Lernens, des Abschiednehmens und des Kennenlernens von neuen Dingen und Möglichkeiten. Eine dieser Möglichkeiten war, dass wir Gelegenheit hatten, uns mit dem Land hinter dem Regenbogen zu befassen und mit allem was dazugehört, mit allem Schmerz, mit aller Hoffnung und mit aller Wehmut.

Q.C. lehrte mich auf jeden Fall auch, für eine Sache zu kämpfen, nicht gleich aufzugeben. Immer wenn ich zweifelte oder nahe am Verzweifeln war, dann zeigte er mir wieder, was es hieß, stark zu sein.

Wie oft schon hatte ich gedacht, dass es sein letzter Tag sein würde. Wie oft schon hatte ich geglaubt, ich müsse ihn von seinem Leiden erlösen. Aber immer, wenn ich ihn darauf angesprochen habe, hatte er den Kopf weggedreht. Von welchem Leiden wollte ich denn wen erlösen? War es nicht in Wirklichkeit so, dass ich nicht mehr dazu bereit war, dieses Leiden zu ertragen?

Ich hatte sehr große Probleme damit, meinen Hund beim Sterben zu begleiten. Während ich die ganze Familie stützte und tröstete, die Tränen meines Mannes und die meiner Kinder trocknete, weinte ich völlig hemmungslos, wenn niemand außer Q.C. in der Nähe war. Doch mein guter Therapiehund, der immer meine Patienten getröstet und gestützt hatte, konnte mit der Trauer seines Frauchens nicht umgehen. Während ich mir im Wohnzimmer die Seele aus dem Leib heulte, lag unser Labrador auf dem Flur und starrte die Wand an.

Er kam kein einziges Mal.

Ahnte er, dass es noch nicht so weit sein würde, oder konnte er mein Selbstmitleid nicht ertragen?

Ich fühlte mich dadurch noch schlechter als sowieso schon.

Alles Verdrängen nutzte nichts. Ich musste mich endlich mit der Wahrheit befassen. Und so beschloss ich, nach vorne zu schauen und mich auf die Suche nach dem Land hinter dem Regenbogen zu machen, um dann zu entscheiden, was zu tun ist.

Das Land hinter dem Regenbogen

Eine alte Weisheit besagt, dass jenseits des Himmels eine Brücke beginnt, die man die Regenbogenbrücke nennt.

Wenn ein Tier stirbt, das mit seinem Menschen ganz eng verbunden war, so wird es nach seinem Tod über diese farbenprächtige Brücke ins Jenseits schreiten. Dieses ist ein Paradies, in dem alles wundervoll ist. Das Tier hat dort keine Schmerzen und keine Gebrechen mehr. Es trifft neue Freunde und lernt auch verstorbene Freunde seines Besitzers kennen. Im Land hinter dem Regenbogen, dem Paradies, gibt es immer genug Futter und Wasser.

Ich bin jedoch der Meinung, dass auch Menschen die Regenbogenbrücke überschreiten. Wenn sie gut zu ihren Tieren waren, werden diese im Land hinter dem Regenbogen auf ihre menschlichen Freunde warten und am Ende werden alle wieder miteinander vereint sein.

Ich hatte schon immer Probleme damit, mich näher mit dem Tod zu befassen. Obwohl ich als gelernte Krankenschwester schon während meiner Ausbildung Menschen hatte sterben sehen, war es bei mir persönlich, in meinem eigenen Umfeld, irgendwie so etwas wie ein Tabuthema geblieben. Schon als meine Mutter vor ein paar Jahren einen Schlaganfall erlitten hatte und schon zur Hälfte über die Regenbogenbrücke gegangen war, fühlte ich mich nicht dazu in der Lage, mich mit dem Tod auseinanderzusetzen. Ich dachte wahrscheinlich, wenn ich nicht darüber nachdenken würde, käme ich auch nicht damit in Berührung.

Dabei war es noch gar nicht so lange her, dass ich mit meinem Pferd Tabernero abends in der Reithalle getanzt hatte. An diesem Abend war ich mir nicht sicher, ob ich am nächsten Morgen nicht selbst den Gang über die besagte Regenbogenbrücke antreten müsste. Seit einem Jahr war ich inzwischen selbstständige Unternehmerin. War es da nicht sogar meine Pflicht, mich mit meinem eventuellen Ableben auseinanderzusetzen und bei einem Notar ein Testament zu machen? Was würde mit meinen Pferden und mit meinen Anteilen an der Firma geschehen, wenn mir etwas zustoßen würde?

Diese Gedanken kamen mir erst mit der Krankheit unseres Hundes und sollten sich später, bei einem weiteren noch dramatischeren Zwischenfall, um ein weiteres verstärken.

Q.C. war schon immer ein sehr lebensfroher Hund. Wir merkten ihm nicht an, wann er Schmerzen hatte. Es war wirklich nicht einfach, dieses Tier zu lesen.

Kurz, nachdem er diesen massiven Schub hatte, fuhr ich zu einem Seminar nach Heimsheim, zu meiner Mentorin und Verlegerin Ulrike Dietmann. Ich hatte mich schon vor Wochen zu der „Heldenreise für Autoren" angemeldet und wollte den Termin ungern absagen. Mein Gefühl sagte mir, dass ich hier im Kreise so vieler hochsensibler Menschen gut aufgehoben wäre und sicher Antworten auf noch so viele, offen stehende Fragen erhalten würde. Natürlich fuhr ich mit einem sehr unguten Gefühl, da ich Angst hatte, Q.C.s Zustand könnte sich in den zwei Tagen, in denen ich weg war, verschlechtern. In Gedanken war ich die ganze Zeit bei meinem todkranken Hund.

Trotzdem erlebte ich zwei wundervolle Tage, die ich so schnell nicht vergessen werde.

Es wurde ein sehr emotionaler Workshop. Jede der sechs anwesenden Frauen brachte ihre eigene kleine oder große Zerreißprobe mit. Es gab viele Tränen aber auch sehr viel Wärme und Verständnis. Ich fühlte mich hier gut aufgehoben und getragen von der Gruppe und der Seminarleiterin.

Hier in diesen Räumen, in dieser Stille, gelang es mir, eine geistige Verbindung zu meinem Labrador aufzubauen, wie es mir zu Hause nie wieder gelingen sollte.

Ulrike forderte uns in einer Meditation auf, mit unserer Muse in Kontakt zu treten. Was währenddessen geschah, habe ich in Stichpunkten aufgeschrieben und möchte es Ihnen, liebe Leser, hier mitteilen.

„Muse: Ich begrüße dich, wer auch immer du bist." Dieser Satz war die Einleitung der Meditation. Dann stellte die Mentorin folgende Frage: „Wer bist du heute?"

Die Antwort fand sich bei jedem Autor selbst. In meiner Meditation sprach mein kranker Labrador mit mir, zumindest war das in dem Moment mein Gefühl.

In meinen Gedanken erhielt ich folgende Antworten von QC:

- Ich bin dein Wegbegleiter, ich begleite dich Tag für Tag, auch wenn ich nicht mehr da bin.
- Ich wünsche mir, dass du nicht mehr so traurig bist, lass deine Schuldgefühle weg, du hast alles für mich getan.
- Ich kann nicht gehen, wenn ich weiß, dass du so traurig bist. Lebe dein Leben.
- Ich weiß, dass es mir oben besser geht, ich werde weiter auf dich aufpassen. Es gibt andere.

- Intendant hast du so geliebt, ich werde ihn kennenlernen. (Intendant war ein Pferd, lange vor Q.C.s Zeit. Ich hatte ewig nicht mehr an ihn gedacht. Er starb ebenfalls mit acht Jahren.)
- Es gibt noch viele Tiere hier oben, die ich kennen lernen werde. Du musst dir keine Sorgen machen.
- Ich weiß, dass du gern einen anderen Hund möchtest. Ich sehe das nicht als Konkurrenz.
- Ich habe immer Hunger und großen Durst. Aber du versorgst mich gut.
- Ich werde bald gehen. Schau dich schon mal um.
- Ich möchte, dass du glücklich bist. Ich mag es, wenn du singst. Es ist zwar laut, aber ich mag es, weil ich weiß, dass es dir dann gut geht. (Ich hatte oft während des Autofahrens gesungen)
- Meine Botschaft ist, dass du so weiter machst wie bisher. Lass dich nicht von Deinen Träumen und Wünschen abhalten, von niemandem.
- Schau in Ruhe nach einem Nachfolger für mich, dann kann ich gehen. Ich sehe, wie sehr du leidest und es bricht mir das Herz.
- Alles wird gut, wenn du weiter an dich glaubst.
- Es gibt ein Land hinter dem Regenbogen. Ich werde dort auf dich warten.

Nachdem ich diese Botschaft von Q.C. empfangen hatte, wusste ich, dass er keine Angst vor dem Tod hatte. Noch mehr, er würde sich tatsächlich darüber freuen, wenn wir uns noch einen zweiten Hund zulegen würden.

Für mich war der Gedanke einfach unerträglich, eines Morgens aufzuwachen und meinen geliebten Freund noch einmal, so wie im Februar, vorzufinden. Natürlich wusste ich, dass mir das Ganze mit einem anderen Hund nicht erspart bleiben würde. Aber ich hatte die Hoffnung, dass ich vielleicht nicht ganz so traurig sein würde. Ich glaube, ich dachte, ich könne es besser ertragen, meinen Labrador über die Regenbogenbrücke, gehen zu lassen.

Schon seit einer ganzen Weile hatte ich immer mal wieder nach Welpen im Internet geschaut. Zunächst war es nur, um mich abzulenken, um nicht ständig mit dem Gedanken an den bevorstehenden Tod konfrontiert zu werden.

Immer mehr hatte sich jedoch diese Idee zum Wunsch manifestiert. Früher hatte ich immer zu Olaf gesagt, dass ich nach Q.C. keinen weiteren Hund mehr haben wolle. Allerdings hatte ich da auch mit einer Lebenserwartung von zwölf bis vierzehn Jahren gerechnet. Nun war unser Hund gerade mal acht Jahre alt.

Ich hatte meinem Mann nun schon erklärt, dass ich doch wieder gern einen Hund hätte. Dass ich jetzt jedoch schon vorher eine Hündin haben wollte, um den Lebensmut unseres Labradors zu steigern, sollte er bis dahin noch am Leben sein, schien mir eine aussichtslose Wunschvorstellung zu sein.

Dieses Bedürfnis war so groß und so massiv von Herzen, dass ich wie besessen jeden Tag die Anzeigen im Internet durchsuchte. Ich interessierte mich besonders für zwei bestimmte Rassen: Magya Vizla und Weimaraner.

Meine Entscheidung fiel letzten Endes auf die silbergraue Jagdhundrasse. Eine Anzeige für einen geplanten Weimaranerwurf erschien mir besonders interessant. Man konnte sich melden und einen Welpen vorbestellen. Ich war hin- und hergerissen. Was sollte ich tun? Hinter dem Rücken von Olaf einen Hund bestellen? Das war ein Vertrauensbruch, das konnte ich nicht machen. Aber ich kann ja erst mal hinschreiben, dachte ich. Also schrieb ich hin.

„Soll ich Ihnen eine silbergraue Hündin reservieren?“ Die Züchterin wollte sich gleich per Email absichern.

„Puh“, dachte ich. „Was mach ich bloß?“

Noch mal das Thema ansprechen war zwecklos. Olaf machte sofort dicht. Er dachte in seiner Phantasie, er würde Q.C. seinen Nachfolger präsentieren. Ich hatte keine Chance mit ihm zu reden. Q.C.s Zustand hatte sich nicht sonderlich verbessert. Er hatte regelmäßig Schübe, in denen er Schmerzmittel benötigte und in denen er sich erbrach. Die Schübe waren zwar nicht mehr so schlimm wie der im Februar, aber sie ließen sich nicht verleugnen.

Ich fragte Nicole, mit der ich jeden Tag zusammenarbeitete, um Rat, was ich auf die Frage in der Mail antworten sollte.

„Ganz ehrlich? Ich glaube nicht, dass er bis dahin noch lebt, schau ihn dir doch an! Und wenn, wer kümmert sich denn um den Hund?“

Sie sah mich fragend an. Recht hatte sie ja, trotzdem hatte ich Skrupel. Ich fühlte mich nicht wohl, doch mein Wunsch nach einem neuen Hund und die Angst vor Q.C.s Tod waren so übermächtig groß, dass ich erst einmal zusagte.

Dann meldete sich die Züchterin vier Wochen später erneut. Es war tatsächlich eine silbergraue Hündin in dem Wurf. Sechs Weimaraner-Welpen, drei silbergraue und drei blaue. Jetzt wollte sie eine definitive Zusage. Sie hatte noch weitere Interessenten. Ich saß jetzt erst richtig in der Zwickmühle.

Nun musste ich mich also entscheiden. Olaf wusste noch immer nichts von meinen Bemühungen. Ich wusste nicht, was ich tun sollte. Der Tierarzt, den ich auf einem „Sachkundelehrgang für Pferdehalter“ kennengelernt hatte und nach

Q.C.s Prognose befragte, sagte mir etwas von sechs Wochen bis sechs Monate. So lange sollte also die Lebenserwartung von unserem Labrador sein. Da wir im November die Diagnose erhalten hatten und es jetzt schon März war, würde er also – wenn er gut durchhalten würde – noch ungefähr zwei Monate zu leben haben. Wenn man dem Tierarzt glauben konnte, war das die höchste Lebenserwartung die Q.C. erreichen konnte. Sämtliche Aussagen im Internet beschrieben die Erkrankung unseres Hundes genau so, wie wir es erlebten und schilderten die gleiche Prognose wie der Veterinärmediziner. Es gab keine Hoffnung, dass er länger leben würde und vor allem, es gab keine Chance auf Heilung. Aber was, wenn er doch noch lebte? Ich würde mich ja freuen, aber würde mir Olaf verzeihen, dass ich hinter seinem Rücken einen zweiten Hund bestellt hatte. Fragen über Fragen.

Ich grübelte und die Entscheidung fiel mir nicht leicht. Obwohl ich mir sicher war, dass es für Q.C.s und für unser aller Wohlbefinden das Beste wäre, so schnell wie möglich wieder ein junges Hundeleben in unseren Haushalt zu integrieren.

Ich hatte schon die letzten Wochen mit der Tatsache gekämpft, dass der Hund immer schwächer wurde, und dass der Tod Q.C. buchstäblich ins Gesicht geschrieben stand. Meine Nerven lagen blank und meine Stimmung war am Rande einer Depression. Ich war einfach nur noch traurig. Hatte ich zunächst gedacht, ich hätte Zeit, mich mit dem Tod meines geliebten Freundes abzufinden, so musste ich nun feststellen, dass ich mit der Situation hoffnungslos überfordert war. Ich konnte dieses Leid einfach nicht mehr ertragen.

Da mir Q.C. bei meinem Gespräch mit ihm in Heimsheim sein Einverständnis gegeben hatte, bestellte ich eigenmächtig eine silbergraue Hündin aus dem beschriebenen Wurf.

Ich war mir sehr unsicher bei dieser Aktion, hoffte jedoch, dass Olaf zu gegebener Zeit meine Meinung respektieren würde und dass es Q.C. seinen Gang über die Regenbogenbrücke erleichtern würde, sollte es an der Zeit sein. Natürlich hielt ich es nicht durch, mein Geheimnis bis zum Ende für mich zu behalten. Eines Nachmittags waren wir bei meinen Schwiegereltern eingeladen. Kurz bevor wir unser Auto parkten, ging ein Pärchen mit einem braunen Labrador an uns vorbei.

Olaf sah zu ihnen herüber und sagte: „So einen würde ich ja gleich wieder nehmen!"

In diesem Moment erkannte ich meine Chance. In zwei Wochen konnten wir die Welpen anschauen. Langsam musste ich Farbe bekennen. Also antwortete ich, „So einen bekommen wir aber nicht!"

Olaf sah mich fragend an: „Was bekommen wir denn für einen?"

Jetzt war ich überrascht. Ich antwortete kleinlaut: „Eine Weimaranerhündin!"

„Aha", antwortete er nur und er wirkte überhaupt nicht überrascht.

„Woher weißt du das?" Ich war irritiert durch seine Ruhe.

„Du bist seit Wochen im Internet und schaust dir Hunde an. War mir schon klar, dass das nicht ohne Folgen bleibt."

Jetzt war ich platt. „Bist du böse?"

Ich hatte schon ein schlechtes Gewissen, dass ich mich so von meinen Gefühlen hatte leiten lassen. Immerhin hatte ich einen Hund hinter seinem Rücken bestellt.

„Wir müssen sie nicht nehmen. Wir können immer noch absagen", beeilte ich mich zu sagen.

„Nein, ist schon okay. Ich habe nur immer Angst, dass er denkt, wir setzen ihm seinen Nachfolger vor."

Tränen füllten seine Augen.

„Ach Schatz, er ist ein Hund. Ich glaube, er wird es klasse finden, wenn er eine kleine Freundin bekommt." Ich wusste, wie sehr ihn dieses Thema quälte.

„Wenn er überhaupt noch lebt", ergänzte ich und spürte, wie auch mir die Tränen kamen.

Dass sich die Entscheidung mit dem Zweithund als richtig erwies, stellte sich dann sehr schnell heraus, als die Hündin bei uns einzog.

Doch bis dahin befasste ich mich mit dem Land hinter dem Regenbogen, um vorbereitet zu sein, wenn der Tag kommen sollte.

Dazu unterhielt ich mich mit verschiedenen Leuten, die ihre Tiere auf diesem Weg schon begleitet hatten.

Dass es tatsächlich dieses Land gab, erfuhr ich dann von meiner Freundin Andrea, als ich mich mit ihr über den Abschied ihrer Tiere unterhielt.

Wie Tiere von uns Abschied nehmen

Ich kam mit Andrea darüber ins Gespräch, wie es sich mit dem Tod und dem Abschied von Pferden verhält. Wir hatten darüber gesprochen, dass Q.C. so krank ist und dass es so schwer ist, wenn wir Menschen uns von unseren geliebten Tieren verabschieden müssen. Was Andrea mir dann berichtete, gab mir Trost und Hoffnung und bestärkte mich in meiner Ansicht, dass es sehr wohl eine geistige Verbindung zwischen Menschen und Tieren gibt.

Ich hatte zuvor immer den Eindruck, es handele sich bei meiner Freundin eher um den nüchterneren, rationaleren Typ Mensch. Umso erstaunter war ich, als sie mir die folgende Geschichte erzählte.

Andrea besaß einen fuchsfarbenen Hannoveraner-Wallach mit dem Namen Marco Polo. Dieses Pferd hatte sie gekauft, als dieser elf Jahre alt war. In dem Alter sind diese Tiere schon recht ausgeglichen und haben dennoch bei einer Lebenserwartung von nahezu fünfundzwanzig bis dreißig Jahren eine schöne lange Zeit vor sich. Es soll auch schon Ponys gegeben haben, die vierzig Jahre alt wurden, wobei dies jedoch die Ausnahme darstellt.

Marco war ein stabil gebautes Pferd mit guter körperlicher Konstitution. Er hatte schon seit seinem Einzug in Andreas Stall, im Winter ein leicht gelocktes Fell. Seine neue Besitzerin

158

und die anderen Einstellerinnen spaßten schon immer damit, dass in Marcos Stammbaum wohl ein Curly-Horse vertreten sein musste. Ein Curly-Horse ist eine Pferderasse aus den USA, die so gezüchtet wurde, dass ihr Fell lockig ist. Dieser Typ Pferd wurde speziell für Allergiker entwickelt, da diese Art von Haaren, durch ihre besondere Eiweißstruktur, keine Allergien auslösen.

Da Marco zu Beginn keine Probleme während des Fellwechsels hatte und auch sonst keine gesundheitlichen Einschränkungen aufwies, dachte sich meine Freundin, es handele sich hierbei um eine Laune der Natur.

Ein paar Jahre später, das Pferd war mittlerweile siebzehn Jahre alt, bekam das Tier dann doch noch Probleme beim Fellwechsel. Diese äußerten sich darin, dass er immer mehr Zeit benötigte, bis das Winterfell abgestoßen war. Auch die Beschaffenheit des Fells veränderte sich, sodass die einzelnen Haare immer länger und lockiger wurden.

Andrea befragte ihren Tierarzt, der nur sagte, dass diese Probleme altersbedingt wären. Ein Jahr nach dem anderen verging und meine Freundin päppelte ihr Pferd mit allen möglichen Ergänzungsfuttermitteln Winter für Winter auf. Das arme Tier wurde zusehends magerer, und niemand wusste, was Marco fehlte. Eines Morgens kam meine Freundin in den Stall und entdeckte ihr todunglücklich aussehendes Pferd mit Fesseln, die so dick waren wie der Oberarm eines gut muskulösen Mannes. Sofort rief sie den Tierarzt an, der ihr jedoch außer ein paar Bemerkungen über das Alter nicht wirklich weiterhalf. Andrea schossen die Tränen in die Augen, während sie das Unfassbare erzählte.

„Du kannst dir nicht vorstellen, wie er aussah", schluchzte sie und wischte sich die Tränen aus dem Gesicht.

„Er war mittlerweile komplett abgemagert und dann die dicken Beine dazu, wie ein verhungerter Elefant."

Es war alles schon so lange her, und doch war ihr das Ganze noch so präsent, als sei es erst gestern geschehen.

Nachdem sie vom herbeigerufenen Arzt keine Hilfe bekam, rief sie eine andere Tierärztin an, die bei Marco erst einmal Blut abnahm. Als das Ergebnis dann vorlag, wusste meine Freundin auch, warum ihr Pferd lockiges Fell hatte. Marco litt unter dem so genannten Cushing Syndrom. Eine Stoffwechselerkrankung, die auftritt, wenn die Nebennierenrinde nicht mehr funktioniert oder wenn aus Behandlungsgründen zu viel Kortison injiziert wird. Durch die Unterfunktion der Nebennierenrinde hatte das Pferd Wasser in den Beinen angesammelt, was sich in sogenannten Ödemen äußerte.

Die Tierärztin kümmerte sich rührend um Marco, und mit der folgenden Therapie wurde er noch dreißig Jahre alt. Zu dem Zeitpunkt der richtigen Diagnose war das Pferd dreiundzwanzig. Andrea war glücklich mit Marco, und seit er die richtigen Medikamente bekam, entwickelte sich das Pferd wieder zum blühenden Leben.

Eines Morgens kam meine Freundin jedoch zu Marco in den Stall. Schon als sie diesen noch nicht ganz betreten hatte, hörte sie ein Husten, das aus der Richtung der Pferde zu kommen schien. Andrea ging in den Stall und stellte fest, dass es Marco war.

„Ach, Marco, was ist denn? Hast du dich erkältet?"

Da meine Freundin sehr fürsorglich mit ihren Tieren umging und jeder Pferdebesitzer weiß oder wissen sollte, dass ein Husten bei einem Pferd nie eine Bagatelle ist, rief Andrea sofort einen Tierarzt. Die Veterinärin ihres Vertrauens war zu dem Zeitpunkt im Urlaub. Als der Arzt kam, der sie vertrat, hörte er Marcos Lunge ab und sagte dann, „Ich kann nichts feststellen. Das ist aber ganz normal bei so einem alten Pferd. Da ist die Muskulatur schon erschlafft und die Atmung ist nicht mehr so intakt. Um das zu kompensieren, husten die alten Tiere öfter. Das ist keine Seltenheit."

Andrea fand die Erklärung logisch und fand sich damit ab. Tage und Wochen vergingen, in denen das Pferd immer unruhiger wurde. Jedes Mal wenn Marco fraß, bekam er einen Hustenanfall. Als meine Freundin es dann nicht mehr aushielt, suchte sie doch noch Rat bei ihrer Tierärztin. Nachdem diese das Pferd untersucht hatte, schlug sie eine Bronchoskopie vor. Hierbei schiebt man unter Betäubung einen Schlauch mit einer kleinen Kamera durch die Nase direkt in die Luftröhre und von da aus zu den Bronchien. Bei dieser Untersuchung kann man die gesamten Atemwege darstellen und genau anschauen.

„Sehen Sie, der Kehlkopfdeckel ist nur noch zu einem Viertel da. Das Tier bekommt bei der Nahrungsaufnahme jedes Mal Futter in die Luftröhre. Wenn der arme Kerl hustet, wirft er zwar einen Großteil davon wieder aus, alles kann er jedoch nicht entfernen, ein Rest bleibt immer zurück. Die Gefahr besteht außerdem, dass er bei zu großen Mengen eine Lungenentzündung bekommt."

Die Ärztin klang sehr besorgt, als sie Andrea fragte: „Warum haben Sie denn nicht schon viel eher einen Tierarzt gerufen? Es handelt sich hier um das Endresultat einer bakteriellen Entzündung. Die Bakterien haben dem kranken Tier fast den gesamten Kehlkopfdeckel weggefressen."

Jetzt wurde Andrea ungehalten. Während sie mit den aufsteigenden Tränen kämpfte, sagte sie mit zitternder Stimme: „Ich hatte doch einen Tierarzt da!"

Ihr Kopf war puterrot vor Erregung. „Er hat mir gesagt, dass das Pferd aus Altersgründen hustet!“

Nun war es mit ihrer Selbstbeherrschung vorbei. Die Tränen ließen sich nicht mehr aufhalten und rannen Andrea nur so über das Gesicht. Während sie mir diese furchtbare Erfahrung schilderte, spürte ich, wie sie wieder inmitten des Geschehens war. Sie hatte dieses für sie so tragische Erlebnis noch nicht verarbeitet.

Andrea hatte sich vorgenommen, Marco noch so lange am Leben teilhaben zu lassen, bis es nicht mehr ging. Jeden Tag sah sie nach dem Tier, um sich zu vergewissern, ob es für ihn noch einigermaßen erträglich war, auf dieser Erde zu bleiben. Es vergingen nur noch wenige Wochen, bis die junge Frau feststellte, dass der Tag des Abschieds gekommen war.

„Marco hatte plötzlich richtig Angst zu fressen“, schluchzte Andrea. „Da wusste ich, dass der Zeitpunkt gekommen ist. Die Tierärztin kam zu uns in den Stall und hat ihn von seinen Leiden erlöst.“

Andrea versuchte, sich zu fassen. „Du wirst es nicht glauben, was dann passiert ist. Ich war so wahnsinnig traurig über seinen Verlust. Ich habe ihn über alles geliebt, dass ich mir nicht vorstellen konnte, ohne ihn zu sein. Ungefähr drei Tage später fuhr ich mit meinem Auto zur Arbeit. Ich war wie immer noch sehr unglücklich und weinte unterwegs. Beim Autofahren ging das ganz gut, da mich ja keiner sehen konnte. Auf einmal fiel mein Blick in die Wolken.“

Andrea machte eine kleine Pause und sah mich geheimnisvoll und prüfend zugleich an. „Ich sah in den Wolken ein Pferd über ein Hindernis springen. Du kannst mich jetzt für verrückt erklären, aber für mich war es ein Zeichen von Marco. Er wollte mir sagen, dass ich mich nicht zu sorgen brauche, es ginge ihm gut. Seit jenem Tag war ich etwas getröstet. Ich wusste jetzt, dass es ihm gut geht."

Marco Polo war im Land hinter dem Regenbogen angekommen. Nachdem Andrea sich die Tränen erneut aus dem Gesicht gewischt und die Nase geschnäuzt hatte, erzählte sie mir eine weitere Geschichte. Meine Freundin besaß einen Terrier, der auf den Namen Chip hörte. Dieser war ebenfalls am Cushing-Syndrom erkrankt. Bevor die Diagnose gestellt wurde, befragte Andrea eine Tierkommunikatorin. Da der Hund sehr unruhig war und auch des Öfteren in der Wohnung unter sich ließ, dachte sich meine Freundin, dass sie diese Methode einmal ausprobiert, obwohl sie nicht so recht daran glauben wollte.

Die Tierkommunikatorin hatte dafür ein Foto von dem Terrier bekommen und wusste ansonsten nur das Alter. In ihren Ausführungen berichtete sie, dass der Hund unter starken Kopfschmerzen litt und Rückenprobleme hätte. Außerdem litt er unter einer sehr großen Angst, sein Frauchen zu verlassen, weil er dachte, dass diese nicht ohne ihn klarkäme. Andrea suchte danach einen Tierarzt auf, da die Verlustängste des Hundes immer deutlicher signalisiert wurden, indem dieser sein Frauchen nicht aus den Augen ließ. Bei dem Hund wurde anhand von Blutuntersuchungen ebenfalls das Cushing Syndrom festgestellt. Da dieses sich in der Nebennierenrinde manifestiert, ließen sich auch die Rückenbeschwerden erklären. Nach einer Kernspintomographie wurde im Kopf des Hundes, ein Hypophysen-Tumor festgestellt; somit war auch die Ursache für die Kopfschmerzen geklärt.

Nach dieser Diagnose kaufte sich Andrea einen zweiten Hund, um Chip das Gefühl zu geben, dass dieser sie beruhigt verlassen konnte, wenn es so weit ist. Außerdem sollte er einen Spielkameraden haben, der ihm zudem Sicherheit gab, da er durch den Gehirntumor schon fast blind war. Chip lebte noch ganze zwei Jahre und die beiden Hunde verband bald eine enge Freundschaft. Als der Tag des Abschieds gekommen war, hatte meine Freundin das Zeichen, auf das sie warten wollte, erkannt. Der Terrier bekam Nasenbluten, das durch nichts zum Stillstand gebracht werden konnte. Sofort wusste Andrea, dass der Tag des Abschieds gekommen war. Sie rief die Tierärztin an, damit diese ihren treuen Freund erlösen konnte. Die Veterinärin gab Chip die Todesspritze und sein Frauchen streichelte ihm sanft über das Haupt, bis das Tier seinen letzten tiefen Atemzug aus seinen Lungen strömen ließ. Andrea begleitete durch das Streicheln, dessen Seele auf ihrem Gang über die Regenbogenbrücke. Der sterbende Terrier konnte loslassen, wusste er doch, dass Luna, seine Hundefreundin, seine geliebte Besitzerin trösten würde.

Natürlich war Luna kein Ersatz für Chip, und als Andrea mir von ihren Tieren erzählte, kamen ihr auch schon wieder die Tränen und rannen unaufhaltsam über ihre blassen Wangen.

Drei Tage nachdem der Hund gestorben war, erschien meiner Freundin wieder ein Zeichen am Himmel.

„Ich hatte schon drauf gewartet", sagte sie. „Ich fuhr wieder mit meinem Auto zur Arbeit und sah auf die Wolkendecke. Da entdeckte ich ein weißes Wolkengebilde in Form zweier Hunde, die aussahen, als würden sie herumtollen. Es hatte tatsächlich den Anschein, als würde einer der Hunde auf dem Rücken liegen und ein Zweiter auf ihm herumspringen. Sofort durchströmte mich ein wohliges Gefühl, und ein Gedanke schoss mir durch den Kopf: *Alles in Ordnung, es geht mir gut.* So konnte ich auch mit Chips Tod abschließen. Ich wusste, dass Chip im Land hinter dem Regenbogen angekommen war."

Tiere, die mit ihren Besitzern so eng verbunden sind, haben oft Probleme von uns zu gehen. Obwohl sie wissen, dass ihre Zeit gekommen ist, fällt ihnen der Abschied von ihrem geliebten Menschen sehr schwer. Sie sorgen sich darum, wie es dem Besitzer nach seinem Ableben ergehen mag. Hier spiegelt sich besonders die geistige Verbindung zwischen Mensch und Tier. Diese geistige Verbundenheit ist so innig, dass sie uns sogar über den Tod hinaus begleitet.

Pauline zieht ein

Die Idee, mich für die kleine Weimaraner Hündin zu entscheiden, erwies sich als vollkommen richtig, da sie mit ihrem Einzug uns allen eine enorme Lebensfreude vermittelte. Dass diese Entscheidung letztendlich sogar Q.C. das Leben retten würde, ahnten wir damals noch nicht. Doch dazu später.

Wie erhofft, verzieh mein lieber Mann mir meine *Hundebestellung* und trug diese Entscheidung letzten Endes auch mit mir. Entgegen aller Unkenrufe lebte unser Q.C. beim Einzug von Pauline noch, er war allerdings schon sehr schwach. Q.C.s bester Freund, Jack, der Labrador meiner Kollegin Nicole war erst ein Jahr alt geworden und spielte mit unserem kranken Kerl den ganzen Tag, während wir beide mit unseren Patienten arbeiteten.

An den Wochenenden, wenn die beiden Hunde sich nicht sahen, war unser Labrador stets melancholisch und unmotiviert.

Mit dem Tag, an dem Pauline bei uns einzog, änderte sich alles schlagartig.

Pauline verwandelte Q.C.s und unser Leben in einen Turbolader-Modus. Sie absolvierte alles im Schnellverfahren. Unser kranker Labrador konnte ihrem Charme einfach nicht widerstehen. Sie bemutterte ihn, sie trieb ihn an. Sie war wie eine kleine Krankenschwester für ihn. Einmal beobachtete ich sie sogar dabei, wie sie ihm mit den Zähnen ganz behutsam eine Zecke aus der Schnauze zog. Q.C. saß da und ließ es sich geduldig gefallen.

Es war einfach unglaublich, wie sich der Gesundheitszustand von dem krebskranken Tier veränderte. Obwohl der Tumor wucherte, änderte sich das Wesen des Hundes um hundertachtzig Grad. Q.C. entwickelte wieder Lebensfreude. Er benötigte kaum noch Schmerzmittel und hatte drei Monate lang keinen Schub mehr. Vor Paulines Ankunft hatte er alle vier Wochen einen Schub, der sich mit starken Schmerzen und Erbrechen ankündigte.

Pauline selbst entpuppte sich als sehr sensible und unterordnungsbereite Hündin. Außerdem hatte sie einen ausgeprägten Schutztrieb, der sich darin äußerte, dass sie ihren kranken Kumpel an der Weide schon im Alter von wenigen Monaten streng bewachte. Das ging sogar so weit, dass sie den Labrador maßregelte, wenn er meine Patienten einmal wieder vor mir begrüßte, was er ja eigentlich nicht tun sollte. Die beiden Hunde wurden zu einem unzertrennlichen Team. Schon bald vergaßen wir tatsächlich, dass unser Labrador vom Tode gekennzeichnet war – und er schien es auch zu vergessen. Der Hund blühte regelrecht auf. Die beiden Tiere tobten über die Wiesen. Aber Q.C.s Bauchumfang wuchs und wuchs. Er sah manchmal aus, als sei er im neunten Monat schwanger. Trotzdem hatte der Labrador ein Blitzen in den Augen, dieses schien zu sagen: „Ich will leben!"

Q.C. schien es sich zur Aufgabe gemacht zu haben, Paulines Erziehung zu übernehmen. Keine Ahnung, wie lange er das vorhatte. Auf jeden Fall machte er seine Aufgabe hervorragend. Pauline entwickelte sich wirklich prächtig. Hatte Q.C. mal einen Tag, an dem es ihm nicht so gutging, ließ die Hündin es nicht zu, dass er sich hängen ließ. Mit voller Wucht sprang sie ihm dann auf den Kopf, sodass ich schon eingreifen wollte. Aber dann stand er knurrend und murrend auf. Und ich dachte bei mir: *Wenn es ihm zu viel wird, wird er sich wehren. In der Tierwelt geht es anders zu. In der Zeit vor Pauline, als du ihn nur bedauert hast, ging es ihm deutlich schlechter, denn genau das wollte er nicht!*

Also ließ ich sie gewähren.

Die Hündin schaffte es immer wieder, den Lebensmut ihres Freundes zu wecken, indem sie ihn einfach nur zur Weißglut brachte. Olaf und ich waren uns einig. Hätten wir Pauline nicht zu uns genommen, würde unser Labrador nicht mehr leben.

Die beiden Hunde hatten uns gezeigt, was es hieß, um etwas zu kämpfen und nicht gleich aufzugeben. Die beiden hatten eine geistige Verbindung zueinander und zu uns hergestellt. Jeden Tag wieder aufs Neue. Q.C. hatte mir deutlich signalisiert, dass er leben wollte, dass er nicht aufgeben wird, wenn ich ihm die Chance dafür gab. Ich hätte es mir nie verziehen, ihn zum Euthanasieren zu bringen, wenn ich später irgendwie erfahren hätte, dass er noch nicht so weit gewesen wäre – und ich hätte es erfahren.

Ich bin froh, dass ich die Stärke fand, diese Zeit durchzuhalten, auch wenn ich oft gedacht hatte, ich würde daran zerbrechen. Ein Tier oder auch einen Menschen auf dem Weg zum Sterben zu begleiten, ist ein sehr schwerer Gang. Pauline war mir ein sehr wichtiger Wegbegleiter. Sie war stark und half mir auf ihre Weise, Q.C. auf diesem Weg zu begleiten. Ich war sehr froh, diese temperamentvolle, starke Hündin bei mir zu haben. Mit ihr hatte ich eine mutige Weggefährtin gefunden, wie ich sie noch mit keinem meiner bisherigen Hunde an meiner Seite gehabt hatte. Eine ihrer besonderen Stärken war und ist ihre Gabe, die ganze Familie zusammenzuhalten. Obwohl sie zu den Jagdhundrassen gehört und nicht, wie man von ihrem Verhalten her glauben könnte, zu den Hütehunden, so hat sie doch ein sehr großes Bedürfnis, alle Familienmitglieder zusammenzuhalten. Wenn ich mit meinem Mann und den Hunden spazieren ging, war ich oft schon ein Stück mit Pauline voraus, weil sie einfach wie ein ICE über die Felder raste. Olaf kam aber mit dem kranken Labrador nicht so schnell hinterher. Dann rannte Paulinchen, wie wir sie liebevoll nannten, wie ein aufgeregtes Känguru von einem zum anderen, um niemanden zu verlieren. Die Jagdhündin hatte eine Geschwindigkeit wie ein Gepard und die Eleganz einer Gazelle. Es war eine Faszination, ihr beim Laufen zuzusehen. Dazu war sie außerdem extrem gehorsam, ein Pfiff und das Tier drehte auf dem Hacken um, und kam in einem rasanten Tempo angaloppiert.

Q.C. lehrte Pauline alles, was ich ihm die Jahre zuvor beibrachte und er lehrte sie das, was er selbst herausgefunden hatte. Mittlerweile verbrachte ich auch sehr viele Stunden mit meinen Patienten und den Hunden. Die hundegestützte Therapie wurde ebenfalls sehr gut angenommen. Der Vorteil liegt hier, dass ich die Menschen zu Hause aufsuchen kann. Einmal hatte ich das Glück zu beobachten, wie Q.C. Pauline *einarbeitete*. Einer meiner Patienten berichtete über ein ihn sehr belastendes Ereignis. Während des Sprechens wurde er sehr traurig. Beide Hunde, die zuvor noch gelegen hatten, standen auf und legten ihren Kopf bei dem Herrn auf den Schoß. Nach einer Weile legten sie sich wieder entspannt hin. Dann wurde der Mann wieder traurig. Während Q.C. diesmal liegenblieb, stand nur Pauline auf und ging zu ihm, um erneut ihr Köpfchen in den Schoß des Patienten zu legen.

Ich war mir ganz sicher, dass dies bewusst geschah, dass Q.C. diesmal passiv blieb. Unser Labrador wollte Pauline die Chance geben, sich richtig zu verhalten. Sie hatte an diesem Tag die Eignungsprüfung auf Anhieb bestanden.

Pauline war eine Hündin mit sehr ausgeprägtem Sozialverhalten. Sie respektierte andere Hunde und konnte selbst mit Verhaltensauffälligkeiten gut umgehen. Hunden, die aus Tierheimen oder Massenzuchtbetrieben gerettet wurden, begegnete sie vorsichtig und rücksichtsvoll. Trotzdem setzte sie immer wieder sanft Grenzen. Schon allein durch die Beobachtung dieses Hundes konnte man so viel über respektvolles Führen und Grenzen setzen lernen, wie ich es kaum in meiner Umwelt, unter Menschen, wahrnehmen konnte.

Pauline entwickelte sich nicht nur in unserer Familie von Tag zu Tag mehr zum vollwertigen Mitglied. Sie wurde auch sehr schnell ein wesentlicher Bestandteil in der Therapie.

Was mich immer wieder besonders faszinierte, war ihr absolut geduldiger und liebevoller Umgang mit kleinen Kindern. Wenn sie mit diesen zusammen war, beeindruckte mich ihr Feingefühl und ihr absoluter Gehorsam. Sagte ein noch so kleines Kind „Sitz!" zu ihr und hob dabei den Zeigefinger, setzte sich die Hündin sofort hin und sah ihren kleinen Befehlsgeber erwartungsvoll an. Sie ging sogar bei Fuß, wenn die Kinder das von ihr abverlangten. Allerdings nur bei Kindern – von Erwachsenen ließ sie sich nichts befehlen. Da gehorchte sie ausschließlich ihrem Frauchen.

Pauline war und ist eine Hündin, die alles richtig machen will und gefallen möchte. Sie ist unheimlich sensibel, was man nicht unterschätzen sollte. Ist man zu streng mit ihr, fühlt sie sich ganz schnell überfordert. Trotzdem muss ich bei ihrer Erziehung immer wieder sehr auf Konsequenz achten. Im Gegensatz zu den anderen Hunden besitzt sie eine ausgesprochen hohe Intelligenz. Schon nach wenigen Wochen konnte sie bestimmte Wörter wie *Decke, Körbchen* oder *Kissen* genau auseinanderhalten. Das ist keine leichte Aufgabe für einen Hund. Für Q.C. war das immer alles das Gleiche. Schickte ich ihn in seinen Korb, so ging er dorthin. Bezeichnete ich diesen als Decke, ging er auch in seinen Korb usw. Pauline konnte alle drei Dinge auseinanderhalten

Diese Intelligenz macht den Weimaraner jedoch auch sehr anspruchsvoll in der Beschäftigung. Solche Hunde langweilen sich schnell. Pferde und auch Menschen mit hoher Intelligenz natürlich ebenfalls. Für Pauline ist die Aufgabe als Therapiehund deshalb genau das Richtige. Wenn wir abends nach Hause kommen, ist sie ruhig und ausgeglichen. Nur mit reinen Spaziergängen, ohne eine sinnvolle Aufgabe, würde ich diese Ausgeglichenheit niemals erreichen.

Dass dieser Hund auf einer anderen Ebene, noch eine ganz besondere Bedeutung für mich haben würde, sollte ich an ganz anderer Stelle noch erfahren. Doch zunächst war ich immer noch dabei, dem Ruf nach der geistigen Verbindung zwischen Reiterin und Pferd zu folgen.

Die geistige Verbindung zwischen ReiterIn und Pferd

Manuel Jorge de Oliveira: *Ein Hauch von Ewigkeit!*

Dieses beeindruckende Buch hatte ich mir als Hörbuch bestellt und voller Faszination der Stimme des Sprechers, Wort für Wort, gelauscht. Der Autor, ein portugiesischer Stierkampfreiter, sprach mir aus meinem tiefsten Herzen. Manchmal hatte ich ein wenig daran gezweifelt, ob andere Menschen meine Meinung über die geistige Verbindung mit Pferden und anderen Tieren teilen würden.

Nun hörte ich von einem stolzen Portugiesen, wie dieser genau darüber in seinem Buch berichtete. Zusätzlich zu dieser Aussage berichtete er ebenso, dass ohne eine geistige Verbindung mit dem Pferd, feines Reiten gar nicht möglich sei.

Tagelang hörte ich dieses Hörbuch und stellte mir vor, wie mein Körper und meine Seele mit der Seele und dem Körper meines Pferdes verschmolz. Bei diesen Gedanken hatte ich meist meinen perlmuttfarbenen Tabernero im Sinn. Es hatte sich herausgestellt, dass ich zwar einen *guten Draht* zu ihm hatte, er jedoch trotzdem ein sehr schwierig zu reitendes Pferd war. Mein größter Wunsch war es nach wie vor, Tabernero entspannt in allen hohen Lektionen, reiten zu können. Dadurch war ich in meinen Gedanken, wenn es ums Reiten ging, häufig bei ihm. Umso erstaunter war ich, dass auf einem Seminar bei Ulrike Dietmann, *The Heros Journey – Das kreative*

Selbst, mir in jeder Meditation, meine Knabstrupperstute Kimberly erschien. Als ich eine Übung mit einem der dortigen Pferde durchführte, erschien mir wieder Kimberly und sofort kommentierte das Pferd, mit dem ich dort zu tun hatte, das Prozedere: *Steh zu deiner Verletzbarkeit!*

Da war es wieder. Genau wie in der Meditation. Es klang fast ein wenig vorwurfsvoll, aber vielleicht war es auch nur mein Empfinden, da ich mich so ertappt fühlte. Mein ganzes Leben schon hatte ich versucht, vor meiner eigenen Verletzbarkeit davonzulaufen. Doch das habe ich nicht bemerkt. Wie schon in den vorherigen Kapiteln beschrieben, war ich immer auf der Flucht vor meinen eigenen Gefühlen – mal mehr – mal weniger.

Kimberly hielt mir immer wieder den Spiegel vor Augen, wahrscheinlich war das der Grund, warum ich bis dahin noch kein so inniges Verhältnis zu ihr aufbauen konnte. Mal gelang es mir eine Zeitlang ganz gut, aber immer wieder wurde ich von meiner eigenen, vermeintlichen Schwäche eingeholt.

Nach dem Seminar zu Hause angekommen, veränderte sich meine Einstellung zu der kleinen Stute. Ich wollte ihr mehr Raum geben und mich mehr mit ihr befassen, oder wollte ich meiner Verletzbarkeit mehr Raum geben? Mich mehr auf diese Verletzbarkeit einlassen?

Trotzdem war und blieb Tabernero vorerst weiterhin mein Seelenpferd. In der Meditation waren mir beide Pferde erschienen. Letzten Endes waren sie auch der Schlüssel des Ganzen. Hatten die beiden sich abgesprochen? Das wäre schon ein wenig sehr surrealistisch. Fakt war, dass meine Pferdeherde und auch meine Hunde, in meinem Leben eine enorm große Rolle spielten. Jedes einzelne Tier hatte seine Aufgabe zu erfüllen. Wenn man ein bisschen fantasievoll denkt, könnte man sagen, Kimberly gab den Auftrag, Tabernero führte ihn aus und Xsarah sorgte für die Vervollständigung.

Aber ich greife schon wieder vor ...!

An einem wunderbar warmen, sonnigen Sonntagnachmittag fuhr ich gemeinsam mit meinen Hunden zu der riesigen Weide, auf der meine kleine Herde den Sommer verbrachte.

Ich ging zunächst zu Xsarah und streifte ihr das Halfter über den großen markanten Friesenschädel. Es wurde Zeit, dass ich mich ihr wieder mehr zuwandte. Xsarah war jetzt sechs Jahre alt und in einer recht rüpeligen Phase. Sie musste beschäftigt werden, damit ihr nicht zu viele Flausen in den Kopf stiegen. Irgendetwas schien an diesem Tag in der Luft zu liegen, jedoch war ich sehr gut gelaunt und motiviert durch mein Hörbuch, sodass ich diese feinen Nuancen, die vorhanden waren, leider nicht bemerkte. War es Motivation oder war es einfach Blindheit und Verbohrtheit, dass ich die Zeichen des Universums nicht wahrnahm?

Ich hatte die Stute locker am Strick durch die Öffnung des Weidezauns geführt. Gerade als ich dabei war, das Tor, das sich direkt am Waldrand befand, wieder zu schließen, schoss das Pferd wie vom Blitz getroffen an mir vorbei, kollidierte dabei mit meiner rechten Schulter und riss mich ruckartig zu Boden. Völlig geschockt und mit schmerzenden Gliedern lag ich dort für einige Sekunden. Außerdem – *Ich war sauer!* Verdammt noch mal, dieses ungezogene Friesentier! Kein anderes meiner Pferde hatte ein solch rüpelhaftes Benehmen!

Sofort fiel mir wieder ein, weshalb ich hier war – ich wollte heute versuchen, eine geistige Verbindung beim Reiten zu meinen Pferden aufzubauen. Gut, erster Versuch – *gescheitert!* Wenn ich jetzt aber wütend reagieren würde, würden alle weiteren ebenso danebengehen. Also atmete ich tief durch, dachte mir: *Vielleicht war etwas im Wald und sie hat sich erschrocken.*

Dabei ging ich zu ihr und nahm sie freundlich wieder an die Hand. Schon in diesem Moment hätte mir klar sein müssen, dass irgendetwas anders war als sonst. Doch ich ignorierte die Zeichen des Universums. Ich wollte diese Verbindung und ich wollte, dass es funktioniert.

Ohne weitere Zwischenfälle gelang es mir, die Stute zu satteln und später zu reiten. Beim Reiten bemühte ich mich um eine feine Kommunikation und darum, eine geistige Verbindung zu dem Tier aufzubauen.

Während ich Xsarah angaloppierte, bereute ich für einen kurzen Moment, dass sich meine Reitkappe immer noch in dem Container auf der anderen Weide befand, da sie augenblicklich losbuckelte. Irgendetwas lag an diesem Tag in der Luft.

Jedoch war ich so damit beschäftigt, mein Ziel zu verfolgen, dass ich das Offensichtliche nicht gesehen oder gespürt habe. Wie schon so oft in meinem Leben.

Im Nachhinein erinnert mich der Tag daran, an jenen, an dem ich meine Führerscheinprüfung hatte: Ich war schon zweimal durch die praktische Prüfung gefallen und wurde nun das dritte Mal geprüft. Der Prüfer war ein sehr unsympathischer Mann, vor dem ich Angst hatte, und er war auch schon beim ersten praktischen Test dabei gewesen.

Als ich im Auto saß, um mein Können unter Beweis zu stellen, sagte ich mir die ganze Zeit: *Diesmal schaffst du´s, diesmal schaffst du´s, diesmal schaffst du´s, diesmal* ... und wäre um ein Haar bei Rot über die Ampel gefahren.

„Na, da wär's ja fast wieder soweit gewesen!" Die Worte kamen zynisch über die Lippen des Prüfers, als er mir am Ende den Führerschein übergab. Ich hatte es geschafft, aber es war knapp.

An diesem heutigen Tag war es das Gleiche. Ich erlebte die gleiche Verbissenheit, weil ich etwas erreichen wollte, die gleiche Blindheit! Jedoch war es mir auch an diesem Tag nicht bewusst.

Ich wollte unbedingt diese Verbindung. Ich wollte es *soooo* sehr, dass ich nicht mehr mitbekommen hatte, was um mich herum passiert und das hätte mich fast das Leben gekostet.

Ich ritt also Xsarah ohne weitere Zwischenfälle, und brachte sie dann zurück zur Weide.

Danach holte ich Tabernero. Ich putzte ihn kurz über, sattelte ihn und streifte ihm seine braune, mit goldenen Schnallen verzierte Barocktrense über sein Haupt. Dann setzte ich mich vorsichtig auf seinen zarten Rücken. Schon als ich aufsaß, bemerkte ich, wie sich die geistige Verbindung einzustellen schien. Zumindest bildete ich mir ein, ich würde förmlich die Verbindung zwischen dem Pferd, dem Universum und mir spüren. Ich hatte das Gefühl, der Geist von Manuel Jorge de Oliveira schwebe über mir. Es war ein sagenhaftes Gefühl. Ich wollte es so sehr.

Ich ritt ungefähr neunzig Minuten mit meinem Seelenpferd über die Wiesen, und spürte mit jedem Schritt unsere Verbundenheit. Oder wollte ich sie nur spüren? Meine volle Konzentration richtete sich auf meinen eigenen Körper, auf mein Pferd und auf die Verbindung zwischen uns beiden. Nach langer Zeit hatte ich endlich wieder einmal das Gefühl, dass es mir zu gelingen schien, in diese Verbindung einzutauchen. Wir absolvierten unsere Lektionen, Schulterherein im Trab, über Traversalen im Schritt, bis hin zu Volten im Galopp. Ich hatte den Eindruck, dass es Tabernero keine Mühe bereitete, sondern im Gegenteil, er mit Spaß und Freude bei der Sache war. War das tatsächlich so oder war der Wunsch in mir nur so wahnsinnig groß, dass ich es genauso empfinden wollte? War das Realität oder war es meine erzwungene Vorstellung dessen, wie diese Verbindung in Perfektion auszusehen hatte?

Nachdem wir unsere Einheit beendet hatten, ließ ich ihn die Zügel aus der Hand kauen. Das bedeutet, dass das Pferd den Hals richtig lang dehnen kann.

Zufrieden und entspannt ritten wir in Richtung meines Autos zurück. Heute bin ich mir nicht mehr sicher, ob mein Pferd tatsächlich entspannt oder nur müde war.

Die Sonne schien an jenem Tag endlich mal wieder sehr warm, und die Vögel zwitscherten fröhlich vor sich hin. Es war ein herrlicher Sommertag. Alles schien perfekt zu sein. Wie sehr der Schein trog, erfuhr ich nur wenige Minuten später.

Mittlerweile weiß ich, dass ich die Verbindung schon längst aufgegeben hatte. Wäre ich doch nur gleich abgestiegen ...

Der Sturz in die Tiefe

Es war nur der Bruchteil einer Sekunde, als mein Pferd ruckartig die Handbremse löste! Ein plötzlicher Satz nach vorne und Taberneros Hinterteil flog, wie von einem Turbo angetrieben, in die Luft und er raste los. Ob durch diesen plötzlichen Buckler oder durch den enormen Schub, der so unvermittelt und ohne jegliche Ankündigung aus der Hinterhand kam, kann ich im Nachhinein nicht genau sagen. Auf jeden Fall fand ich mich plötzlich auf dem trockenen, harten und unebenen Weideboden wieder.

Im selben Moment, in dem ich aufkam, dachte ich bei mir: *Oh Gott, tut das weh. Verdammt, da ist was kaputt.*

Ich hatte höllische Schmerzen im rechten Schulter-Arm-Bereich.

In der Ferne hörte ich einen Hund bellen. Erst einige Minuten später registrierte ich, dass es Q.C. war, der dort verzweifelt versuchte, Hilfe herbeizurufen.

Ich dachte zunächst: *Wenn sie bellen, dann kommt jemand. Gott sei Dank, es kommt Hilfe!* Die Hunde bewachten die Wiese wie ihr eigenes Grundstück. Wenn sie bellten, konnte man davon ausgehen, dass sich in der Nähe ein Spaziergänger oder ein Radfahrer befand. Doch diesmal kam niemand.

Die Weide liegt ziemlich weit außerhalb von einem Dorf. Sie befindet sich an einem angrenzenden Waldstück. Da der Weg, der an dem Grundstück vorbeiführt, später in einem komplett zugewachsenen Hain endet und es keine Möglichkeit gibt, dort weiterzukommen, verlief sich selten ein Mensch hierher.

Ich musste schnell erkennen, dass ich hier allein war. Niemand würde mich in dieser Einöde finden. Gott sei Dank, überlegte ich, hatte ich diesmal an mein Handy gedacht. Ich war zu Hause sogar extra noch einmal zurück zur Wohnung gelaufen, um es zu holen. Seltsam, dass ich gerade heute daran gedacht hatte.

So oft schon hatte mein Mann sich Sorgen gemacht, wenn ich es nicht dabeihatte. „Wenn dir mal etwas passiert, hast du nicht mal ein Telefon dabei."

Ich war leider immer recht nachlässig damit, mein Handy bei mir zu führen. Diesmal hatte ich zwar daran gedacht, nur lag es dummerweise im Auto und dieses stand ungefähr zehn Meter von meiner jetzigen Stand- bzw. Liegeposition entfernt. Ich hasste es, wenn Leute telefonierend auf dem Pferd saßen. Wenn ich das Teil im Auto aufbewahrte, dachte ich jedenfalls, wäre es nah genug. Ich sollte mich gewaltig täuschen.

So lag ich also auf dem Boden und stöhnte vor Schmerzen, als mir bewusst wurde, dass ich mit dem gebrauchsunfähigen und höllisch schmerzenden rechten Arm ziemlich hilflos war. Ich war tatsächlich nicht mal in der Lage aufzustehen, geschweige denn, mich überhaupt in irgendeiner Weise fortzubewegen. Jetzt würde man natürlich meinen, wieso, es war doch nur der Arm oder die Schulter. Sicher – aber die Schmerzen waren so überwältigend, dass ich mich nicht in der Lage fühlte, mich überhaupt zu bewegen.

Aber irgendetwas musste ich unternehmen. Es würde nicht mehr lange dauern und der Schmerz würde mich ohnmächtig werden lassen. Ich wusste intuitiv, dass ich jetzt sofort Hilfe benötigte. Irgendwie gelang es mir schließlich, auf den Knien zu meinem alten Mercedes zu robben. Ich konnte nur die Beine benutzen, da ich mit dem linken Arm den rechten stützen musste, damit er nicht komplett vom Körper abfallen konnte.

Ich robbte also, wie ein Baby, mit den Knien und dem Oberkörper, ohne die Arme zu benutzen. Es muss ein seltsames Bild gewesen sein, und wenn ich darüber nachdenke, dann stelle ich mir einen verwundeten Soldaten in einem Schützengraben vor.

Ich weiß nicht, was ein Soldat für eine Panik hat, sie ist sicher um ein Vielfaches größer, da dieser noch von Feinden verfolgt wird, aber ich weiß, dass ich pure Panik verspürte. Die Schmerzen, die in meinem Arm und meiner Schulter tobten und die Angst, diese Schmerzen nicht mehr aushalten zu können, waren unbeschreiblich. Es war mir irgendwie gelungen, die Fahrertür zu öffnen, mich auf den Sitz des Wagens sinken zu lassen und meine Tasche zu greifen. Hektisch begann ich darin, nach meinem Handy zu suchen. Ich jammerte ununterbrochen: „Schmerzen, Oh Gott, diese Schmerzen ... Es zerreißt mich, mein Arm ist kaputt, meine Schulter ist gebrochen ... wo ist das verdammte Handy?"

Immer wieder wiederholte ich diesen Satz. Wie eine Schallplatte, die einen Sprung hat. Immer wieder aufs Neue.

Die Panik stieg von Sekunde zu Sekunde. Stunden waren es in meinem Empfinden. Ich suchte und suchte. Warum hatte ich bloß so einen verdammten Lederbeutel? Warum fand ich dieses Handy nicht? „Oh Gott ... diese Schmerzen? Warum hilft mir denn niemand?" Weinen, Verzweiflung.

Ich jammerte, ich fluchte ...

Da, die erlösende Idee. Ich hatte das Handy einfach in die Mittelkonsole gelegt.

Schnell drückte ich die eingespeicherte Nummer meines Mannes.

„Ich bin vom Pferd gefallen. Ich brauche Hilfe!" Nachdem ich diese Worte in das Handy gestöhnt hatte, legte ich wieder auf.

Die Minuten, die ich nun auf Olaf warten musste, kamen mir endlos vor. Ich hockte mit nach vorne gebeugtem Oberkörper auf dem Sitz. Die Autotür war weit geöffnet und ich starrte auf den grasbewachsenen Boden.

Mit der linken Hand versuchte ich, meinen rechten Arm zu stützen. Dabei hatte ich keine Ahnung, in welche Richtung ich dieses Teil, das da an mir dranhing, halten musste, um auf irgendeine Weise Entlastung zu spüren. Die Schmerzen waren unerträglich, doch waren sie das Einzige, was mich daran erinnerte, dass dieser Arm tatsächlich noch zu meinem Körper gehören musste. Rein gefühlsmäßig tat er das nicht mehr. Er hing zwar irgendwie noch an mir, aber es fühlte sich sehr fremd an. Bis auf den Schmerz, der gehörte eindeutig zu mir.

Irgendwann, gefühlte Stunden später, kam ein braungrauer VW-Golf auf die Wiese gerast und zeitgleich ein blaues Ford Cabrio. Aus dem Golf sprang Olaf, aus dem Ford unser gemeinsamer Freund Torsten. Beide blickten sehr ernst und besorgt und ich fragte mich, ob die Sache tatsächlich so dramatisch aussah, wie sie sich für mich anfühlte.

Während Olaf sich zu mir auf den Boden hockte und seine Hand beruhigend auf mein Knie legte, beugte Torsten sich zu mir herunter.

Ich sah ihn an und fragte ihn bittend: „Kannst du Tabernero absatteln und zu den anderen auf die Wiese bringen?"

Das verängstigte Pferd stand nämlich immer noch irgendwo am Ende der Weide, und hatte wahrscheinlich noch gar nicht begriffen, was überhaupt geschehen war.

„Ja, klar. Mach dir keine Sorgen. Das kriege ich hin.“

Später erfuhr ich dann, dass Torsten zwar den Sattel von Taberneros Rücken entfernen konnte, dass es jedoch unmöglich gewesen war, dem Tier die Trense vom Kopf zu nehmen. Erst Nicole, der das Tier vertraute, und die telefonisch zur Hilfe gerufen wurde, konnte das aufgeregte Pferd beruhigen.

Nachdem mein Mann mich auf den Beifahrersitz verfrachtet, die Hunde ins Auto geladen und sich selbst hinter das Steuer des alten Mercedes gesetzt hatte, machten wir uns auf den Weg ins naheliegende Krankenhaus. Ich wimmerte, jammerte und weinte gleichzeitig. Zwischendurch hörte ich mich selbst laut stöhnen, ich fühlte mich wie ein angeschossenes Tier kurz vor dem Verenden. In meiner Vorstellung musste es sich genauso anfühlen.

Plötzlich hielt Olaf an.

„Eigentlich müsste ich einen Rettungswagen rufen ...!“ Angst stand in seinem Gesicht. Doch in meinem stand der blanke Horror. *Rettungswagen?* Das bedeutet noch mal warten? Nein! Ich wollte – ich konnte nicht mehr warten! Deshalb schrie ich ihn an: „Fahr weiter!!!“

Tränen liefen mir über das Gesicht. Die nackte Panik spiegelte sich bestimmt in meinem Tonfall und meinen Augen wieder, während ich nun flehte, „Ich kann nicht mehr! Bitte fahr weiter.“

Er fuhr weiter.

„Was ist, wenn du mir kollabierst? Wenn wir da ankommen, lassen die uns ohne Rettungswagen erst mal warten.“

Ich wusste, ich würde kollabieren. Ich wusste, sie würden uns nicht warten lassen, sie würden sehen, dass es nicht mehr geht.

„Fahr einfach vor die Notaufnahme", sagte ich nur und ließ ihn reden.

Als wir an der Notaufnahme angekommen waren, stand dort ein Schild *Nur für Rettungswagen.* Mein super gewissenhafter Mann wollte vorbeifahren. Ich war schon fast besinnungslos vor Schmerzen.

„Halt an!", brüllte ich.

„Ich darf hier nicht halten." Olaf machte Anstalten, weiterzufahren.

„Halt an!" Ich riss die Tür des fahrenden Wagens auf. Olaf war gezwungen zu halten. Ich taumelte aus dem Wagen. Mein Mann stützte mich bis zum Eingang. Zu meinem Glück war gerade ein Krankenwagen angekommen und die Rettungssanitäter standen noch in den Startlöchern. Kaum war ich an der Tür, als ich die Augen verdrehte, bevor meine Knie endgültig nachgaben. Olaf stützte mich, einer der Sanitäter holte die Trage, und so verhinderten sie in letzter Sekunde, dass ich auf den kalten Fußboden klatschte. Meine Kräfte hatten mich verlassen. Doch der Schmerz war noch da, wie ein treuer Begleiter, der mich nicht verlassen wollte.

Wimmernd und stöhnend lag ich auf der Trage, während man mich auf den Flur schob.

„Der Doktor kommt gleich, was ist denn passiert?"

Die Schwester mit dem dunkelbraunen Haar stellte routiniert ihre Fragen.

„Ich bin vom Pferd gefallen."

„Wir müssen Ihnen erst mal die Jacke ausziehen."

„Können Sie mir was gegen die Schmerzen geben?"

Ich wusste, dass die Schwester mir ohne Anweisung des Arztes kein Medikament geben durfte. Aber es war mir egal. Mir war alles egal. Ich wollte nur keine Schmerzen mehr haben.

Ich bin mir sicher, das Pflegepersonal und die Ärzte taten, was sie konnten, um mich nicht unnötig warten und leiden zu lassen. Doch erst nach einer gefühlten halben Ewigkeit wurde ich in den Untersuchungsraum gefahren. Nachdem die Krankenschwester mir die relativ weite Nylonjacke ausgezogen hatte, wollten sie versuchen, mir die etwas engere Fleece-Jacke ebenfalls zu auszuziehen.

„Aufschneiden!", stöhnte ich. Sie sah mich fragend an.

„Wirklich?"

„Ja, aufschneiden!"

Panik lag in meiner Stimme. Ich hatte Höllenschmerzen, was gab es da noch nachzufragen. Mir war es völlig egal, ob meine Kleidung dahin war. Es ging hier um die Erhaltung meiner Gliedmaßen, das sah ich zumindest in dem Moment so. Ich hatte ja nicht die geringste Ahnung, welche Verletzungen ich hatte – wie groß die Tragweite meines Sturzes war. War meine Schulter gebrochen oder mein Arm? Irgendetwas war jedenfalls hin. Diese Schmerzen hatte ich nicht einmal während meiner beiden Geburten erlebt. Zumindest konnte ich mich an nichts Vergleichbares erinnern.

Die Schwester schnitt mir also die Jacke auf und zog mir das darunterliegende Shirt aus. Dann sprach sie meinen Mann an.

„Sehen Sie das? Ich glaube nicht, dass Ihre Frau heute noch nach Hause geht."

Am Rand bekam ich mit, dass sich an dem Ding, das sie als meinen Arm bezeichnete, ein ziemlich großer Hügel befand.

Dieses Teil sollte also zu meinem Körper gehören? Na, wenn die es sagen.

Der Arzt kam, sah sich meinen Arm an und sagte mir, dass mein Oberarm aus der Gelenkpfanne gerutscht sei. Er legte mir eine Braunüle in den Handrücken und noch bevor ich mich darüber aufregen konnte, dass das Legen der Nadel vielleicht an dieser Stelle viel zu schmerzhaft wäre, war sie schon drin.

Man hängte mir eine Infusion an und ich fragte die Schwester: „Was ist denn da drin?"

„Novalgin!" Es klang sehr freundlich und mitfühlend. Wahrscheinlich war sie tatsächlich davon überzeugt, dass sie mir einen Gefallen tat.

„Novalgin?" Entsetzen spiegelte sich in meiner Stimme, als ich das Wort wiederholte.

„Das ist doch nicht Ihr Ernst?" Oder ob ich es gedacht habe.

Jedenfalls sagte die Schwester zu mir: „Das ist aber intravenös, das ist viel stärker."

Meine Nerven lagen blank, Tränen rannen mir über das staubige Gesicht. Ich fühlte mich verraten, nicht ernst genommen.

NOVALGIN intravenös! Sie hätten mir Morphium geben müssen. Ich weiß bis heute nicht, warum sie das nicht getan haben.

Der Arzt erklärte mir, dass ich nun zum Röntgen müsste und dass, wenn sich der Verdacht bestätigte, er die Schulter unter Schmerzmittelgabe wieder einrenken würde.

Unter Schmerzmittelgabe! Unter Novalgin? Ich erinnerte mich sofort an meine Ausbildung zur Krankenschwester. Gelenksluxationen ohne Narkose zu reponieren war selten von Erfolg gekrönt. Die Muskelrelaxantien, die den Muskel erschlaffen lassen, um das Gelenk ordnungsgemäß zu richten, kann man nur während einer Vollnarkose geben. Unterlässt man dies, arbeitet der betroffene Muskel automatisch gegen den Arzt. Meist schafft dieser es unter den Umständen nicht, das Gelenk zu richten.

Erneuter Horror breitete sich in mir aus.

„Nein, nur über meine Leiche!" Noch mehr Qualen wollte ich nicht durchmachen. „Ich will eine Vollnarkose!"

Mein Flehen wirkte auf mich selbst wie ein raues Ächzen. „Das halte ich nicht aus!"

Das Einzige, was das Novalgin bewirkt hatte, war, dass ich mich ein bisschen ruhiger fühlte als zuvor. Ich hatte jetzt den Eindruck, dass ich alles über mich ergehen lassen würde, nur das nicht. Das, was der Arzt sich vorstellte, würde ich nicht durchstehen. Die Schmerzen waren unverändert. Ich fühlte mich wie ein Tier, das aufgegeben hatte. Aber sollte ich noch weiter gequält werden, würde ich mich noch ein letztes Mal aufbäumen.

Zum Glück musste ich nicht lange diskutieren. Der Doktor willigte sofort ein und bestellte den Anästhesisten. Als ich vom Röntgen zurückkam, wartete dieser schon auf mich.

Olaf war die ganze Zeit bei mir. Er stand zu mir und hielt meine gesunde Hand. Es war ein Höllenritt für uns beide.

Der Narkosearzt war ein lustiger Vogel. Er machte Witze, um mich aufzuheitern. Natürlich funktionierte es nicht und doch war ich ihm dankbar dafür, dass er sich bemühte.

„Ich lege Sie jetzt kurz schlafen!" Er schmunzelte bei den Worten. Ich hätte ihn umarmen können, so dankbar war ich ihm. Er war meine Erlösung, meine Rettung. „Sie dürfen mich auch gern länger schlafen legen", sagte ich.

Ich war an einem Punkt, an dem ich gar nicht wieder aufwachen wollte. Ich wollte nur noch schlafen, ich wollte nur noch schmerzfrei sein.

Als ich aus der Narkose erwachte, kam es mir wie ein Wunder vor. Natürlich war ich nicht komplett schmerzfrei, aber es war kein Vergleich mehr zu vorher. Ich fühlte mich wie neugeboren. Sofort besserte sich meine Laune von einer Skala von minus zehn auf plus sechs. Ich hatte noch Schmerzen, aber es war absolut kein Vergleich mehr zu diesem Vernichtungsschmerz, den ich ungefähr eine halbe Stunde zuvor erlebt hatte.

Nachdem ich unterschrieben hatte, dass ich die Verantwortung für mich selbst übernehme, da ich eine Narkose bekommen hatte, fuhr ich, bandagiert von oben bis unten, mit meinem Mann nach Hause.

Chiron – Steh zu deiner Verletzbarkeit

Zunächst dachte ich ja, mit der Reposition des Schultergelenks in die richtige Position hätte sich die ganze Sache nun erledigt. Der Arzt im Krankenhaus hatte gesagt, wenn ich nach einer Woche immer noch Schmerzen hätte, solle ich erneut zum Arzt gehen und ein MRT machen lassen. Diese Art Bildaufnahme zeigt die verschiedenen Schichten des Gelenks und man kann, anders als beim herkömmlichen Röntgen, auch Veränderungen in den Weichteilen erkennen.

Da ich von Natur aus ein Steh-Auf-Männchen bin, schaffte ich es auch ohne Krankengymnastik meinen Arm relativ schnell wieder in alle möglichen Richtungen zu bewegen. Nur die Schmerzen, die wollten einfach nicht verschwinden. Belastete ich den Arm einmal ein bisschen mehr, so war es, als rammte mir jemand ein Messer in den Knochen. Leider ergab das MRT, welches dann doch noch angefertigt wurde, Aufschluss darüber, dass der Sturz doch nicht so harmlos ausgegangen war, wie ich mir das bis zu diesem Tage einzureden versucht hatte.

Sämtliche Bänder und Muskelfaszien waren gerissen. Alles, was kaputt gehen konnte, war auch kaputt. Ich musste mich einer Operation unterziehen, wollte ich nicht bei einem weiteren Sturz oder Stoß eine erneute Luxation erleiden.

Als ich zu Hause saß und darüber nachdachte, warum mir gerade zu diesem Zeitpunkt diese Wunde zugefügt wurde, wollte ich Antwort auf meine Frage von meinem Unterbewusstsein bekommen.

Also zog ich eine Karte aus dem Kartendeck von Linda Kohanov mit dem Titel *Der bewusste Weg mit Pferden*.

Ich zog die Karte: *Chiron - Vielseitiges Genie, Ganzheitliches Heilen, Der verwundete Heiler*.

Die Herausforderung: Eine tiefere Integration von Körper, Seele und Bewusstsein entsteht manchmal durch eine Krankheit oder einen Unfall. Die Heilung erfordert den Zugang zur Weisheit zu finden, die hinter der Wunde verborgen ist.

Ich musste also für mich erkennen, dass es noch eine Aufgabe gab. Diese als solche zu erkennen und zu lösen, das sollte hinter dieser Wunde stecken? Welche Aufgabe sollte das sein? Was würde das Leben für eine Weisheit für mich bereithalten? Es stellte sich dabei heraus, dass ich bedingt durch die Erkrankung, die sich leider über einen sehr langen Zeitraum hinzog, einen besseren Zugang zur hundegestützten Therapie bekam.

Insgesamt lief es schließlich auf zwei Operationen hinaus, die mich fast ein Dreivierteljahr daran hinderten, zu reiten und effektiv mit meinen Patienten und meinen Pferden zu arbeiten. Deshalb legte ich den Schwerpunkt meiner therapeutischen Arbeit auf meine beiden Hunde. Somit eröffnete sich mir ein weiteres Feld, das ich als meine Aufgabe erkannte und auch als diese annahm. Das war wohl meine Aufgabe aus den Kartenweisheiten, die es zu erfüllen galt, und die ich dankbar annahm. Auf jeden Fall gehörte zu meiner Aufgabe ebenso zu lernen, zu meinen Gefühlen zu stehen und auf sie zu hören, so wie ich es meinen Patienten schon lange Zeit beizubringen versuchte, um aus einer Situation, so wie sie ist, das Beste zu machen.

Da war z.B. Lena, die an einer Angststörung litt. Diese äußerte sich, indem sie, wenn sie nervös wurde, ganz dringend eine Toilette aufsuchen musste. Lenas Leben war jedoch von vier Notfällen gekennzeichnet, in denen sie einen sogenannten Pneumothorax erlitten hatte. Hierbei kollabiert die Lunge, d.h., sie kann sich nicht mehr ausdehnen und der Patient droht zu ersticken. Das erste Mal geschah dieses Unheil als Lena vierzehn Jahre alt war, das zweite Mal mit achtzehn. Diese Todesangst, die sie dabei empfunden hatte, war real und nachvollziehbar.

Lena hatte schon verschiedene alternative Therapiemethoden ausprobiert, als sie durch mein Buch: „Hautnah – Wie Pferde verletzte Seelen heilen" auf mich aufmerksam wurde.

In unserem ersten Gespräch erklärte ich ihr, dass sie sehr wohl eine behandlungsbedürftige Erkrankung hätte und es deshalb wichtig wäre, einen Psychiater hinzuzuziehen. Weiter riet ich ihr, einen erfahrenen Traumatherapeuten aufzusuchen, um abzuklären, ob ihr mit einer Traumatherapie oder einer Verhaltenstherapie besser gedient sei. Zusätzlich einigten wir uns darauf, Darm und Nieren diagnostisch abklären zu lassen.

Lena war seit Jahren von Arzt zu Arzt gelaufen, ohne sich richtig ernstgenommen gefühlt zu haben. Trotzdem ist sie immer wieder brav hingegangen. Mit der Zeit kamen so einige Baustellen ans Licht. So hatte Lena vor ein paar Monaten, durch die Schwester ihres Freundes, die Liebe zu den Pferden entdeckt. Seit einem halben Jahr nahm sie nun Reitunterricht auf einem Hof in ihrer Nähe. Doch jedes Mal, wenn sie dort zum Unterricht hinfuhr, hatte sie das dringende Bedürfnis, die Toilette aufzusuchen. Schon der bloße Gedanke an den bevorstehenden Tag, versetzte sie so in Stress, dass sie Magen-Darm-Probleme bekam.

„Ich verstehe das nicht. Es sollte mir doch Spaß machen!" Lena berichtete mir ziemlich verzweifelt über die verfahrene Situation. Anstatt zu antworten, berichtete ich ihr von meiner Zeit als Reitanfänger. Von den ständigen destruktiven Bemerkungen meines Reitlehrers, die so sehr unter die Gürtellinie gegangen waren, dass sie mich damals an den Rand einer Depression gebracht hatten. Von den ständigen Magen-Darm Problemen, die ich immer nur kurz vor dem Unterricht hatte, berichtete ich ihr ebenfalls.

Lena sah mich an, als hätte sie eine Erleuchtung.

„Stimmt!" Jetzt wurde sie ein wenig wütend.

„Ich hab gehört, wie sie hinter meinem Rücken gelästert hat. Über die anderen Schüler lästert sie auch immer, wenn sie nicht da sind. Aber es ist so schön da und so idyllisch."

Lena schmollte wie ein Teenager.

„Schön ist es auch woanders und guten Unterricht gibt es heutzutage vielerorts. Man muss kein Geld dafür bezahlen, um sich niedermachen zu lassen. Das haben Sie nicht nötig."

Lena war es nicht bewusst, dass sie ihre Verletzbarkeit nicht wahrgenommen und dementsprechend auch nicht gepflegt hatte. Ihr Körper hatte es ihr zwar signalisiert aber sie hatte diese Warnsignale als störend bzw. als Störung ihres Organismus empfunden.

Ein weiteres Beispiel zeigten Lena ganz deutlich meine Pferde. Immer, wenn sie zur Weide kam, stritten sich zwei von ihnen um ihre Gunst. Es war so offensichtlich und nur bei ihr, dass es kein Zufall mehr sein konnte.

Irgendwann sagte ich zu ihr: „Lena, wer in Ihrem Umfeld wirbt denn so um Ihre Gunst? Das ist ja mittlerweile so auffällig, das kann doch kein Zufall sein."

Gleichzeitig fiel uns beiden auf, dass Lena von Beginn an zu vier meiner Pferde Kontakt gesucht hatte, nur nicht zu Samurai. Ihm war sie aus irgendeinem Grund, von Beginn an, aus dem Weg gegangen.

In der nächsten Stunde kam Lena dann mit ihrer Theorie.

„Frau Wilhelms", sagte sie, „es gibt da etwas, was ich gern mit Ihnen besprechen würde. Mein Freund hat einen besten Freund. Dieser beste Freund macht mich total nervös, wenn er in meiner Nähe ist. Ich verspüre dann immer sofort den Drang, zur Toilette zu gehen. Ich habe lange darüber nachgedacht, was es ist. Ob ich mich vielleicht von ihm angezogen fühle, aber das ist es nicht. Ich glaube, er findet mich attraktiv. Er hatte schon öfter Freundinnen und die konnten mich alle nicht ausstehen."

Jetzt war mir klar, warum die Pferde in Lenas Anwesenheit so reagiert haben. Sie wollten ihr klar machen, dass sie ihren Gefühlen vertrauen konnte. Ich erklärte Lena, dass ihr Toilettendrang dadurch zustande kam, dass ihr Körper auf Fluchtreflex umschaltete. Da ihr Verstand aber sagte, *Fliehen ist nicht, gibt kein Grund,* muss er sich etwas einfallen lassen. Das ist jetzt natürlich ganz simpel erklärt. Aber Fakt ist – Adrenalin wird ausgeschüttet – Verdauung angeregt. Natürlich hatte sie die Signale unbewusst richtig gedeutet. Doch das guterzogene *Ich* hatte gesagt: „Mensch Lena, so ein Quatsch, was du schon wieder denkst."

Durch das inkongruente Verhalten des Freundes, nämlich, dass er Lena seine vermeintlichen Freundinnen auftischte, machte er die Sache für diese so schwer aushaltbar. Wie sollte sie mit dieser unausgesprochenen Sache umgehen?

Als wir das Thema geklärt hatten, fühlte sich Lena sichtlich erleichtert und die Pferde standen auf einmal nebeneinander, ohne sich zu bekämpfen. Selbst die beiden Wallache standen dicht zusammen. Lena hatte die ganze Zeit geschwiegen, aus Angst eine Freundschaft zu zerstören, dabei ist Offenheit meist das alleinige Heilmittel.

In der nächsten Stunde hatte sie mit ihrem Freund über ihre Wahrnehmung gesprochen. Dieser reagierte sehr kompetent und versprach, einfach darauf zu achten. Bei der nächsten Feier bestätigte auch er den Verdacht seiner Freundin. Ein klärendes Gespräch verhalf den jungen Leuten dann letztendlich, wie erwachsene Menschen mit der Situation zurechtzukommen. Seitdem die Sache ausgesprochen wurde, gab es auch keinen Grund mehr für inkongruentes Verhalten. Die Freunde konnten sich nach einer Weile wieder arrangieren.

Lena ermutigte diese Begebenheit, mehr auf ihren Körper und auf ihre Gefühle zu achten. Vorher hatte sie alles als Störung ihres Körpers abgetan.

Wie wichtig es ist, seinen Körper und auch die dazugehörigen Schmerzen ernst zu nehmen, erfahren Sie im folgenden Kapitel. Ich für meinen Teil mutmaßte lange nach meinem Sturz, was der Auslöser für das Verhalten des Pferdes gewesen sein konnte. Meine Reitlehrerin Yvonne stellte die Vermutung an, dass Tabernero eventuell von einer sogenannten Hirschlaus gebissen wurde und sich dadurch zu diesem unberechenbaren Verhalten hatte hinreißen lassen. Diese Insektenart war dafür bekannt, dass sie mit dem Damwild mitzog und sich in die Weichteile, wie Genitalien und unterhalb der Schweifrübe der Pferde so festbiss, dass die Tiere panikartig und buckelnd über die Wiesen rannten. Dies hörte ich auch von diversen anderen Pferdebesitzern. Ebenso würde sich diese Theorie auch mit dem Verhalten von Xsarah decken, als ich sie von der Koppel holen wollte und sie mich dabei umrannte.

Trotzdem machte sich bei mir noch ein anderes Gefühl breit. Ein Gefühl, das mir zu sagen schien, dass ich wieder einmal zu viel auf einmal wollte. Irgendeine innere Stimme verriet mir, dass sich hinter der Wunde noch etwas anderes verbarg.

Ich war auf dem Weg, hinter das Ganze zu blicken. Ich hatte das Gefühl, mein sensibles Pferdchen hatte für mich die Notbremse gezogen. Ja, eigentlich hatte er eher die Handbremse gelöst und es ordentlich krachen lassen. Es gab einen großen Knall, doch letzten Endes hat er Wirkung gezeigt. Es hat ganze zwei Wochen gedauert, bis Tabernero sich von mir wieder anfassen ließ. Bis dahin war er vor mir weggelaufen. Oder bin ich vor mir selbst davongelaufen?

Ich bin mir ziemlich sicher, dass ich durch meine Verletzung gelernt habe. Diesmal, so hoffe ich, hält es länger an als bisher.

Ein Tennisprofi kommt von der Überholspur ab

„Brunner", meldete sich eine barsche Stimme am anderen Ende des Telefons.

Ich schluckte und suchte die richtigen Worte, „Hallo, mein Name ist Ute Wilhelms, vom Kentaurus Fachpflegedienst. Ich würde gern einen Termin mit Ihnen vereinbaren."

Seitdem ich den Reitunfall hatte und an meiner Schulter operiert wurde, nahm ich immer mehr Termine bei meinen Patienten zu Hause wahr. Ich war körperlich noch sehr eingeschränkt und teilte mir die Stunden bei den Pferden so ein, dass ich nicht zu viele Stunden in der freien Natur verbrachte, sondern gemeinsam mit den Hunden die Patienten zu Hause aufsuchte.

„Ja, das ist schön. Wann wollen Sie kommen?", kam nicht weniger barsch vom anderen Ende.

„Passt es Ihnen morgen gegen zehn Uhr?"

„Ich bin selbstständig und kann mir aussuchen, wann ich Zeit habe. Wenn Sie sagen, Sie kommen um zehn, dann richte ich das ein."

Seine Stimme klang jetzt fast ein wenig überheblich, auf jeden Fall so, als wüsste er genau, was er wollte. Für einen kurzen Moment überlegte ich, ob wir beide einen *Draht* zueinander bekommen würden. Doch schnell schob ich den aufkommenden Zweifel beiseite und fragte nach der genauen Adresse.

Die Stimme am anderen Ende ergänzte, nachdem er den Straßennamen und die Hausnummer genannt hatte: „Es ist das einzige Haus hier, welches einen kupferfarbenen Zaun hat."

Ich konnte mir nicht helfen, aber irgendetwas schwang in seiner Stimme mit, was ich nicht richtig einordnen konnte. War es Arroganz oder Aggression? Wahrscheinlich war es sogar beides.

Später hatte ich dafür auch den passenden Ausdruck gefunden: *Angstbeißer*. Herr Brunner machte den Eindruck, als würde er zunächst einmal jeden angreifen, der versuchen sollte, ihm oder seiner Frau in irgendeiner Form zu nahe zu kommen. Am Telefon machte er einen recht robusten Eindruck und ich stellte mir die Frage, ob es sich hier tatsächlich um den richtigen Patienten handelte oder ob dieser vielleicht noch einen gleichnamigen Sohn hatte.

Als er mir dann jedoch bei meinem ersten Besuch die Tür öffnete, war ich ziemlich irritiert. Ich weiß nicht so recht, was ich erwartet hatte, jedoch sicher nicht das, was ich dann sah. Herr Brunner öffnete und vor mir stand ein Mann mit einem Rollator, der Probleme hatte, sich selbst mit diesem Hilfsmittel fortzubewegen. Er war erst Mitte fünfzig und anhand seines äußeren Erscheinungsbildes konnte man erahnen, dass es noch nicht allzu lange her war, dass er mitten im Leben gestanden hatte.

Herr Brunner bat mich herein und mir fiel als Erstes das Pflegebett auf, das sich direkt im Wohnzimmer hinter dem angrenzenden Flur befand. Das Haus, in dem mein neuer Patient mit seiner Frau lebte, war sehr gepflegt.

Der Mann wirkte auf mich sehr misstrauisch und tatsächlich latent aggressiv. Sein Lieblingssatz war immer wieder derselbe: „Wenn mir einer zu nahe kommt, nehme ich eine Neun-Millimeter und puste ihn einfach um."

In einem Gespräch mit seiner Frau klärte sich dann auf, dass Herr Brunner gar keine Waffe besaß. Er schockierte nur gern seine Umwelt. Nachdem ich das wusste, sprach ich ihn darauf an. „Herr Brunner, Sie haben doch gar keine Waffe!"

Ich wollte wissen, wie er auf die Konfrontation reagierte.

„Pssst!" Geheimnisvoll legte er den Finger auf die Lippen.

„Haben Sie einen Waffenschein?"

Wieder antwortete er mit diesem geheimnisvollen *„Psssssst!"*

„Herr Brunner, ich habe mit Ihrer Frau gesprochen. Sie haben weder einen Waffenschein noch haben Sie eine Waffe, wozu also das Theater!"

Das hatte wohl gesessen. In meinem Beisein wurde das Thema mit der Pistole nicht mehr erwähnt. Die meisten Aggressionen richteten sich jedoch hauptsächlich gegen ihn selbst. Herr Brunner war von solch einem Selbsthass geprägt, wie ich ihn wirklich selten und schon gar nicht bei einem Mann erlebt hatte.

Bedingt durch diese extreme Abwertung sich selbst gegenüber, kam es jedoch immer häufiger zu Streitigkeiten mit seiner Frau. Diese arbeitete Vollzeit und war, wenn sie nach Hause kam, teilweise den wüsten Beschimpfungen ihres Mannes ausgesetzt.

Entgegen meiner anfänglichen Bedenken entwickelte ich ein sehr gutes Vertrauensverhältnis zu meinem Patienten. Mit der Zeit erfuhr ich dann auch seine tragische Lebensgeschichte. Er war der einzige Sohn seiner Eltern. Die Mutter von Herrn Brunner war nie zufrieden mit den Leistungen ihres Sohnes. Lob gab es nie, ganz im Gegenteil. Wenn er nicht studieren würde, so sei er es nicht wert zur Familie zu gehören. Verbale und körperliche Schläge waren an der Tagesordnung. Der Vater war zu weich, um sich gegen die Mutter durchzusetzen. Herr Brunner machte sein Abitur und studierte ein paar Semester Wirtschaftswissenschaften. Einige Zeit arbeitete er in einer Bank, jedoch füllte ihn diese Arbeit nie richtig aus. Seine große Leidenschaft war Tennis. Hier fühlte er sich zu Hause, hier war er anerkannt. Seine Mutter prahlte bei ihren Freundinnen mit den Leistungen ihres Sohnes, doch Anerkennung durch sie selbst, hatte mein Patient nie bekommen.

Der Mann wurde zur Koryphäe auf seinem Gebiet, dem Tennis. Er spielte in hohen Klassen, flog ins Ausland und verdiente viel Geld mit Trainerstunden. An der Börse entwickelte er ein gutes Händchen.

Seine erste Lebensgefährtin war das Abbild seiner Mutter, von der er sich genauso tyrannisieren ließ, und die ihm achtzehn Jahre lang das Leben zur Hölle machte. Da er es nicht anders kannte, bemerkte er dieses Desaster erst viel zu spät. Später heiratete er eine andere Frau, die wesentlich liebevoller war und zog mit ihr in das Haus seiner inzwischen verstorbenen Eltern. Die beiden legten sich einen Hund aus dem Tierheim zu, der ihre Zweisamkeit zu einer richtigen Familie werden ließ. Dieser war ein Schäferhund-Colli-Mix mit dem Namen Jim Beam. Jim Beam war das ganze Glück der Familie Brunner. Wie er zu ihnen gekommen war, erklärte er mir eines Tages: „Er wollte immer nur zu Brunners!"

Dabei grinste mein Patient verschmitzt wie ein kleiner Schuljunge. „Sie müssen sich das mal vorstellen, man hat den armen Kerl zweimal ausgesetzt. Warum tun Menschen so etwas?"

Er schaute mich verständnislos an. Ich hatte keine Antwort.

„Dieser Hund war alles für mich. Ich mache mir immer noch die größten Vorwürfe, dass ich damals so feige war. Ich habe meine Frau allein zum Tierarzt fahren lassen, als er eingeschläfert werden musste. Das werde ich mir nie verzeihen."

Ich sah die Verzweiflung in seinem Gesicht.

„Ich denke, er wusste, dass sie es nicht konnten. Er wird Ihnen verziehen haben. Er weiß, was sie vorher alles für ihn getan haben."

Ich lächelte ihn verständnisvoll an. Seinen Schmerz konnte ich ihm nicht nehmen.

Schon als ich Herrn Brunner das zweite Mal besucht hatte und wusste, wie sehr sein Herz den Hunden zugetan war, hatten wir uns darauf geeinigt, dass ich Q.C. und Pauline zu den Gesprächen mit zu ihm nach Hause brachte. Wie sich herausstellte, war das eine sehr gute Idee, da die beiden solche Momente perfekt kompensierten, und zwar dadurch, dass sie eben einfach nur da waren. So war es auch an jenem Tag, als wir über den Tod von Jim Beam sprachen. Q.C. und Pauline waren da, um Herrn Brunner über seine Traurigkeit hinweg zu helfen.

„Herr Brunner, wie ist es denn nun passiert, dass sie körperlich so eingeschränkt sind?" Ich kannte die Geschichte, wusste aber auch, dass es an dieser Stelle noch viel aufzuarbeiten gab. Die Hunde waren dabei und ich war mir sicher, dass sie ihren Job machen würden. Zumindest würden sie die Maske von Herrn Brunner abnehmen, wäre ich als Mensch nicht sensibel genug, um seine versteckten Emotionen zu lesen.

„Ich bin morgens aufgewacht und hatte einen dicken Arm. Er war doppelt so dick als normal", begann mein Patient zu berichten.

„War es der rechte Arm?"

Ich versuchte, das Gespräch durch Fragen zu unterstützen.

„Nein, es war der linke. Ich entdeckte eine kleine offene Stelle unterhalb des Oberarms."

Er drehte seinen schweren Arm, der zu früheren Zeiten sicher einmal sehr muskulös gewesen war, um mir die Stelle anzudeuten.

„Als ich dagegen drückte, kam in einem langen Strahl Wundwasser herausgespritzt."

Ich sah ihn erstaunt an und fragte: „Wundwasser oder Eiter?"

„Wundwasser, da war es noch Wundwasser."

Er erzählte das alles erstaunlich ruhig. Herr Brunner saß an diesem Tag in seinem Rollstuhl und ich saß ihm gegenüber auf dem Sofa. Zwischen uns, auf dem Teppich, lagen meine beiden Hunde und schliefen, zumindest sah es so aus, als täten sie das.

„Ich vermute mal, Sie sind nicht zum Arzt gegangen, richtig?" Dabei sah ich ihn fragend an.

„Richtig! Das zog sich so weiter hin. Irgendwann kam Eiter raus." Herr Brunner machte eine kurze Pause. Die Hunde lagen immer noch regungslos auf dem Teppich.

„Sie sind immer noch nicht zum Arzt gegangen?" Ich bemühte mich, dass meine Frage nicht vorwurfsvoll klang. Ich konnte es ja irgendwo verstehen. Schließlich war ich auch nicht gerade das große Vorbild, wenn es darum ging, einen Mediziner aufzusuchen. Jedoch dachte ich bei mir, dass es schon ziemlich leichtsinnig war, seinen Körper so zu ignorieren, wenn schon der Eiter aus dem Arm quoll.

„Was passierte dann?"

„Dann hat es mich schlichtweg umgehauen. Von da an erinnere ich mich nur noch, an den Moment, an dem ich vier Wochen später auf der Intensivstation aufgewacht bin."

Während Herr Brunner im selben Tonfall berichtete wie zuvor, ich weder an Stimme noch an Gestik irgendeine Veränderung ausmachen konnte, stand zunächst Q.C. auf und direkt danach Pauline. Q.C. ging mit äußerster Gelassenheit auf den Rollstuhl zu und legte seinen Kopf auf das linke Knie von Herrn Brunner. Pauline tat es ihm nach und legte ihr Köpfchen auf das rechte Knie.

„Herr Brunner, wissen Sie, warum die beiden Hunde jetzt zu ihnen kommen?" Der Mann sah mich erfreut und gleichzeitig irritiert an.

„Nein!"

„Irgendetwas hat sich verändert, während Sie mir das hier erzählen."

„Ja", bestätigte er mir, „ich hab eine Scheißangst!" Währenddessen streichelte er die Hunde, die ihn offensichtlich beruhigten.

„Genau", erklärte ich. „Dadurch, dass Sie Angst haben, wird in ihrem Körper das Hormon Adrenalin freigesetzt. Die Hunde riechen das und reagieren darauf. Q.C. ist ein alter Hase in der Therapie. Er sieht es jetzt als seine Aufgabe an, Pauline seine Arbeit zu zeigen und sie darin zu schulen."

Kaum hatte ich das ausgesprochen, konnte man sehen, wie ernst Q.C. die Aufgabe des „Schulens" nahm. Hinter dem Rollstuhl von Herrn Brunner hatte dieser nämlich ein paar Erdnüsse verloren. Q.C. hatte sie entdeckt und dachte wohl bei sich: „Mal sehen, ob die Kleine das auch schon ohne mich schafft. Muss sie ja sowieso irgendwann, kann sie schon mal üben!"

Schwupp – schon war er hinter dem Rolli verschwunden, um seiner Lieblingsbeschäftigung – dem Staubsaugen – nachzukommen.

„Q.C." Mit betonter Empörung rief ich meinen Hund. „Das kann doch wohl nicht wahr sein. Komm sofort her. Du bist hier nicht zum Erdnüsse klauen, sondern zum Arbeiten. Du sollst Pauline anlernen und ihr zeigen, wie man ein guter Therapiehund wird!"

Mit diesem kleinen Sketch war es uns gelungen, Herrn Brunner wieder aus seiner angstbesetzten Situation zurück in die Realität zu holen. Der Mann lachte laut und freute sich so sehr über die Komik der Hunde, dass sich seine Stimmung gleich wieder hob.

Herr Brunner hatte insgesamt mehrere Wochen, bedingt durch eine Sepsis (Blutvergiftung) im Koma gelegen. Er wurde in dieser Zeit insgesamt vier Mal reanimiert. Als er das erste Mal aus dem Koma erwachte, versuchte er, sich sofort mit den Schläuchen, die an ihm befestigt waren, zu strangulieren.

„Ich hatte solche Schmerzen am ganzen Körper. Ich wollte nur, dass das aufhört. Ich riss die Schläuche an mich, legte sie mir um den Hals und wollte gerade zuziehen, als die Schwester sie mir wieder entriss. Man hat mich gleich wieder in ein künstliches Koma gelegt."

Nachdem Herr Brunner wieder nach Hause entlassen wurde, war aus dem Tennisprofi, der nach eigenen Worten immer auf der Überholspur gelebt hatte, ein gebrochener Mann geworden.

„Man hat mir erzählt, dass man mich vier Mal wieder zurückgeholt hat. Damit komme ich nicht zurecht. Ich denke, ich habe keine Berechtigung zum Leben. Warum hat man mich nicht einfach sterben lassen?" Herr Brunner schwankte ständig zwischen dem Wunsch, seinem Leben ein Ende zu setzen und dem schlechten Gewissen seiner Frau gegenüber, wenn er sie allein lassen sollte. „Ich bin der letzte Vollidiot und ich bin es nicht wert, auf dieser Erde zu leben.“

Diese und ähnliche Sätze gehörten für meinen Patienten zur Tagesordnung. In mühevoller Kleinarbeit, über mehrere Monate, immer in Begleitung meiner beiden Hunde, erarbeiteten wir gemeinsam Ressourcen und Ziele. Jeden zweiten Tag besuchte ich Herrn Brunner mit den Hunden. Q.C. war sein Favorit. Natürlich mochte er auch Pauline. Doch Q.C. mit seinem aufdringlichen Labrador-Temperament hatte es ihm besonders angetan. Er saß immer ganz dicht bei Herrn Brunner am Rollstuhl, den Kopf auf seinem Schoß und bewegte sich keinen Zentimeter von ihm weg. Pauline war mit ihrem knappen Jahr noch recht ungestüm und suchte mit ihren Blicken dann doch lieber die Katze im Garten. Die Hunde waren ein großer Teil der Therapie. Mit ihrer Hilfe bekam Herr Brunner wieder Lebensmut. Wenn ich zu Beginn der Stunde kam, hatte er oft noch ein griesgrämiges Gesicht. Das änderte sich jedoch schlagartig nach den ersten zehn Minuten. Oft spielte ich noch extra die Empörte, damit er etwas zu lachen hatte. Es funktionierte immer. Die Hunde hatten bei Brunners „Narrenfreiheit“. Wir inszenierten mit Absicht immer kleine Spaßepisoden, z.B. „Q.C. „Hör auf mit dem Staubsaugen. Du bekommst zu Hause genug zu fressen!“

Oder, „Pauline, lass die Katze in Ruhe. Frühstück gab es heute Morgen!“

Alles nur, um dem Mann wieder ein bisschen Lebensfreude zu geben. Zwischendurch legte ich die Hunde ab, um meinem Patienten die nötige Aufmerksamkeit für unser Therapiegespräch zu bieten.

Die Krisentage wurden seltener und die Tage, an denen er neuen Mut schöpfte, wurden häufiger. Herr Brunner begann sogar wieder, die eine oder andere Trainerstunde auf dem Tennisplatz zu geben.

Eines Tages erzählte mir mein Patient von einer Katze, die ihm und seiner Frau zugelaufen sei. Ursprünglich hatte die Katze dem Nachbarn gehört, der sich aber nicht um sie gekümmert hatte.

„Diese Katze benimmt sich wie Jim Beam. Sie liegt auf dem Sofa wie er. Sie hat die gleichen Gewohnheiten. Das ist schon seltsam. Ich war nie so für Katzen, aber im Moment würde ich mit meiner körperlichen Verfassung vielleicht gar nicht mit einem Hund zurechtkommen." Er strahlte dabei über das ganze Gesicht.

„Sagen Sie, wie lange ist Jim Beam tot?"

„Zwei Jahre", antwortete Herr Brunner.

„Und wie alt ist die Katze?", fragte ich weiter.

„Zwei Jahre", antwortete der Mann.

„Halten Sie mich jetzt nicht für verrückt, aber vielleicht ist ja Jim Beams Seele, in Form von der Katze zu Ihnen zurückgekehrt."

Ich war völlig erstaunt, dass er mir nicht widersprach, sondern im Gegenteil noch einmal betonte, wie ähnlich sich die beiden Tiere waren. Vielleicht war die geistige Verbindung, des toten Hundes, zu seinem Besitzer doch so stark gewesen, dass die Seele zu ihm zurückgekehrt war.

Isabell – Entschleunigt und lahmgelegt

„Kentaurus – ich möchte Euch gern kennenlernen. Bitte nehmen Sie mit mir Kontakt auf. Ich besitze selbst zwei Pferde, bin seit Jahren in Therapie, habe gerade mit großer Faszination Ihr Buch gelesen und hoffe, dass Sie mir helfen können."

Die Mail endete mit den Kontaktdaten. Ich nahm mit der Dame Kontakt auf, erklärte ihr alles und wir vereinbarten einen Termin.

Bei unserem ersten Treffen fand ich eine Frau Mitte vierzig vor, die mich eher an einen Tsunami als an eine depressive Patientin erinnerte. Mehrfach musste ich sie dazu auffordern, beim Erzählen ihre Hände bei sich zu behalten und mir nicht reflexartig auf die Schulter zu hauen. Es war gerade erst drei Wochen her, dass ich an der rechten Schulter operiert worden war und eigentlich sollte ich auch noch gar nicht wieder arbeiten. Jedoch dachte ich bei mir, dass es nicht schaden würde, wenn ich mich mit Patienten treffen würde, um Gespräche zu führen oder diese mit dem Pferd arbeiten ließe. Ich hatte nicht damit gerechnet, dass jemand auf die Idee kommen könnte, mir auf meine frisch operierte Schulter zu hauen.

„Isabell!" Ich reagierte einmal ziemlich ungehalten, da die Angst vor weiteren Schmerzen, mich sehr verletzbar gemacht hatte.

„Sie können von Glück sagen, dass dies jetzt meine nicht operierte Seite war. Wäre das jetzt die rechte Schulter gewesen, hätte das ganz böse geendet. Und trotzdem haben Sie gerade mit solch einer Wucht gegen meinen Arm geschlagen, dass ich beinahe hingefallen wäre."

Ich musste mich wirklich zusammenreißen. Ich war stinksauer und vor allem – ich hatte diese entsetzliche Angst! Die Dame schien so energiegeladen zu sein, dass der Vulkan, der in ihr loderte, jeden Moment auszubrechen drohte. Dieses unberechenbare Temperament machte mir Sorgen. In diesem Fall war ich mir nicht sicher, ob es ihr Temperament war, welches mich ängstigte oder, ob es sich um meine persönliche Angst vor meinen eigenen Schmerzen handelte, mit denen ich, seit meiner Operation, immer wieder konfrontiert wurde. Genauso konnte es aber auch sein, dass ich die Angst von Isabell wahrnahm, die sich mir hier in diesem ungezügelten Temperament zeigte. Was genau dahintersteckte, würde ich in der ersten Stunde nicht gleich erkennen können. Für mich war zunächst nur wichtig, dass meine neue Patientin von Beginn an etwas über Nähe und Distanz erfuhr, was augenscheinlich mit ein Teil ihres Problems zu sein schien.

Isabell hatte mich zum Glück sofort verstanden. Während sie weiter berichtete, behielt sie ihre Hände nach dieser Ansage bei sich, wobei ihr das sehr schwer fiel. Immer wieder musste sie diesen Reflex, mich zu berühren, selbst unterdrücken. Es stellte sich mehr und mehr heraus, dass die spontane Frau sich eine perfekte Fassade zugelegt hatte, wie es die meisten Menschen tun, die mich aufsuchen. Wie perfekt diese Fassade allerdings in ihrem ganzen Ausmaß war, erfuhr ich erst im Laufe der Zeit.

Isabell war schon als Kind eher der Kategorie hochsensibel zuzuordnen gewesen. Meine Patientin bezeichnete ihre Mutter als Quartalstrinkerin. Der Vater *benutzte* Isabell als *Partnerersatz* – was hier nicht im sexuellen Sinn zu verstehen ist, sondern im emotionalen. Isabell opferte sich für die Familie auf und übernahm Aufgaben und Pflichten, die eigentlich ihrer Mutter zugestanden hätten. In der Fachsprache nennt man diese Form von Ausbeutung: *Emotionaler Missbrauch bzw. Ausbeutung.*

Der Vater besprach seine Probleme, die er mit seiner Ehefrau hatte, mit der Tochter. Der ältere Bruder zog sich aus allem zurück und machte *sein eigenes Ding.* Er war gut in der Schule, während Isabell die Familie versorgte und zusammenhielt. Nach außen (und das ist wie beim sexuellen Missbrauch) hütete Isabell dieses Familiengeheimnis. Nach innen litt sie still vor sich hin.

Isabell heiratete und bekam Zwillinge. Als die Mädchen in die Pubertät kamen, erlebte sie eine Art Déjà-vu. Eins der beiden Mädchen wurde magersüchtig. Meine Patientin fühlte sich mit ihren Problemen von ihrem Ehemann unverstanden und alleingelassen. Emotional empfand sie die Situation so, dass sie nicht unterstützt, sondern, dass sie sich im Gegenteil eher verraten fühlte. So fuhr sie, um zu sich selbst zu finden, mit ihrem Haflinger in Urlaub. Dort lernte sie einen Mann kennen und verliebte sich in ihn. Nach fünfzehn Jahren Ehe passierte es ihr, dass sie verliebt wie ein Teenager war. Ein Mann tauchte auf, der sich für sie interessierte, der sich bemühte. Nach den ganzen Jahren emotionaler Kälte und seelischem Ausgehungertsein kam jemand, der das Herz fütterte und wärmte. Isabell dachte nicht lange nach, sondern tat das, was ihr Herz gerade am meisten benötigte. Sie gab ihrem Herz die Liebe, auf die es jahrzehntelang gewartet hatte.

Das Verhältnis mit diesem Mann bestand über einen Zeitraum von zwei Jahren. Sie verheimlichte diese Beziehung erst gar nicht vor ihrem Mann, sondern beichtete über ihre Untreue. Anstatt sie zu verlassen, wartete ihr Ehemann, bis Isabell bereit war, ihre Entscheidung zu überdenken und sich ihm wieder zuzuwenden. Als die gemeinsame Tochter den Weg aus der Sucht fand, sah es zunächst so aus, als würden sich die Wogen der Vergangenheit glätten. Doch schon wieder schlug das Schicksal zu. Isabell brach eines Tages an ihrem Arbeitsplatz zusammen und war vom Hals bis zu den Füßen querschnittsgelähmt. Niemand wusste so wirklich, was passiert war. Eine genaue Diagnose schien es nicht zu geben. Jetzt erst zeigte sich, dass Isabells Mann doch nicht der große Ignorant war, für den sie ihn immer gehalten hatte.

Lukas, ihr Mann, entschied sich, ein zweites Mal ganz bewusst für seine Frau. Er pflegte sie, er wusch, wickelte und fütterte sie wie ein Baby. Lukas bewies Isabell eine Stärke und eine Liebe, die sie ihm bis dahin nicht zugetraut hätte. Die Lähmung war, wie durch ein Wunder, reversibel und Isabell lernte wieder laufen und auch alles andere. Nun beschlossen die beiden, noch mal von vorne anzufangen.

Als ein gemeinsamer Freund an Krebs starb, kauften sie eins von dessen Pferden für Lukas. Die Stute war ein Vollblut und noch recht jung. Während unserer Therapiestunden stellte sich heraus, dass sie charakterlich eins zu eins *Isabell* spiegelte, während der Haflinger eins zu eins *Lukas* spiegelte. Isabell, die mehr Pferdeerfahrung hatte als Lukas, kümmerte sich viel um die Stute, was sich als schwierig gestaltete. In unseren gemeinsamen Gesprächen und Therapiestunden mit den Pferden von Isabell, bemerkten wir, dass Isabell mit der Stute rein emotional nicht zurechtkam. Sie hasste das Tier regelrecht. Dadurch, dass die Stute Isabell so sehr spiegelte, fanden wir gemeinsam heraus, dass es gar nicht das Pferd war, das meine Patientin so hasste, sondern, dass es hier um sie selbst ging. Im Prinzip bekämpfte Isabell nur ihr eigenes Spiegelbild.

Durch das gemeinsame Hobby kamen sich Isabell Lukas wieder näher. Sie bemerkte, wie wichtig sich wieder waren.

„Hallo Isabell, mit welchem Ihrer Pferde, möchten Sie denn heute arbeiten?", fragte ich an diesem Tag. Wir hatten abgemacht, mit Isabells Pferden zu arbeiten, statt mit meinen, da Isabell mit ihren Tieren mehr Kontakt hatte. Ich hatte beobachtet, dass alle Pferde ähnlich reagieren und ihre Besitzer spiegeln, sodass sie keine spezielle Ausbildung benötigten. Wie schon erwähnt, war Isabell davon überzeugt, dass die Stute sie perfekt spiegelte und ihr Wallach ihren Mann. Deshalb antwortete sie: „Wollen wir mich nehmen oder Lukas?"

Ich musste schon schmunzeln, als sie ihr Pferd mit dem Namen ihres Mannes ansprach. Da sie schon viel von dem Temperament der Stute berichtet hatte, antwortete ich: „Nehmen wir ruhig die Stute."

Wir gingen also mit Emma, der Stute, zum Reitplatz. Schon auf dem Weg dorthin beobachtete ich, dass Isabell sich von Emma ganz schön bedrängen ließ. Ich wollte jedoch zunächst in der Beobachterposition bleiben und schwieg. Am Platz angekommen, tänzelte die Stute jedoch immer mehr und es sah so aus, als würde sie meiner Patientin gleich auf die Füße treten. Um einen Unfall zu vermeiden, schritt ich jetzt doch ein.

„Isabell, ist Ihnen das nicht zu eng?"

Ich stellte die Frage betont ängstlich, um die Frau auf die brenzlige Situation aufmerksam zu machen?

„Nee, ich finde, das geht. Das war schon schlimmer“, antwortete diese zu meinem Erstaunen.

„Darf ich mal?“ Ich stellte die Frage vorsichtig, da ich ja nicht als Erziehungsberater für Pferde auftreten wollte. Trotzdem musste ich Isabell klar machen, dass hier eine Grenzüberschreitung vorlag. Also erklärte ich gleichzeitig: „Ich will nicht Ihr Pferd erziehen, sondern Ihnen zeigen, wo Ihre Grenzen sind und die hat Ihr Pferd gerade ganz klar überschritten!“

„Wir machen hier ja auch Therapie und nicht Reitunterricht nicht wahr?“ Isabell klang unsicher.

„Ja genau!“ Ich nickte zur Bestätigung. Ich nahm die Stute am Strick, ruckte kurz daran und stellte erstaunt fest, dass das Tier sofort drei Meter zurückwich. Das Pferd senkte den Kopf, leckte sich über die Lippen und symbolisierte mir so, dass es meine Aufforderung verstand, ja sogar gern annahm. Ich war so erstaunt über diese Reaktion, dass ich es meiner Patientin sofort mitteilte.

„Ja, ich weiß. Wir haben das ja alles geübt“, antwortete sie verlegen.

„Warum machen Sie das denn nicht? Das Pferd hat kein Problem damit, ganz im Gegenteil. Es erwartet, dass Sie ihm Grenzen setzen.“

„Ich habe immer Angst, dass ich zu grob bin!“

Wir gingen gemeinsam auf den Reitplatz, um diese und auch andere Übungen zu vertiefen. Dabei stellte sich heraus, dass die Stute das Verhalten von Isabell eins zu eins spiegelte. Sie war temperamentvoll und grenzüberschreitend – genauso wie ihre Besitzerin. Diese versuchte mit dem Pferd zu kommunizieren – kam dabei aber an ihre Grenzen, da sie sich selbst in dem Pferd sah. Isabell war jedoch voller Selbsthass, dass sie um ein Haar auf das Pferd losgegangen wäre. Beide schaukelten sich hoch. Als ich das erkannte, sagte ich zu ihr: „Isabell, so etwas habe ich noch nie gesehen. Sie bekämpfen gerade Ihr eigenes Spiegelbild! Sie hassen sich so sehr selbst, dass Sie das auf das Pferd projizieren, doch das Tier kann nichts dafür.“

Isabell begann zu weinen. Sie wusste, dass ich recht hatte. Und endlich konnten ihre Tränen einen Raum finden. Sie weinte und weinte.

Bei den nächsten Treffen arbeiteten wir mit *Lukas*. Isabell war der Meinung, er würde nur ihren Mann spiegeln. Wir spazierten mit dem behäbigen Haflinger über die Maisfelder, gemeinsam mit meinen beiden Hunden, während *Lukas* die ganze Zeit nach den anderen Pferden schrie.

In der nächsten Stunde sagte Isabell zu mir: „Frau Wilhelms, ich glaube, ich habe mich getäuscht. *Lukas* spiegelt gar nicht meinen Mann, sondern mich. Wenn wir mit den Hunden spazieren gehen, dann ist das wunderschön. Dennoch bricht es mir vor Trauer das Herz, weil ich vor zwei Jahren meinen Hund verloren habe und den Schmerz noch nicht verwinden konnte. Immer wenn wir spazieren gehen, denke ich daran und ich glaube, deshalb schreit das Pferd.“

Nachdem Isabell mir das offenbart hatte, gingen wir erneut mit Pferd und Hunden über die Felder spazieren. Diesmal rief das Pferd nur genau einmal. Zusätzlich war es die ganze Zeit präsent und ging neben seiner Besitzerin her, ohne sie anzurempeln oder sonst irgendwie ihre Grenzen zu überschreiten. Das war beim letzten Spaziergang nicht so gewesen.

„Sehen Sie Isabell, die Pferde spüren, ob wir authentisch sind. Wenn wir bei uns sind, können sie mit unseren Gefühlen umgehen. Aber wenn wir uns verstellen, nehmen sie uns nicht ernst.“

Von da an begann bei Isabell eine Art Transformation. Sie begann, sich so zu akzeptieren, wie sie war. Natürlich gelang ihr das nicht immer. Aber es war immerhin ein Anfang.

Einige Wochen später bekam ich von Isabell folgenden Brief:

„Hallo Frau Wilhelms,

seit Tagen möchte ich mich nach unserem Telefonat noch einmal melden.

Ich war sehr froh zu hören, dass es Ihnen wieder besser geht … und die Worte von mir hinsichtlich neuer Termine schwingen immer noch nach. Per Telefon habe ich ja spontan gesagt, ich brauche im Moment keinen Termin …

Das ist so schnell mal eben gesagt, jedoch möchte ich mehr zum Ausdruck bringen. Sie haben mir sehr auf meinem Weg geholfen. Es hat sich vieles verändert!

Nach außen vielleicht gar nicht so sehr sichtbar, sind es für mich hingegen Gefühlswelten. Mein lieber Haflinger Lukas geht jetzt ohne Wiehern mit mir seine Runde. Ich konnte ihn aus seiner Lethargie und trauriger Jauligkeit wecken. Durch die vielen Spaziergänge in letzter Zeit bin ich in der Lage, einige Meter neben ihm trabend zu laufen. Oder er trabt und ich kann flott neben ihm gehen. Ihn aus der Lethargie zu holen, ihm freudige Aufgaben zu stellen, waren meine Aufgaben. Er ist wieder freudig motiviert und wiehert unterwegs gar nicht mehr. Ihr Satz: Machen Sie sich mal wieder interessant, war zwar hin-

sichtlich meines Ehemannes gemeint – ich habe ihn beim Pferd angewendet. Da Sie mir ja auch meine Augen hinsichtlich unserer Stute Emma geöffnet haben, sind meine Ängste um ihre Wildheit gewichen und haben sich in ein Bild von Verständnis und Geduld gewandelt. So oft habe ich Zugang zu diesem ungestümen Temperamentsbolzen, sodass sich sogar mein Mann jetzt meiner Worte und Taten annimmt, wenn er oft nicht bei ihr weiter kommt. Er hatte ja nie Angst, jedoch prägt ihn die Stute um mehr Verständnis und Einfühlungsvermögen ... Uuuiiih und das ist dann auch schön für mich.

Ich kann gar nicht genug zum Ausdruck bringen, wie viel mehr wert diese Einheiten ambulanter Therapie mit Ihrem Kenntnisstand waren gegen die gut gemeinten verschriebenen Rezepte der Doktoren hinsichtlich Antidepressiva. Ich möchte sie von Herzen drücken. Ich weiß, darf ich ja nicht ... schon allein aus Sicht Ihrer Gesundheit. Und ich habe ja auch bereits am Anfang unseres Kennenlernens Abstand – halten als erste Aufgabenstellung bekommen. Aber in Gedanken drücke ich Sie und Ihre beiden Hunde. Gerade auch durch Q.C., und die miterlebte Geschichte, konnte ich ein wenig von meiner Traurigkeit, hinsichtlich meiner Ginger, loslassen. „ES" kann auch gut ausgehen, war das Geschenk um das miterlebte mit Q.C.s Operation.

So kommt mit dieser Email einfach ein ganz dickes DANKE. Es hat mich sehr gefreut, ein Stück neben Ihnen laufen zu dürfen.

Beste Grüße an Q.C. und „Pappnase"-Pauline als besten Clown dieser Welt

In Anbetracht meines Spiegels „Lukas" haben Sie mir mit ihrer Wertung und Anleitung den Weg geebnet aus Lethargie – Gelähmtheit – Jauligkeit herauszukommen. Q.C. hat mir seine Tapferkeit und Zuversicht gezeigt. Pauline, als unbekümmerte Frohnatur, zu erleben ... Mit unserer Stute konnte ich mich mit meiner Lebendigkeit besser annehmen ...

Na ... das soll mal in dieser kurzen Zeit eine Pille dieser Welt schaffen ;-) – man bedenke auch die beglückenden Nebenwirkungen dieser Therapieform.
DANKE"

Die Gnade des Universums

Pauline war gerade sechs Monate alt, als ich mich mit dem Gedanken der Kastration der Hündin näher zu befassen begann. Für mich war von Anfang an klar, dass sie nie Mutter werden würde, da mir schon aus beruflichen Gründen die Zeit für einen Wurf Welpen fehlte. Da sich ziemlich schnell herausgestellt hatte, dass Pauline eine recht dominante Hündin und ich hier wieder meinem persönlichen Tiermuster treugeblieben war, würde ich mir viel Ärger ersparen, wenn ich sie vor der ersten Läufigkeit kastrieren lassen würde.

Lächelnd erinnerte ich mich, während ich im Wartezimmer auf den Termin zu einem Beratungsgespräch wartete, an eine Unterhaltung, die ich mit Nicole an der Weide geführt hatte. Zum Zeitpunkt des Gesprächs war Pauline erst mehrere Wochen alt gewesen und tobte mit dem blonden Labrador Jack und mit Q.C. auf der Weide herum, wo die Pferde standen.

„Diesmal habe ich einen Hund mit mittlerem Temperament ausgesucht. Obwohl ich sie ja nicht direkt aussuchen konnte, da Pauline die einzige graue Hündin in dem Wurf war. Doch sie lässt sich gut unterordnen und ist nicht dominant. Ich bin ganz sicher!"

Ich war davon überzeugt und ich erinnere mich, dass ich leicht pikiert war, als Nicole völlig trocken antwortete: „Du besitzt kein einziges Tier, welches nicht dominant ist! Warum sollte das diesmal anders sein?“

Obwohl ich mich gekränkt fühlte von dieser Aussage, war ich dann doch ein wenig besänftigt, als sie hinzufügte: „Aber macht ja nichts. Du kannst ja offensichtlich auch damit umgehen!“

Dass meine Kollegin dann doch tatsächlich recht haben sollte, wollte ich damals noch nicht wahrhaben und doch würde ich gleich eines besseren belehrt werden.

„Frau Wilhelms?“ Ich erkannte die sympathische Tierärztin, die vor ungefähr eineinhalb Jahren Q.C. kastriert hatte, sofort wieder. Meine Haustierärztin kastrierte keine Hündinnen. So hatte ich die Praxis aufgesucht, in der ich Q.C. vor circa eineinhalb Jahren kastrieren lassen hatte.

Paulinchen, die diesmal ohne ihren Kumpel zum Doktor musste, hatte wohl Probleme mit dem spiegelglatten Fußboden und rammte zunächst einmal alle viere in den Boden. Selbst die Dose mit den Leckerlis, die Frau Dr. Nussbaum ihr vorhielt, war uninteressant. Da die Hündin mittlerweile zu schwer war, als dass ich sie hätte heben können, sagte ich nur: „Tut mir leid aber da muss sie jetzt mal durch. Ich zog an der Leine und Pauline schlitterte wie auf Schlittschuhen über das glatte Parkett. Niemand sagte etwas über meine *raue Methode* und ich atmete im Stillen auf, als wir ohne weitere Zwischenfälle im Behandlungszimmer eintrafen.

„So und wen haben wir hier?“ Die Veterinärin beugte sich freundlich zu der Hündin hinunter. Pauline, die tatsächlich nur Angst vor dem Fußboden gehabt hatte, veranstaltete jetzt den reinsten *Rutentanz*. Der gesamte Hund, von der Schwanzspitze bis zur Mitte der Wirbelsäule, wackelte vor Freude, hin und her.

„Das hat sie garantiert von Q.C. gelernt. Er hat ihr beigebracht, dass man vor Tierärzten keine Angst haben muss!'"

Ein wehmütiges Gefühl überkam mich, als ich diesen Gedanken aussprach. Dann sagte ich zu der Doktorin: „Können Sie sich noch an den braunen Labrador erinnern? Es ist jetzt ungefähr eineinhalb Jahre her, dass Sie ihn kastriert haben."

Die Tierärztin sah mich fragend an. Ich sah, wie sie überlegte.

„Er war schon sieben Jahre alt", ergänzte ich.

„Ja", sagte sie dann. Ihr Blick war immer noch fragend.

„Er hat leider Leberkrebs", erklärte ich ihr. „Ein halbes Jahr nach der Operation wurde er immer ruhiger. Ich hatte mich zunächst gefreut, da ich dachte, es hinge mit der Kastration zusammen. Dann wurde er jedoch immer langsamer. Irgendwann vergrößerte sich die Leber und im Februar ging es ihm so schlecht, dass er fast gestorben wäre."

Ich merkte, wie ich schlucken musste. Obwohl es Q.C. deutlich besser ging seit Pauline da war, so hatten wir immer noch diese Diagnose. Die Erinnerung an den Tag im Februar war auch immer noch mit heftigen, emotionalen Reaktionen verbunden.

„Aus diesem Grund haben wir uns die Weimaranerhündin dazu gekauft. Das heißt, ich hab sie dazu geholt, ich konnte den Gedanken nicht ertragen, dass Q.C. irgendwann stirbt und alles zu Hause leer ist."

Die Tierärztin lächelte verständnisvoll.

„Da haben Sie aber auch eine ganz liebe erwischt. Die Weimaraner kenne ich nur in zwei Varianten. Entweder ganz lieb oder ganz böse! Sie haben hier mit Sicherheit eine ganz liebe erwischt. Aber man muss ja auch mal Glück haben."

„Ja und damit das so bleibt, möchte ich sie gern früh kastrieren lassen. Ich bin Therapeutin und bin mit vielen Menschen zusammen. Viele meiner Patienten haben selbst Hunde. Ich habe keine Möglichkeit, sie von anderen Hunden fernzuhalten, wenn sie jetzt läufig wird, und das Risiko einer hormonbedingten Aggressivität ist mir zu hoch."

„Haben Sie sich auch mit den Nebenwirkungen befasst?"

Die Tierärztin sah mich prüfend an.

„Ja, es gibt die Möglichkeit der Inkontinenz."

„Die ist sehr selten und kann auch bei normaler Kastration passieren", erklärte Frau Dr. Nussbaum. „Wissen Sie vom Problem mit der Fellveränderung?"

Ich fühlte mich ein wenig wie bei einem Eignungstest, hatte mich jedoch gut auf das Gespräch vorbereitet. „Ja, ich weiß. Diese Fellveränderung kommt aber meist bei Langhaarrassen, hauptsächlich rothaarigen wie beispielsweise dem Cockerspaniel vor!"

„Okay", lächelte Frau Dr. Nussbaum. „Wie ich sehe, haben Sie sich ausführlich mit der Kastration Ihrer Hündin befasst. In Amerika werden die Hunde alle mit sechs Monaten kastriert, da passiert auch weiter nichts. Ich würde vorschlagen mit siebeneinhalb Monaten können wir das machen."

„Das ist super! Ach übrigens, ich füttere Q.C. seit einiger Zeit kein Fleisch mehr. Seitdem ist er total aufgelebt. Er wird immer fitter. Er läuft zum Teil bis zu drei Stunden am Tag. Es gab Zeiten, da hat er nicht mal fünfhundert Meter geschafft, um sein Geschäft zu verrichten. Ist schon ein Wunder, was so ein junger Hund ausmacht."

Die Tierärztin schaute mich nachdenklich an. „Sagen Sie, ist da mal eine Biopsie gemacht worden?"

Ich verneinte dies. Frau Dr. Nussbaum zog die Stirn in Falten. „Ist denn ein Ultraschall gemacht worden?"

Als ich wieder mit dem Kopf schüttelte, verdrehte sie leicht die Augen. „Wissen Sie, ich will Ihnen ja keine falschen Hoffnungen machen, aber eigentlich ist das schon seltsam, dass der Hund mit so einer Diagnose immer noch lebt und vor allem noch so fit ist. Kommen Sie doch noch mal vorbei und wir machen einen Ultraschall."

Na, das war ja was. Ich wusste nicht, welchem Gefühl in diesem Chaos, das sich da auftat, ich zuerst Raum geben sollte. Hoffnung. – Sollte der Tumor wirklich gutartig sein? Würde unser Hund weiterleben?

Angst. – Was, wenn die Hoffnung doch zerplatzt wie eine Seifenblase?

Doch vor allem, das größte aller Gefühle – Schuld! Ich hatte ein riesengroßes Schuldgefühl. Warum hatte ich nicht sofort eine zweite Meinung eingeholt?

Ich versuchte mich an den Tag zurückzuerinnern. Die Worte meiner Tierärztin hallten in meinem Ohr: „Egal welche Diagnose er hat. Die Prognose ist unheilbar! Alles Weitere würde sein Leiden nur verlängern! Alles Weitere wäre Tierquälerei!"

Ich wollte natürlich nur das Beste für ihn. Ich wollte doch nicht, dass an ihm herumgedoktert wird und er sich unnötig quält. Und jetzt bestand doch Hoffnung? Hatte ich einfach den Zug vorbeifahren lassen?

Gleich im Auto rief ich Olaf auf der Arbeit an und berichtete von dem Gespräch.

„Stell dir vor, was die Tierärztin gesagt hat. Es kann sein, dass der Tumor von Q.C. gutartig ist. Ich soll noch mal zum Ultraschall kommen."

„Hab ich doch gleich gesagt, du sollst noch mal eine zweite Meinung einholen!" Kam ziemlich monoton vom anderen Ende der Leitung. Nun war es vorbei mit meinen Nerven. Tränen rannen mir über das Gesicht.

„Das ist ja einfach", schluchzte ich. „Du bist ja auch nicht zu einem anderen Tierarzt gefahren. Warum bleibt denn alles an mir hängen? Außerdem sah es ja sowieso die ganze Zeit aus, als ob er sterben würde. Dass es ihm so gut geht, ist ja erst so, seit wir Pauline haben."

Olaf lenkte gleich ein. „Du hast ja recht, dann mach doch gleich einen Termin. Wäre ja toll, wenn es tatsächlich ein gutartiger Tumor wäre."

Gesagt getan, eine Woche später vereinbarten wir einen Untersuchungstermin in der Praxis. Aufgeregt fuhr ich mit beiden Hunden zum geplanten Sonographie-Termin. Pauline ließ ich zunächst im Auto, da mir zwei Hunde in der Tierarztpraxis zu viel waren. Außerdem schaffte die *Kleine Große* es sowieso immer, sich in den Mittelpunkt zu stellen und ich wollte, dass diesmal Q.C. die ganze Aufmerksamkeit bekam. Kaum war ich im Wartezimmer, hörte ich auch schon, wie die Hündin lautstark protestierte.

Ich muss sie reinholen! Nervös dachte ich nach, was ich mit dem aufgeregten Hund in meinem Auto anstellen sollte.

Die zerlegt mir das Auto, fuhr es mir durch den Sinn. Ich hatte extra einen Kauknochen von zu Hause mitgenommen, doch Pauline ließ sich dadurch nicht bestechen. Ich hatte das Gefühl, dass sie genau spürte, dass irgendetwas Grundlegendes passierte und sie glaubte, sie müsse ihren Freund beschützen. Die Hündin war außer sich und ich, die sonst so Konsequente, war völlig hilflos, was sie sicherlich genauso wahrnahm.

Im letzten Moment besann ich mich anders und beschloss, es darauf ankommen zu lassen. Pauline musste trotz Gezeter im Auto warten.

Die kurze Zeit, die ich mit unserem Labrador im Wartezimmer verbrachte, kam mir endlos vor. Minuten des Wartens, des Hoffens und ebenso des Bangens. Dann endlich …!

„So Frau Wilhelms, es kann losgehen!“ Die Tierarzthelferin machte einen recht positiven Eindruck. Alle waren immer besonders freundlich in der Praxis. Ein kurzer Gang auf die Waage zeigte, dass der Hund in den letzten Wochen ungefähr zwei Kilo abgenommen hatte. Wie schon erwähnt, hatte er kein Fleisch mehr vertragen und deshalb natürlich Fett und Muskelmasse verloren. Alles, was er noch an Masse besaß, war ein fußballgroßer Tumor.

Die Helferinnen legten den ängstlichen Hund auf den Tisch und ich stellte mich an das Kopfende. Der arme Kerl wusste gar nicht, was los war. Er tat mir so leid. Ich hielt seinen Kopf in meinen Armen, streichelte ihm über sein Gesicht und redete ihm zu. „Alles gut, mein Schatz, du machst das ganz klasse.“

Seine Engelsgeduld trieb mir vor Rührung die Tränen in die Augen. Die beiden jungen Frauen hielten ihn so, dass er auf dem Rücken lag. „So, jetzt müssen wir ihn rasieren, damit wir etwas sehen können.“ Die Tierärztin hatte eine so freundliche Art, dass es leicht war, ihr zu vertrauen. Ganz lieb sprach sie mit dem Tier, während sie ihm den riesigen Leib kahl rasierte. Jetzt, nachdem das Fell am Bauch fehlte, erschien der Tumor noch wesentlich riesiger. Oder war es jetzt nur die andere Sichtweise?

Q.C. hob sein Köpfchen, jedes Mal wenn das kühle Gel seinen nackten Bauch berührte, um zu schauen, was da vor sich ging. Immer wieder spürte ich die Tränen aufkommen, so gerührt war ich über die enorme Geduld dieses Hundes.

„Mein Gott, so was hab ich auch noch nicht gesehen. Ich würde ja gern sehen, wo der Magen liegt oder die Milz oder die Leber. Aber das Ding ist so riesig, dass es alles andere wegdrückt."

Frau Dr. Nussbaum suchte nach gesundem Gewebe. Ich spürte, wie alle Hoffnung, die sich in den letzten Tagen angesammelt hatte, plötzlich aus meinem Herzen verschwand. Es war wie bei einem Luftballon, den man zunächst mühevoll aufgeblasen hatte und aus dem man dann einfach die Luft wieder abließ. Genauso fühlte es sich an.

Allein vom Verstand her hatte ich mit nichts anderem gerechnet, versuchte ich mir einzureden. Der Tumor war riesig, das war nicht schönzureden. Ich war hierher gefahren, um den letzten Ausschluss zu haben, das letzte Fünkchen Hoffnung.

Klar, es wäre schon toll gewesen. Aber damit gerechnet, dass es ein positives Ergebnis sein würde, hatte ich nicht wirklich. Inmitten meiner Gedanken, die sich erneut mit Q.C.s Tod beschäftigten, hörte ich auf einmal wie aus weiter Ferne, die Worte der Veterinärin.

„Da! Da ist ein Stück von der Leber und das ist homogen, das heißt gesund!" Frau Dr. Nussbaum hatte die Worte laut und euphorisch ausgerufen.

Aus meinen eigenen Gedanken gerissen dachte ich: *Was hatte sie gesagt?*

Ich traute meinen eigenen Ohren nicht, als sie weiter rief. „Und da! Da ist ein Stück Magen!"

Die Tierärztin hatte dem armen Hund den Schallkopf richtig tief ins Gewebe gedrückt, aber es war die einzige Möglichkeit, überhaupt etwas zu sehen. Meine Gefühle überschlugen sich. Ich spürte, wie mein Adrenalinspiegel stieg. Angst und Hoffnung machten sich gleichermaßen breit.

„Also", sagte die Doktorin, nachdem sie ungefähr eine halbe Stunde den Hund untersucht hatte. „Wenn es mein Hund wäre, würde ich jetzt ein Röntgenbild von der Lunge machen. Wenn er keine Lungenmetasthasen hat, können wir davon ausgehen, dass es sich um einen gutartigen Milztumor handelt. Sollte es doch die Leber sein, machen wir ihn wieder zu. Ist es die Milz, nehmen wir sie raus und das war's. Ich will Ihnen keine OP aufschwatzen, ich sage nur, was ich tun würde, wenn es mein Hund wäre."

Das klang für mich vernünftig und so sagte ich: „Gut, dann röntgen Sie ihn."

Es dauerte nicht lange, bis Q.C. schwanzwedelnd mit einer der Helferinnen aus dem Röntgenzimmer kam. Er schien die Unannehmlichkeiten der Untersuchungen niemandem übelzunehmen, sondern im Gegenteil die Aufmerksamkeit, die er bekam, in vollen Zügen zu genießen.

Als Frau Dr. Nussbaum mir die Bilder zeigte, war ich zunächst erschrocken. Ich sah sie mir an, sah die kleinen Punkte und sagte enttäuscht: „Ich sehe schon, doch Metastasen!"

Die Tierärztin antwortete jedoch zu meiner Überraschung: „Nein, ich halte das für Bronchialäste. Metastasen wären wesentlich größer. Schauen Sie mal, ich habe noch ein weiteres Bild gemacht."

Sie strahlte über das ganze Gesicht, als sie mir ein Bild vom Bauchraum unseres Labradors zeigte. Wie ein kleines Kind unter dem Weihnachtsbaum sah sie aus, als sie mir das zweite Röntgenbild erklärte. Auf diesem Bild war nun, selbst für mich gut zu erkennen, dass es sich hier um einen abgegrenzten Bereich des Tumors handelte.

„Zu fünfundneunzig Prozent ist der Tumor gutartig. Wäre es mein Hund, würde ich ihn auf jeden Fall operieren!"

Die Veterinärin schien genauso aufgeregt zu sein wie ich. Sicher erlebte sie so etwas auch nicht alle Tage.

„Natürlich", sagte ich ebenso glücklich. „Ich würde das gern mit meinem Mann besprechen aber ich bin sicher, dass wir das machen werden", fügte ich gleich hinzu. „Ich muss nur genau überlegen, wie ich das hinbekomme, Pauline soll ja auch kastriert werden".

Die Tierärztin lächelte verständnisvoll und ich hatte den Eindruck, dass ich ihr irgendwo ein wenig leidtat.

„Ach ja, Sie haben ja gleich zwei Kandidaten", bemerkte sie mitfühlend. „Klar, besprechen Sie das in Ruhe zu Hause. Sie können auch in Raten zahlen, das ist nicht ungewöhnlich und in Ihrem Fall auch kein Problem."

Erleichtert von dem Ergebnis der Diagnose und von dem netten Umgangston in der Praxis, ging ich mit Q.C. zum Auto, in dem Pauline uns schon aufgeregt erwartete. Ich wollte nicht warten, bis ich Zuhause angekommen war, sondern rief Olaf während der Autofahrt auf der Arbeit an. Es war schon Mittag und wahrscheinlich würde ich ihn höchstens bei seinem kurzen Nickerchen stören.

„Hallo?", meldete sich die vertraute, etwas müde klingende Stimme am anderen Ende der Leitung.

„Hallo, hast du schon Pause?" Vorsichtig fragte ich nach, denn ich hasste nichts mehr, als ihn während der Arbeit zu stören. Dabei war es ja nichts Belangloses, sondern etwas Brandwichtiges!

„Ja", antwortete die Stimme müde.

„Na, ich hab dich wohl beim Schlafen gestört?"

Wieder nur ein müdes „Ja".

Na warte, dachte ich. *Gleich bist du wach.* „Q.C.s Tumor ist zu fünfundneunzig Prozent ein gutartiger Milztumor. Er kann operiert werden. Das machen wir doch, oder?"

Ich wusste, dass diese Frage absolut überflüssig war. Olaf antwortete: „Ein Milztumor? Das erklärt, warum er immer gekotzt hat. Na klar, lassen wir ihn operieren. Hast du schon einen Termin?"

Ich hatte zwar keine Ahnung, warum man sich bei einem Milztumor erbrechen muss, verzichtete aber darauf zu fragen. Stattdessen antwortete ich: „Nein, ich wollte erst mit dir sprechen. Ich soll anrufen, wenn wir uns dazu entschieden haben."

„Dann ruf an und mach einen Termin."

Olaf war jetzt hellwach. Vorbei war es mit dem Mittagsschlaf. Doch ich denke, für diese Nachricht hatte es sich gelohnt. Mein Mann und Q.C. hatten von Beginn an eine ganz besonders innige Beziehung. Es war schon immer mehr „sein" Hund. Wäre es ein Kind gewesen, hätte man gesagt: *Vater und Sohn.* Aber es war ein Hund und trotzdem oder gerade deshalb war diese Beziehung so innig. Q.C. musste weiter leben, schon allein für meinen Mann. Nicht, dass ich ihn weniger liebte, jedoch habe ich durch die Krankheit des Hundes verstanden, was dieser für Olaf war und ist. Ich habe auch von vielen Patienten erfahren, die ihre Hunde verloren haben, wie sehr und wie lange sie unter dem Verlust gelitten hatten.

In diesem Moment wurde mir klar, dass Paulinchen, so lieb ich sie hatte, niemals ein Ersatz für unseren Labrador sein würde. Das hatte ich auch nie mit dem Kauf der Hündin bezwecken wollen. Jedoch hatte ich mir eingeredet, dass der Verlust von Q.C weniger schmerzhaft sein würde, wäre noch ein weiterer Hund im Haus, der die Leere füllen würde. Doch nun begriff ich immer mehr, dass mit dem Tod des Labbis eine weitere Seele zerbrechen würde, nämlich die unserer Hündin. Viel zu sehr hatten sich die beiden Hundeherzen mittlerweile aneinander geschmiegt.

Gedankenverloren fuhr ich den Feldweg entlang zu der Weide, auf der meine Pferdeherde stand. Die Sonne meinte es noch einmal besonders gut an diesem schönen, spätsommerlichen Oktobertag. Als ich die Heckklappe meines Golfs öffnete, waren die beiden Hunde nicht mehr zu bremsen. Ich hatte lange daran gearbeitet, dass sie erst auf mein Kommando das Auto verließen. Doch heute war ein Ausnahmetag, mit Ausnahmeregeln und die beiden wussten es. Mit einem Satz sprangen beide aus dem Auto und rannten auf den naheliegenden Acker zu. Mir schossen vor Rührung die Tränen in die Augen. Q.C. bretterte mit einem *Affenzahn* hinter Pauline her. Er zeigte seine Zähne, wie ein wilder Löwe. Die beiden waren außer Rand und Band, so wie ich es schon seit langer Zeit nicht mehr erlebt hatte. Q.C. nahm seine ganze Kraft zusammen und schleppte seinen fast fußballgroßen Bauch in rasendem Tempo über das gepflügte Feld und schien immer wieder zu rufen.

„Ich werde leben! Seht ihr's alle? Ich werde leben!"

Pauline auch völlig aus dem Häuschen, flippte genauso aus. Glücklich schien sie im Echo zu flöten: „Ja, schaut ruhig hin … Er wird leben! Ha ha. Er wird leben!"

Völlig gerührt liefen mir die Tränen über die Wangen. Diesmal ärgerte ich mich nicht, dass meine beiden Chaoten über den Acker tobten und gleich wieder mein Auto in eine reine Lehmkuhle verwandeln würden.

Die Euphorie der Hunde dauerte drei volle Tage. Sie waren beide in ihrem Temperament kaum zu bändigen, sodass ich mir sicher war, dass hier eine geistige Verbindung zwischen Mensch und Tier und zwischen Hund und Hund stattgefunden hatte. Jeder, der dieses Spektakel mitbekommen hätte, würde mir recht geben, dass es sich hier nicht um einen Zufall gehandelt hatte.

Wir bekamen wenige Tage später Termine für beide Hunde. Donnerstags für Q.C., am nachfolgenden Tag sollte Pauline kastriert werden.

Nachdem die beiden Hunde sich so verausgabt hatten, waren wir am kommenden Wochenende bei meinem Schwager und seiner Frau zum Geburtstag unseres Patenkindes eingeladen. Da die junge Familie ebenfalls einen fünf Monate alten Junghund hatte, beschlossen wir Q.C. zu schonen und nur Pauline mitzunehmen. Wir hatten Sorge, dass es zu viel für unseren *Großen* werden könnte, da er in den letzten Tagen schon so viel getobt hatte. In der Vergangenheit folgte nach solchen Tagen oft eine längere Ruhephase.

Wir wollten nicht lange bleiben, da nur Kaffeetrinken geplant war. Madeline, unsere Tochter, hatte ein freies Wochenende und so wäre der Hund nicht die ganze Zeit allein. Außerdem wirkte es manchmal, als sei unser Labrador zwischendurch ganz froh, wenn er mal seine Ruhe hatte.

Wir waren gerade auf dem Heimweg, als mein Handy klingelte.

„Hallo, hier ist Madeline“, meldete sich unsere Tochter.

„Hallo, mein Schatz, wir sind auf dem Heimweg“, antwortete ich.

„Soll ich mal mit Q.C. rausgehen? Der sitzt hier und guckt so traurig.“ In ihrer Stimme klang Mitleid.

„Ja, das wäre lieb. Wir sind zwar auch bald da, aber dann muss ich nicht gleich wieder los."

Ich freute mich, dass Madeline so mitfühlend war und ich nicht sofort nach unserer Ankunft loshetzen musste. Mir tat schon den ganzen Tag mein Arm ziemlich weh und ich war froh, endlich zu Hause meine Ruhe zu haben.

Wir kamen alle ziemlich zur gleichen Zeit an, Madeline und Q.C. von ihrem Spaziergang, mein Mann, ich und Pauline von unserem Besuch. Q.C. freute sich uns zu sehen und ich bemerkte zunächst nichts Außergewöhnliches an ihm.

Wie gewohnt fütterte ich die beiden Hunde. Ich kann nicht mehr genau sagen, wann es anfing, jedoch begann es damit, dass der Labrador auf einmal extrem anhänglich wurde. Zunächst fiel mir auch das nicht auf, da dies ein typischer Charakterzug von ihm war. Ich streichelte Pauline, die auf ihrem Kissen lag. Dann stand ich auf, um zu Q.C. zu gehen. Während Pauline liegenblieb, nachdem ich wegging, stand Q.C. auf und ging hinter mir her. Ich lachte und sagte zu Olaf: „Siehst du, das ist der Unterschied zwischen den beiden Hunden. Pauline streichle ich, gehe weg und sie ist zufrieden. Q.C. streichle ich, gehe weg und er geht mir hinterher."

„Ja, ja", schmunzelte mein Mann. Zu diesem Zeitpunkt hatten wir beide noch keine Ahnung, dass das der Anfang einer endlosen, nächtlichen Odyssee werden würde.

Etwa eine halbe Stunde später verwandelte sich der Leib unseres Hundes in die Form eines Fesselballons. Seine Augen blickten abwechselnd panisch bis leer. Ich hatte nicht die geringste Ahnung, was ich tun sollte. Es war Samstagabend, mittlerweile einundzwanzig Uhr. In die Tierklinik fahren? Nein – das kam nicht in Frage. Eine Notoperation bei einem Hund, dessen Tumor seit einem Jahr stetig gewachsen war, würde jetzt niemand durchführen. Also gab ich ihm Maloxan, ein Mittel, das die Magensäure bindet und sein Schmerzmittel, welches ich von der ersten Tierärztin bekommen hatte. Ich baute mein Bett im Wohnzimmer auf und die Hundebetten ebenfalls. Q.C. knurrte vor Schmerzen. Zum ersten Mal, seit wir diesen Hund hatten, bemerkte ich, dass das Tier vor Schmerzen Geräusche von sich gab. Diese *Schübe*, zumindest hatten wir es dafür gehalten, hatte ich im letzten Jahr mehr als einmal erlebt. Doch hatte er bis heute niemals auch nur einen Laut dabei von sich gegeben. Ein ganzes Jahr hatten wir uns darauf eingestellt, dass unser Hund sterben würde. Doch vor einer knappen Woche hatte eine andere Tierärztin uns Hoffnung gemacht, dass er weiter leben könnte.

Ich betete zu Gott und zum Universum: „Lieber Gott, wenn Q.C. sterben sollte, warum hast du uns dann noch so viel Hoffnung gegeben. Weshalb hast du uns dann nicht in dem Glauben gelassen, er sei unheilbar krank? Wieso willst du ihn uns jetzt wegnehmen, wo wir wieder Hoffnung geschöpft haben? Bitte, lieber Gott, lass ihn nicht sterben. Bitte, bitte, lass ihn diese Nacht überleben."

Ich streichelte ihn zwischendurch, während mir die Tränen über die Wangen liefen. Dann riss ich mich wieder zusammen und sagte mir: „Du musst stark sein!"

Wenn er unruhig wurde, führte ich ihn in den Garten. Er war völlig teilnahmslos und sah mich an, als ob er sagen wolle: „Und nun? Was soll ich hier?"

Ich erwiderte seinen Blick und sagte, „Na komm, versuch mal was zu machen. Mach mal!"

Dann stellte er sich breitbeinig hin und pullerte. Ich hoffte, dass es *nur* eine Verstopfung war und kein kompletter Darmverschluss. Der Tumor war mittlerweile so groß, dass keines seiner Organe noch einen reellen Platz hatte.

Sollte er die Nacht überleben, wurde es wirklich Zeit. Ich hätte nie gedacht, dass fünf Tage so lang werden können.

Es muss so gegen drei Uhr morgens gewesen sein, als ich endlich ein gleichmäßiges Atmen hörte. Zwischendurch war ich kurz eingeschlafen. Ich sah hinüber zum Hundekorb. Mein Patient war ebenfalls endlich eingeschlafen. Das Knurren war weg, er schlief ruhig auf der Seite liegend. Die restliche Nacht verlief still und irgendwann schlief auch ich erschöpft ein.

Morgens, gegen neun Uhr, konnte ich die beiden Hunde wieder normal füttern. Unser Labrador hatte es geschafft. Q.C. war zwar noch ein wenig geschwächt, aber er schien es erst einmal überstanden zu haben. Nachmittags blähte sich der Bauch erneut auf. *Verdammt*, dachte ich voller Sorge, *jetzt geht das schon wieder los!*

Ich fuhr in die Notapotheke und holte ein Medikament gegen Krämpfe und etwas gegen Blähungen. Abends mischte ich beides mit dem Magenmittel und der Schmerzmedikation unter das Futter und hoffte wieder das Beste. Es funktionierte, die Nacht verlief ohne Komplikationen.

Nur noch drei Tage, drei Tage bis zur Operation, dachte ich. *Die musst du noch durchhalten!*

Q.C. erholte sich, zu meiner erfreulichen Überraschung von Tag zu Tag ein Stück mehr. Am 25.10.2013, dem Tag der geplanten Operation, hatte unser Labrador seine uns bis dahin gewohnte, gute Verfassung zurückgewonnen.

Ich wachte morgens schon sehr zeitig auf. Wir sollten um acht Uhr dreißig in der Praxis sein. Da ich sehr aufgeregt war, machte ich mich fertig, lud die Hunde ins Auto und fuhr um sieben Uhr dreißig los. Ich benötigte ungefähr eine halbe

Stunde bis zur Praxis und dachte mir, dass ich so, noch in aller Ruhe, mit den beiden spazieren gehen könnte.

Ich war schon kurz vor dem Ort der Tierarztpraxis angekommen, als ich einen schönen Feldweg entdeckte. Das Auto parkte ich auf einem dazugehörigen Parkplatz und lud die beiden Hunde aus. Meine Gedanken waren wohl schon zu sehr mit der bevorstehenden Operation beschäftigt. Vielleicht dachte ich auch, Q.C. würde sich dieselben Sorgen machen wie ich. Jedenfalls trug es dazu bei, dass ich den mit Wasser gefüllten Graben nicht gesehen habe. Zumindest erst zu dem Zeitpunkt, nachdem unser Labrador schon bis zum Bauch drin war.

„Das kann doch wohl nicht wahr sein!" Mein Adrenalinspiegel stieg und ich wetterte sofort los. „Komm sofort da raus! In einer halben Stunde wirst du operiert!"

Er sah mich an, als wolle er sagen: „Na und? Weiß ich, ob ich jemals noch mal ins Wasser komme?"

Natürlich konnte ich ihm gar nicht richtig böse sein. Er hatte ja recht. Wer wusste schon, ob er tatsächlich wieder aufwachte? Doch schnell schob ich den Gedanken wieder weg und dachte darüber nach, wie unvorteilhaft ein so schmutziger Hund wäre, wenn er steril operiert würde. Q.C. stieg völlig gelassen aus dem Graben und schien überhaupt nicht zu verstehen, warum ich mich so aufregte.

In der Praxis angekommen wurden wir auch gleich empfangen.

„Hallo Frau Wilhelms!" Freundlich begrüßte uns Frau Meyer, die junge Arzthelferin.

„Q.C. ist noch mal schnell in den Graben gesprungen. Ich habe nur einen Moment nicht hingesehen. Es tut mir leid."

Ich konnte gerade noch verhindern, dass mein freundlicher Hund der Tierarzthelferin ihre schneeweiße Hose einsaute. Es war mir wirklich ziemlich peinlich, dass ich nicht aufgepasst hatte. Doch es schien tatsächlich niemanden hier zu stören. Die Tierärztin Frau Dr. Nussbaum lachte ebenfalls nur über seinen *Grabenausflug.* Dann wurde sie jedoch ernst und erklärte: „Ich hatte eine unruhige Nacht."

Ich nickte verständnisvoll und sagte: „Das kann ich mir denken. Ich weiß, dass Sie diese Operation nur durchführen würden, wenn Sie sich absolut sicher wären, dass eine Chance bestünde. Bestimmt nicht, weil Sie unbedingt operieren wollen."

„Ich habe keine Ahnung, was mich dort erwartet. Wenn ich den Bauch öffne, weiß ich nicht, was ich dort an Verklebungen vorfinden werde. Es kann sein, dass es so verwachsen ist, dass es keinen Sinn macht, weiter zu operieren. In solch einem Fall würde ich Sie jedoch anrufen."

Ich konnte deutlich ihre Angst spüren. Ich hatte tiefen Respekt vor dieser Frau und empfand sehr viel Mitgefühl. Doch da war noch etwas anderes. Ja, es war Dankbarkeit und Hochachtung!

Wir mussten noch eine Weile im Wartezimmer verweilen. Während dieser Zeit holten mich die Gedanken ein und ich begann, aus lauter Angst um unseren Hund zu weinen. Zu viel war in den letzten Tagen geschehen. Es entlud sich nun hier in dieser Stille allein mit Q.C. Es war, als nähmen wir Abschied voneinander. Da geschah etwas, was ich mir in den letzten Monaten so oft gewünscht hatte, jedoch nie erlebte. Q.C. legte tröstend seinen Kopf auf meinen Schoß, während ich weinte. Natürlich saute er mir dabei komplett meine Jeans ein. Aber der Labrador hatte mich zum ersten Mal getröstet, als ich um ihn weinte. Das sah ich als ein positives Zeichen an, dass der Hund wusste, er würde überleben. Die ganze Zeit, als Olaf und ich der Meinung waren, er würde sterben, wollte Q.C. davon nichts wissen. Ich bin mir sicher, dass er deshalb nie zu uns kam, wenn wir weinten.

Ich führte Q.C. schließlich mit in das Untersuchungszimmer und sah zu, wie die beiden Helferinnen ihn auf den Tisch setzten, dann verließ mich der Mut. „Ich werde jetzt gehen. Ich kann das nicht sehen, wenn er einschläft. Ich habe Angst, dass ich umkippe."

Tränen standen mir in den Augen.

„Ist okay", sagte die Tierärztin. „Dein Frauchen holt dich gleich wieder ab!"

Die Helferin sprach ruhig zu dem zitternden Hund, als sei es eine Selbstverständlichkeit, dass ich ihn mittags wieder abholte.

Weinend stieg ich in unseren Golf, ließ den Motor an und fuhr ein paar Meter rückwärts. Plötzlich kam mir ein Gedanke, den ich die ganze Zeit verdrängt hatte. Was wäre, wenn Q.C. nicht wieder aufwachen würde? Hatte ich nicht immer gesagt, dass ich ihn niemals allein sterben lassen würde? Und jetzt schaffte ich es nicht mal dabei zu bleiben, wenn er eine Narkose bekam? Was war ich bloß für ein Weichei? Sofort drehte ich den Schlüssel zurück. Ich machte mir gar nicht mehr die Mühe, das Auto wieder vernünftig zu parken. Schnell sprang ich aus dem Wagen und rannte zu dem Zimmer, aus dem ich vor ein paar Minuten gekommen war. Ich klopfte, wartete jedoch nicht ab, sondern stürmte hinein.

„Ich hab's mir anders überlegt. Ich weiß ja nicht, ob er wieder aufwacht. Ich bleibe. Ich würde mir das nie verzeihen."

Die Tierärztin lächelte mich verständnisvoll an, als sie nur sagte: „Tapfer!"

Ich hielt den Kopf unseres Hundes und war so froh da zu sein, als ich bemerkte, wie groß seine Angst war. Als er eingeschlafen war, sagte ich noch beim Abschied zu Frau Dr. Nussbaum: „Ich möchte Ihnen noch etwas sagen. Egal was hier heute passiert und egal wie es ausgeht. Ich weiß, dass Sie ihr Bestes geben. Wenn es nicht funktioniert, dann ist es nicht Ihre Schuld."

Während ich das sagte, liefen mir die Tränen über die Wangen, ich musste mehrfach schlucken, um diese Sätze aussprechen zu können. An diesem Morgen wusste ich nicht, ob ich mich gerade endgültig von unserem geliebten Freund verabschiedet hatte. Von diesem Moment an lag alles nur noch in Gottes Hand.

„Danke!", sagte Frau Dr. Nussbaum und ich wusste, dass ich ihr mit dieser Aussage eine schwere Bürde abgenommen hatte.

Wir hatten abgemacht, dass die Praxis sich gegen Mittag melden wollte, wenn alles so weit in Ordnung wäre. Mit der Veterinärin hatte ich besprochen, dass sie sich meldet, wenn mit dem Hund etwas Unvorhergesehenes geschieht, d.h., wenn es darum geht, die Operation frühzeitig, also erfolglos, zu beenden.

Die Zeit des Wartens wurde immer unerträglicher. Einerseits dachte ich, wenn sich keiner meldet, ist auch nichts geschehen. Andererseits wurde ich immer mürber, je länger die Zeit voran ging. Um vierzehn Uhr hielt ich es nicht mehr aus und rief an. Es meldete sich die Praxis und Frau Becker war am anderen Ende der Leitung: „Entschuldigen Sie bitte, hier ist Ute Wilhelms. Ich habe heute Morgen meinen Hund Q.C. gebracht. Er wurde um neun Uhr in Narkose gelegt. Ich wollte mal fragen, wie es aussieht?"

„Die sind immer noch am Operieren", sagte Frau Becker freundlich.

„Immer noch?"

Ich war ziemlich irritiert, schließlich waren ja schon fünf Stunden vergangen. Das konnte ich mir gar nicht vorstellen. Doch Frau Becker blieb ganz ruhig und freundlich. „Ja, die sind noch mittendrin."

Noch mittendrin?, schoss mir die Antwort als Frage durch den Kopf.

„Okay, danke!", antwortete ich und legte auf. Ich hatte ja wenigstens gehofft, dass sie beim Zunähen waren, aber mittendrin hörte sich nicht danach an. Also wartete ich weiter. Irgendwann meldete sich Olaf per SMS.

„Was macht unser Baby?" Kurze knappe Frage. Er hatte Angst. Ich las es zwischen den Zeilen, war aber nicht in der Lage, näher darauf einzugehen. Ich antwortete, dass Q.C. noch operiert wurde. Zu mehr hatte ich keine Kraft. Die Nacht vor der Operation hatte ich kaum geschlafen, da ich wieder so starke Schmerzen in meiner operierten Schulter hatte und nun wartete ich seit Stunden auf ein Ergebnis. Dazu kamen meine Schuldgefühle, dass ich zu gegebener Zeit keinen zweiten Tierarzt gefragt hatte und zudem die Angst vor Paulines bevorstehender Kastration. Meine Nerven waren zum Zerreißen gespannt. Olaf schickte eine weitere SMS, auf der stand:

„Immer noch, der arme Kerl." Dazu ein weinender Smiley. Ja, er machte sich Sorgen und im Gegensatz zu mir, musste er arbeiten und sich zusammenreißen. Ich konnte wenigstens auf dem Sofa sitzen und hemmungslos weinen. Ich ahnte, wie er sich fühlte und ich spürte, wie meine letzten Reserven schwanden.

Ich lag auf dem Sofa und wartete. Mein Arm schmerzte, die Sonne schien warm ins Zimmer und Pauline schlief. Ich war so froh, dass sie schlief. Meine ganze Energie schien, wie bei einem leeren Akku, einfach mehr und mehr zu schwinden.

Rien ne va plus – nichts geht mehr. *Reiß dich zusammen!,* warnte mich meine innere Stimme. *Du hast zwei Hunde. Du musst mit Pauline rausgehen. Wenn die gleich anrufen, dass du ihn abholen musst, hast du keine Zeit mehr!*

Ich hatte zu diesem Zeitpunkt keine Ahnung, dass ich Q.C. heute nach diesem OP-Marathon nicht mehr abholen würde.

Endlich schaffte ich es, mich aufzuraffen, Pauline an die Leine zu nehmen und in den nahegelegenen Wald zu gehen. Es war ein seltsames Gefühl, nach der ganzen Zeit, die ich mit zwei Hunden verbracht hatte, nun mit nur einem Hund loszuziehen. Wir waren schon wieder auf dem Heimweg, als uns unsere Nachbarin entgegenkam. Frau Maevers hatte von Beginn an unseren Labrador ins Herz geschlossen. Die ältere Dame hatte selbst einen Terrier, Bondo, und ging mit ihm ihren üblichen Weg. Als sie mich erkannte, fragte sie gleich:

„Wo ist denn Q.C.?“

„Er wird gerade operiert. Seit neun Uhr liegt er auf dem Tisch. Ich glaube nicht mehr daran, dass ich ihn lebend wiederbekomme!“ Jetzt war es vorbei. Ich schluchzte, Tränen liefen mir über das Gesicht. Ich hatte meine Fassung verloren, fast wäre ich ihr um den Hals gefallen. Ich war total am Ende.

„Was, seit neun Uhr?“ Die Nachbarin klang entsetzt. „Was machen die denn mit ihm?“

Frau Maevers fühlte mit mir, das spürte ich und es tat mir gut.

„Ich weiß nicht. Die Tierärztin sagte mir vorher schon, dass sie nicht wüsste, was sie an Verklebungen erwarten wird. Sie hat aber auch gesagt, dass sie anruft, wenn es keinen Sinn hat. Um zwei Uhr habe ich angerufen, da waren sie noch am Operieren.“ Ich merkte, wie ich mich mit meinen Worten selbst beruhigte. „Sie hätten angerufen, wenn irgendetwas wäre!“

„Ja, das denke ich auch. Alles Gute!“, antwortete die nette Nachbarin und ging weiter mit ihrem Hund in Richtung Waldlichtung, während ich mich mit Pauline auf den Heimweg machte. Es war mittlerweile fünfzehn Uhr. Ich hatte extra meine Handynummer angegeben, damit ich immer erreichbar war.

Doch die Leitung blieb stumm.

Um sechzehn Uhr spürte ich, dass meine allerletzten Lebensgeister aus meinen Nervenbahnen zu schwinden schienen. Seit Stunden starrte ich das Telefon an. Immer wieder darüber nachdenkend, ob ich vielleicht die falsche Nummer angegeben hatte, ob die Praxis versucht hatte, auf dem Festnetzanschluss anzurufen. Ich konnte es drehen und wenden, wie ich wollte, das Telefon hatte nicht geklingelt und es klingelte auch nicht. Um sechzehn Uhr war es mir völlig egal, ob ich mich blamieren würde oder nicht. Erneut rief ich in der Tierarztpraxis an. Wie zuvor meldete sich die gleiche freundliche Stimme, als ich meinen Text herunterspulte.

„Entschuldigen Sie bitte, dass ich schon wieder anrufe, aber können Sie mir sagen, ob mein Hund noch lebt?“

Ich konnte nicht verhindern, dass ich schon wieder anfing zu weinen. Frau Becker war sehr geduldig und antwortete freundlich: „Die nähen ihn gerade zu, aber es ist eine Riesenwunde. Es wird noch eine ganze Zeit dauern.“

„Er lebt also noch?" Wie ein Wasserfall liefen die Tränen, als ich diese Frage stellte.

„Ja sicher."

Ich ahnte, dass sie lächelte und bedankte mich erleichtert. Ich legte das Handy zur Seite und weinte mich erst mal aus.

Ungefähr eine halbe Stunde später kam mein Mann von der Arbeit. Eigentlich hatte er sich mit Nicoles Mann, Marcus, noch am Stall verabredet. Der Paddock für die Pferde musste noch eingezäunt werden. Es war Ende Oktober und der Winter schritt in forschen Zügen auf uns zu. Auf den Wiesen war nicht mehr genügend Gras und die Pferde nutzten jede Gelegenheit, um auszubrechen, wenn sie eine Stelle fanden, an denen der Zaun undicht war oder der Strom nicht genügend Kraft hatte.

Als Olaf jedoch an diesem Nachmittag nach Hause kam, nahm er mich in die Arme und wir weinten beide. Zu lange hatte er, genau wie ich, darauf gewartet, dass ein Lebenszeichen von unserem Hund kam. Wir waren beide mit unseren Kräften am Ende.

„Ich hatte ja Marcus versprochen zu helfen!", sagte er zu mir. „Aber ich glaube, ich kann heute nicht."

„Als ich vorhin anrief, waren die immer noch am Zunähen, die werden eh bald anrufen! Dann müssen wir ihn ja holen!"

Ich habe inzwischen keine Ahnung mehr, woher ich die Vorstellung hatte, dass ich den Hund, nach acht Stunden Operation, kurze Zeit später abholen könnte.

„Ich denke, dass jeder dafür Verständnis hat, wenn wir uns heute nur um unsere Hunde kümmern."

Um siebzehn Uhr kam dann endlich der erlösende Anruf. Sofort erkannte ich sofort die sympathische Stimme der Tierärztin am anderen Ende der Leitung. „Hallo, Nussbaum hier.

Wir sind fertig." Sprichwörtlich so klang sie auch. Die Frau hatte acht Stunden am Stück durchoperiert. Was für eine Leistung!

„Ich habe, glaube ich, noch nie so viel Nahtmaterial verbraucht." Aus ihren Worten klang eine Mischung aus Erleichterung, Müdigkeit und Glück heraus.

„Wie wir erwartet haben, war der Tumor mit sämtlichen Gefäßen verwachsen. Das ganze Ding wog fünf Kilo. Es war absoluter Wahnsinn. Ich hoffe, ich habe jetzt nicht ein wichtiges Gefäß durchtrennt, das den Magen versorgt. Es war alles so verwachsen, dass ich das nicht so genau sehen konnte. Aber ich denke eher nicht. Jetzt muss er nur noch wach werden. Aber Q.C. hat schon die Zunge bewegt. Wenn Sie wollen, rufe ich Sie später noch mal an, wenn er wach ist. Er bleibt auf jeden Fall diese Nacht zur Beobachtung hier."

Sie klang ziemlich erschöpft, aber auch sehr erleichtert, wie ein Sportler nach einem Marathon. Den hatte ja auch gerade bestritten.

„Insgesamt würde ich sagen, ist die OP gelungen."
Ich spürte, wie sie erleichtert lächelte.
„Ich rufe später noch mal an, wenn er wach ist", wiederholte sie ihre Worte.

Ich erzählte noch kurz, dass ich schon dachte, dass Q.C. tot sei und sie sagte, dass sie dann auf jeden Fall angerufen hätte. Ich bedankte mich noch einmal, dann legte ich erschöpft und erleichtert auf.

Die Zeit verging weiter, ohne dass ein Anruf aus der Praxis folgte. Doch dieses Mal war ich seltsamerweise ruhiger. Irgendetwas gab mir die Gewissheit, dass unser Hund wieder aufwachen würde. Ob es Naivität war, der Glaube an Gott oder des Universums guten Willen. Vielleicht auch einfach die Tatsache, dass im Fall eines Kreislaufzusammenbruchs mit Sicherheit jemand angerufen hätte. Irgendetwas stimmte mich zuverlässig. Was, das kann ich nicht genau sagen.

Es war neun Uhr, als Olaf sagte: „Seltsam, dass immer noch keiner angerufen hat."

„Vielleicht hat sie es ja vergessen oder ist eingeschlafen", versuchte ich uns beide zu beruhigen

„Wer weiß, wer da jetzt Dienst hat", fuhr er fort.

„Kann ja auch sein, dass sie vergessen hat weiterzugeben, dass wir angerufen werden sollen."

Obwohl alle Gedanken nicht wirklich beruhigend waren, vertrauten wir in dieser Nacht der Ärztin und darauf, dass Q.C. dort in der Klinik gut aufgehoben sei. Ich war so müde, dass ich sogar relativ gut schlafen konnte. Die Schmerzen in meiner Schulter waren erträglicher und es kam mir der Verdacht, dass ich durch den ganzen Stress tatsächlich meinen Körper so verspannt hatte, dass meine acht Wochen alte Operationswunde so dermaßen geschmerzt hatte.

Am nächsten Morgen wachte ich gegen sieben Uhr auf. Ich wartete noch fünfundvierzig Minuten, dann wählte ich die Nummer der Praxis. Wie erwartet, war der Anrufbeantworter eingeschaltet. Jedoch wurde für dringende Notfälle eine Handynummer angegeben. Da es mittlerweile kurz vor acht war, wählte ich die Nummer. Eine freundliche Stimme am anderen Ende der Leitung beantwortete gleich meine Frage, nach dem Befinden von Q.C. Es war die andere Ärztin, Frau Decker: „Die Helferin hat jede Stunde nach ihm gesehen, und soviel ich weiß, gab es keine Vorfälle, warten Sie bitte einen Moment. Ich gehe gleich rüber, um nachzuschauen. Nicht, dass ich Ihnen jetzt etwas Falsches sage. Ich rufe in fünfzehn Minuten zurück."

Ich war immer wieder angenehm von der Freundlichkeit der Mitarbeiter überrascht. Es dauerte nicht lange, da klingelte mein Handy.

„Decker hier, ich war eben drüben, der sitzt in seiner Box und wedelt mit dem Schwanz. So etwas hab ich noch nicht erlebt." Sie wirkte tatsächlich sehr beeindruckt. „Als meine Kollegin da gestern so am Schnippeln war, dachte ich bei mir: Lass sie mal weiter machen aber der steht doch nie wieder auf, nach so einer Zeit! – Und jetzt sitzt der in seiner Box und freut sich! Das ist wirklich ein Wunder – unvorstellbar. Normalerweise nach so einer Narkose von acht Stunden steht kein Hund wieder auf."

Erst jetzt wurde mir klar, was Frau Dr. Nussbaum gestern meinte, als sie sagte: „Jetzt muss er nur noch wieder wach werden!"

Ich hatte das ganze Ausmaß der Narkose nicht verstanden. Für mich war es ganz klar – er hatte die Operation überlebt – der Rest war völlig normal. Ich war im Nachhinein froh, dass ich keine Ahnung davon hatte, dass es keine Selbstverständlichkeit war, dass Q.C. diese Marathon-Operation überlebt hatte. So hatte ich wenigstens ein bisschen geschlafen und meine Seele hatte sich ein wenig erholt.

In einer Stunde würde Pauline kastriert werden. Ich spürte, wie mir Zweifel kamen. Q.C.s Operation war nicht abzuwenden gewesen, wollte er noch am Leben bleiben. Paulines Operation war im Prinzip für meine Bequemlichkeit, so dachte ich zumindest in diesem Moment.

Doch dann fiel mir wieder ein, welche Nebenwirkungen Hormonspritzen hatten und dass das Risiko von Gesäugekrebs bei einer Frühkastration auf unter Nullkommafünf Prozent sank. Ich schob meine Selbstzweifel zur Seite, setzte die Hündin ins Auto und fuhr in Richtung Tierarztpraxis.

In der Praxis angekommen, wurden wir schon freundlich erwartet. Frau Becker, die Tierarzthelferin, öffnete uns die Tür.

„Guten Morgen, Frau Wilhelms, hallo Pauline!"

Man kannte uns bereits in der gesamten Klinik mit Namen. Auf einmal ging die Tür auf und ich hörte jemanden sagen: „Schau mal, wer da ist."

Ich drehte mich um und sah, wie mein brauner Labrador, bis zur Mitte des Leibes kahl rasiert, mit einem türkisfarbenen *Rettungsring* um den Hals, auf uns zu marschierte, so als ob nie irgendetwas geschehen war.

„Das gibt es ja nicht, Paulinchen schau mal, wer da kommt?" Meine Stimme klang überschwänglich und entzückt. Ich war glücklich, meinen mit der Rute wedelnden Hund zu sehen. Pauline stürzte freudig auf ihren Kumpel zu und begann sofort, ihm die Schnauze zur Begrüßung zu lecken. Q.C. genoss sichtlich die stürmische Begrüßung seiner jungen Freundin. Wieder kamen mir vor Rührung die Tränen und wieder zweifelte ich an meiner Entscheidung, Pauline kastrieren zu lassen. Ich teilte meine Bedenken der Veterinärin mit.

„Ich kann Sie vollkommen verstehen. Wenn Sie sagen, dass Sie keine Nerven mehr dafür haben, ist das völlig in Ordnung. Ich habe vollstes Verständnis dafür."

Genau dieses einfühlsame Verhalten bestärkte mich darin, die Operation letztendlich dann doch durchführen zu lassen. Q.C. durfte mit dabei sein, bis Pauline in Narkose gelegt wurde. Im Gegensatz zu ihm hatte sie eine wahnsinnige Angst. Die arme Hündin zitterte wie Espenlaub am ganzen Körper. Sie war doch um einiges sensibler. In diesem Moment wurde mir klar, dass die Dickfelligkeit unseres Labradors, die mich so oft zur Weißglut gebracht hatte, ihm dieses Mal mit höchster Wahrscheinlichkeit das Leben gerettet hatte. Wäre Pauline an seiner Stelle gewesen, wer weiß, ob dieses zarte Wesen so viel Kampfgeist gehabt hätte? Aber das ist nur eine Vermutung und ich hoffe, dass ich die Wahrheit darüber niemals herausfinden muss.

Q.C. blieb noch bis zum frühen Nachmittag in der Tierklinik. Frau Dr. Nussbaum wollte noch sehen, wie er mit der Nahrungsaufnahme zurechtkam.

Paulines Operation verlief ohne Zwischenfälle. Um vierzehn Uhr rief mich die Tierarzthelferin an und teilte mir mit, dass alles problemlos verlaufen wäre, und dass ich beide Hunde nun abholen könnte.

Die Geburt der Wolfsfrau

Nach meinem Sturz hatte ich mir, wie schon zuvor beschrieben, die ganze Zeit die Frage gestellt, warum ich solche Schmerzen erleiden musste. Immer wieder hatte ich mir vor Augen geführt, dass ich ja schließlich schon zwei Kinder zur Welt gebracht hatte. Aber die Schmerzen, die diese Luxation der Schulter mit sich brachten, war mit nichts zu vergleichen. Aber war das tatsächlich so? Waren die Schmerzen, welche die Geburtswehen mit sich brachten, nicht genauso stark? Konnte man das überhaupt vergleichen? Vielleicht war es einfach nur so, dass man die Schmerzen der Geburt durch das Ereignis des Lebendigen vergaß.

Sollte auch er Sturz etwas Positives bewirken, so konnte ich das noch nicht erkennen; aber das sollte sich schlagartig ändern.

Nach der geglückten Operation von Q.C. und der ebenfalls gelungenen Kastration von Pauline, wurde mir schlagartig bewusst, wie viel Glück wir alle drei hatten. Wie viele Schmerzen hatte Q.C. aushalten müssen und aushalten können. Hatten wir nicht irgendwo alle einen Neuanfang gewagt?

Eines Morgens ging ich mit Q.C. und Pauline über die Weide zu meinen Pferden, als mir die Erleuchtung kam.

Der Schmerz war ein Geburtsschmerz. Die Wolfsfrau ward geboren! Das war es also, was mir die Karte des Chiron sagen wollte.

Lange war es her, dass ich vor vielen Jahren, das Buch *Die Wolfsfrau* von Clarissa Pinkola Estes gelesen hatte.

Als ich es mir wieder einmal zur Hand nahm, fand ich darin folgende Erkenntnis:

„Nicht nur die wilden Tiere, auch die wilden Frauen dieser Erde sind vom Aussterben bedroht. Im Lauf mehrerer Jahrtausende wurden die weiblichen Urinstinkte systematisch plattgewalzt, unterdrückt, oft auch zubetoniert. Die selbsternannten Verwalter der Erde hielten alles Ursprüngliche, alles Instinktive, das allen Frauen innewohnt, in einer der dunkelsten Ecken ihrer untergründigen Seelenlandschaften verbannt.

Es ist durchaus kein Zufall, dass wildwuchernde Naturgebiete auf der Erde mit der gleichen Geschwindigkeit dezimiert werden, wie die Erinnerung an unser eigenes innewohnendes Wildwesen nachlässt. Und es ist auch nicht verwunderlich, dass Wölfe, Schakale und ungezähmte Frauen einen ähnlich schlechten Ruf genießen, dass sie gefürchtet, gehasst und nach Möglichkeit unterdrückt, wenn nicht gar ausgemerzt werden. Schließlich gehören sie dem gleichen instinktiven Archetypus an und werden daher mit Attributen wie bösartig, unersättlich und gefährlich belegt. Die Verfolgung und systematische Vertreibung von Wolfsrudeln, in immer entlegenere Regionen des arktischen Eises und anderer unwirtlicher Gegenden spiegelt wider, was Frauen in psychologischer

*Hinsicht seit Jahrtausenden widerfahren ist. Kann das
vom Aussterben Bedrohte, das so lang Verdrängte und
aus dem Bewusstsein Vertriebene noch gerettet, ins volle
Leben zurückgerufen werden? Die Antwort ist ja, katego-
risch ja."*

Ich begann zu verstehen, was es mit diesem Archetypus auf
sich hatte. Die Wolfsfrau war verborgen in mir, gefangen
durch die Gesellschaft, jedoch vorhanden im kollektiven Unterbewusstsein.

Durch den Sturz und die Operation von Q.C. erinnerte ich
mich meiner Urinstinkte. Es war ähnlich wie nach einem
Schock, von dem man ja auch sagt, dass bestimmte vergessene
Dinge wieder in Erinnerung gebracht werden. Jetzt erinnerte
ich mich wieder an das Seminar und an die geführte Meditation. Es war alles vorprogrammiert. Damals wusste ich noch
nicht, dass ich vom Pferd fallen würde. Ich hatte noch keine
Ahnung von der Geburt der Wolfsfrau.

„Steh zu deiner Verletzbarkeit!" Diese Aussage hatte ich
erhalten und ich hatte sie nicht beherzigt.

Wie sehr ich dazu stehen musste, ahnte ich damals noch
nicht. Wie viele Schmerzen ich erleiden musste, um diese Verletzbarkeit endlich anzuerkennen, auch nicht. Schmerzen, in
denen etwas Neues erschaffen würde, der Archetyp der Wolfsfrau – die Hunde, die das Wölfische verbinden.

Ich spürte, wie meine Bewegungen eleganter wurden, ganz
gleich der eines Wolfes. Meine Körperhaltung, die nach dem
Sturz irgendwie demütig geworden war, wuchs nun zu einer
selbstbewussten Größe heran. Als ich mich umdrehte und Pauline mit Q.C. durch das hohe Gras galoppieren sah, wusste ich,
dass ich mir mit der Hündin genau den Anteil zugelegt hatte,

der mir unbewusst gefehlt hatte, den wölfischen Teil in mir. Wer jetzt immer noch denkt, Wölfe sind nur böse Raubtiere, der lese bitte den folgenden Teil.

Hierzu ein Zitat von der Internetpräsenz *Freundeskreis freilebender Wölfe e.v.*:

„Die Wandlung in der Terminologie spiegelt einen Wandel in unserem Wissen über das wölfische Sozialverhalten wider. Früher sah man ein Wolfsrudel als eine Gruppe von Tieren mit einem „Top-Dog", also einem Leitwolf, der sich den Weg nach oben durch aggressive Auseinandersetzungen mit den anderen erkämpft hat. Heute wissen die Wissenschaftler, dass die meisten Wolfsrudel einfach Familien sind, die genauso organisiert sind wie die Familien bei uns Menschen. Heranwachsende Wölfe beiderlei Geschlechts aus verschiedenen Rudeln wandern ab und streifen so lange umher, bis sie einander und ein noch von Wölfen unbesetztes, aber beutereiches Territorium gefunden haben. Dann paaren sie sich und zeugen ihren eigenen Nachwuchs.

[...]

Wenn die Jungen ein Jahr alt sind, bekommen die Eltern erneut Nachwuchs. Diese Welpen sind die jüngeren Geschwister des vorjährigen Wurfes. Die Eltern leiten nun beide Würfe an und bleiben in ihrer Anführerrolle. Die Jährlinge dominieren natürlicherweise über die neuen Welpen, so wie ältere Geschwister in einer menschlichen Familie ihre jüngeren Schwestern und Brüder anleiten. Nach wie vor gibt es keine Auseinandersetzungen um die

*Führerschaft. Diese bleibt selbstverständlich bei den El-
tern. In einigen Populationen wandern die älteren Jung-
wölfe schon mit ein oder zwei Jahren ab, in anderen bleiben sie bis zu drei Jahren beim Rudel. Nach und nach jedoch wandern fast alle ab, verbreiten sich, suchen sich
einen Partner und gründen neue Rudel. Angesichts der
Biologie der Wolfsrudel gibt es heute keinen Grund mehr,
die Elterntiere als Alphawölfe zu bezeichnen – ebenso
wenig, wie man dies bei menschlichen Eltern tun würde.
Wissenschaftler sprechen deshalb jetzt von dem reprodu-
zierenden Paar oder einfach von Eltern.*"
(„International Wolf Winter 2008" David L. Mech,
frei aus dem Amerikanischen von B. Stoepel;
www.wolf.org)

Eine ganz besonders beeindruckende Geschichte über Wölfinnen und deren Gerechtigkeitssinn fand ich in dem Buch *Wölfisch für Hundehalter* von Günther Bloch und Elli H. Radinger.
Günther Bloch beobachtete zwanzig Jahre frei lebende Wölfe.

Die Überschrift des Kapitels heißt: *Yellowstone – Tod einer Ty-
rannin.* Diese wahre Begebenheit handelt davon, dass man eine
Wölfin schwerverletzt im Straßengraben fand, die wenig später ihren schweren Verletzungen erlag. Bei einer Nekropsie
(Autopsie an einem wilden Tier) stellte man fest, dass die Wölfin von anderen Wölfen getötet wurde. Da Wölfe im Allgemei-
nen soziale und friedliebende Tiere sind, stellten die Forscher
Untersuchungen an, um der Ursache für diesen Vorfall auf
den Grund zu gehen.

Dabei stellte sich Folgendes heraus:

„40F (die tote Wölfin) gehörte zu den Wölfen die 1996 in Yellowstone wieder angesiedelt wurden. Gemeinsam mit Wolf 38M führte sie die Druid-Peak Familie an. Ihre Schwester 42F gehörte mit zu der Familie. Die Leitwölfin der Druids war von Anfang an sehr aggressiv. Besonders auf ihre Schwester hatte sie es abgesehen, weshalb diese von uns Wolfsbeobachtern auch Cinderella (Aschenputtel) genannt wurde. Ganz schlimm war es immer während der Paarungszeit, in der Nr. 40 immer regelmäßig die meisten weiblichen Familienmitglieder aus dem Revier biss und vertrieb. Als Cinderella 1999 gemeinsam mit ihrer Schwester trächtig wurde, tötete die dominante Leitwölfin Cinderellas Welpen nach der Geburt.“

Im nächsten Jahr, so berichten die Wolfsbeobachter in der Geschichte, passierte nun Folgendes. Drei Wölfinnen, darunter Cinderella und die Leitwölfin bekamen zeitgleich einen Wurf Welpen, jede in ihrer eigenen Wurfhöhle. Der Druid-Chef, Vater aller Welpen, besuchte regelmäßig seinen Nachwuchs. Vermutlich, so rekonstruierten es die Biologen, geschah Folgendes. Die Leitwölfin versuchte, wie im Jahr zuvor, die Welpen ihrer Schwester zu töten. Diesmal jedoch stieß sie auf erbitterte Gegenwehr. Cinderella hatte sich Hilfe geholt. Das Rudel war mit der aggressiven Art ihrer Leitwölfin nicht einverstanden und verbündete sich mit der friedlichen Cinderella. Gemeinsam kämpften sie gegen die starke, dominante Wölfin und töteten sie letztendlich.

Cinderella wurde die neue Leitwölfin und führte das Rudel der Druids. Dies blieb sie bis zu ihrem Tod und wurde dabei niemals ihren Familienmitgliedern gegenüber so aggressiv wie ihre Schwester.

250

Durch den Unfall war etwas geschehen, was mein Leben um ein Vielfaches bereichert hat. Ich habe, zusätzlich zu den Pferden, eine ganz besondere Beziehung zu meinen Hunden aufgebaut.

Mein Hund Q.C. war, wie ich es schon in meinem ersten Buch beschrieben habe, von Beginn an mit dabei. Er begleitete mich bei den Therapien mit den Pferden. Aber er war eben mehr *einfach nur dabei*. Durch meinen Sturz konnte ich, bedingt durch zwei aufeinanderfolgende Operationen an meiner Schulter, lange Zeit nicht selbstständig mit den Pferden arbeiten. Plötzlich drehte sich das ganze Gesamtbild um. Ich traf mich mit meinen Patienten bei den Pferden und arbeitete mehr mit den Hunden. Diesmal waren die Pferde im Hintergrund. Sie waren einfach nur da. Meine Hunde wurden zu meinen persönlichen Begleitern und der Wolf als Archetyp zu meinem persönlichen Krafttier.

Durch den Unfall habe ich gelernt, meinen Hunden zuzuhören. Ich habe mit ihnen meine Patienten zu Hause besucht und ich habe ganz viel von ihnen gelernt. Immer mehr ist in mir die Wolfsfrau erwacht, die Rudelführerin. Ich habe gelernt, wie man sich liebevoll durchsetzt, so wie es Wölfe tun, die nicht in Gefangenschaft leben. Ich hatte Gelegenheit, die Hunde untereinander im Rudel zu beobachten und in der Therapie.

Wäre ich nicht verletzt worden, hätte ich mir nicht die Zeit genommen, meinen *wölfischen Begleitern* wirklich zuzuhören. Sie wären weiter mit dabei gewesen, so wie sie immer dazugehört haben. Nicht, dass ich sie vorher nicht geliebt hätte, nein. Ich habe sie geliebt, sehr sogar. Ich dachte auch, ich hätte ihnen zugehört. Aber ich habe sie nicht verstanden.

Im Nachhinein war es eine sehr schmerzhafte, aber wichtige Erfahrung, die ich gemacht habe. Ich kann nicht nur den Pferden zuhören, sondern auch den Hunden. Das war vielleicht die wichtigste Erfahrung in meinem Leben. Ich hoffe, sie überträgt sich auf alle Lebewesen, alle Menschen und alle Tiere.

Xsarah – Lerne aus der Dickfelligkeit

Während meiner größten Verletzbarkeit hatte ich enorme Probleme mit meiner Friesenstute Xsarah. Die schwarze Perle war schon von Beginn an sehr distanzlos, wie man es von Friesen ebenso kennt. Kam man unvorbereitet auf die Weide und Xsarah war der Meinung, sie benötige nun jemanden, an dem sie sich schubbern müsse, so konnte es passieren, dass man sich in Nullkommanichts mal so eben die Grasnarbe etwas genauer ansah. Es gab eine Zeit, in der ich nur mit Gerte auf die Weide ging, da die schwarze Dame sich vom bloßen Gebrauch des Ellenbogens nicht abhalten ließ. Das ging mir schon immer mächtig auf die Nerven, waren doch im Gegensatz dazu, meine restlichen Pferde wesentlich sensibler und vor allem gehorsamer.

Besonders anstrengend fand ich die Situation allerdings nach meinem Unfall. Nach der Schulterluxation mit anschließender Reposition, und erst recht nach den beiden Operationen, hatte ich regelrecht Angst vor Xsarah. Ich konnte mich kaum noch in ihrer Nähe aufhalten. Die Furcht, sie könne mich mit ihrer rüpeligen Art an meiner Schulter verletzen, war einfach zu groß.

Hinzu kam, dass sie im Sommer auf der Weide von der restlichen Herde komplett ausgeschlossen wurde. Ich mochte die Stute und es tat mir in der Seele weh, zu sehen, dass sie keinen

Anschluss hatte. Irgendwie passte sie mit ihrer komplett anderen Art nicht in diese Herde sensibler Tiere. Sie war so anders. Sie gehörte einfach nicht dazu. Selbst Tabernero, der sonst immer an ihrer Seite war, schien sie inzwischen zu meiden. Sie war allein mit sich.

Zu diesem Zeitpunkt konnte ich mir einfach nicht vorstellen, Xsarah jemals wieder zu reiten. Bevor ich den Unfall hatte, war ich einmal bei einem Ausritt von Xsarah heruntergefallen, als diese sich erschrocken hatte. Sie hatte vor ein paar Pferden gescheut, die auf einer Weide auf uns zu galoppiert kamen. Ich war auf die Hüfte gefallen und hatte mir dabei sehr wehgetan. Dieser Sturz war mir nun wieder sehr präsent. Mir fielen plötzlich tausend Gründe ein, warum ich Xsarah nicht behalten konnte und so beschloss ich, sie zu verkaufen.

Ich setzte eine Anzeige online und wartete ab. Es gab schon einige Interessenten, doch den Preis, den ich für die Stute angesetzt hatte, war niemand bereit zu zahlen.

Dann hatte ich ein interessantes Erlebnis. Ich telefonierte lange mit meiner Lektorin und diskutierte mit ihr über das Thema der Hochsensibilität. Wir waren uns dabei nicht ganz einig. Als ich später darüber nachdachte, erkannte ich, dass sie in einem Punkt durchaus recht hatte. Ich erkannte für mich persönlich, dass der Mensch ein durchaus komplexes Wesen ist und mehrere Persönlichkeitsanteile haben kann. Ich für meinen Teil bestehe nicht nur aus einer hochsensiblen Persönlichkeit, sondern durchaus auch aus einer weniger sensiblen.

Ich muss diese Persönlichkeit nur zulassen und ihr Raum geben.

Ob sie es nun glauben oder nicht, lieber Leser! Von dem Moment an, als ich diese Erkenntnis gewonnen hatte, wurde

Xsarah ein Teil der Herde. Plötzlich wurde sie akzeptiert und stand mit den anderen Pferden zusammen. Erst viel später wurde mir bewusst, wie sehr meine Herde mich als Führungsperson anerkennt. Ich hatte unbewusst beschlossen, dass diese ruppige Art nicht zu mir passt und somit der Herde unbewusst demonstriert, dass diese auch nicht zu ihr passt. Deshalb hatten sich die übrigen Pferde gegen sie gewandt. Mit dem Tag, als ich Xsarah so akzeptierte wie sie war, tat es mir die Herde gleich.

Ein weiteres Erlebnis hatte ich während einer Therapiestunde mit einer Patientin. Wir hatten Xsarah angebunden, diese fraß genüsslich ihr Heu. Die Patientin hatte schon einige Themen von sich bearbeitet und wir unterhielten uns noch ein wenig neutral. Die Stute stand gelassen da und fraß. Frau Graf fragte mich: „Was macht denn eigentlich Ihr zweites Buch?"

Ich berichtete ein wenig über das, was ich geschrieben hatte, bis ich zu der Stelle kam, als ich vom Pferd gefallen war. Xsarah schoss sofort herum und verließ ihren Fressplatz.

„Was ist denn jetzt?", fragte mich meine Patientin ein wenig verunsichert.

Zuvor hatte die Stute so reagiert, als Frau Graf von ihrer Angststörung berichtet hatte. Ich hatte ihr erklärt, dass das Pferd auf ihre Emotionen reagiert hat. Mit dieser Reaktion konnte Frau Graf jedoch nichts anfangen.

„Haben Sie an etwas Bestimmtes gedacht?", fragte ich vorsichtshalber. Ich wusste jedoch genau, worauf Xsarah reagiert hatte.

„Nein, ich habe Ihnen nur zugehört", antwortete Frau Graf.

„Das dachte ich mir." Ich lächelte. „Dann hat sie auf mich reagiert. Ich habe von dem Unfall gesprochen. Ich habe nichts bemerkt, aber ich sagte Ihnen ja, Pferde spiegeln hauptsächlich das, was wir nicht wahrnehmen!"

Frau Graf interessierte sich weiter für mein Buch und für das Geschehene. Ich berichtete weiter und Xsarah reagierte weiter. Sie bewegte sich immer wieder um den Anbindepfosten herum – hin und her. So wurde aus der Therapiestunde von Frau Graf meine eigene Therapieeinheit. Als ich hier meiner interessierten Patientin über das Spiegeln der Pferde hautnah berichtete, wurde mir eine Tatsache mit einem Mal ganz plötzlich bewusst. Ich hatte Xsarah die ganze Zeit unbewusst für den Unfall verantwortlich gemacht. Dadurch, dass sie mich kurz zuvor umgerannt hatte und ich auf dieselbe Schulter gefallen bin, habe ich das die ganze Zeit miteinander verbunden. Mein Gehirn hat die beiden Situationen miteinander verknüpft. Aber erst an diesem Tag, in dieser Stunde, wurde mir das bewusst. Hatte ich vorher schon beschlossen Xsarah, zu behalten, so war ich mir nun ganz sicher. Die schwarze Perle würde bleiben.

Xsarah

Stattdessen würde ich lernen, meine Ellenbogen einzusetzen und meiner eher unsensibleren Persönlichkeit mehr Raum zugestehen. Ich würde lernen, zu akzeptieren, dass man nicht immer nur sensibel sein muss, sondern auch mal etwas härter sein darf und deshalb kein schlechter Mensch ist und im Umkehrschluss, dass ein Pferd, was nicht so sensibel wie ein Andalusier ist, auch Vorteile hat.

Xsarah setze ich z.B. auch sehr oft bei Menschen ein, bei denen ich zunächst vermeiden möchte, dass eines der Pferde zu stark spiegelt. Auch Xsarah teilt sich mit, wenn sie mit der Aussage meiner Patienten nicht einverstanden ist, jedoch ist sie dabei ein wenig sanfter.

Sally, eine junge Frau mit einer Bindungsstörung, lebte mit ihrer Mutter und deren neuem Ehemann gemeinsam in einem relativ großen Haus. Sally war mit ihrem Stiefvater nicht einverstanden, obwohl die Mutter schon einige Jahre wieder neu verheiratet ist. Immer wieder versucht die junge Frau, einen Keil zwischen die Mutter und den vermeintlichen *Eindringling* zu treiben. Halbherzige Suizidversuche, Drohungen und Regelverstöße brachten die Mutter an den Rand einer Depression und die Tochter selbst in psychiatrische Behandlung.

Bei einer reittherapeutischen Einheit bat ich Sally, die Friesenstute zu putzen.

„Oh, die ist wunderschön!" Sally war völlig begeistert von dem schwarzen Pferd.

„Ja, sie ist sehr beliebt", antwortete ich. „Sie spiegelt auch nicht so stark die Gefühle, wie die anderen Pferde. Was für die erste Stunde vielleicht gar nicht so schlecht ist."

„Was heißt das?" Sally sah mich leicht irritiert an.

„Das bedeutet, dass, wenn Sie mir etwas erzählen und sie die Gefühle dazu nicht wirklich wahrnehmen, das Pferd dementsprechend reagiert. Wenn sie beispielsweise sehr wütend sind und es selbst gar nicht bemerken, könnte es sein, dass die Pferde dann die Ohren anlegen, weil sie die Aggression wiedergeben, aber wie gesagt, bei Xsarah ist das nicht so ausgeprägt."

Sally putzte die Stute und beide schienen die Nähe zu genießen. Sally und ich unterhielten uns über ihre Kindheit.

„Mein Vater hat immer viel getrunken. Ich habe keinen Kontakt mehr zu ihm", berichtete sie.

„Haben Sie nicht auch einen Bruder? Was ist mit ihm?"

In dem Moment, als ich diese Frage stellte, machte Xsarah einen großen Schritt zur Seite – von Sally weg.

„Oh!", sagte ich. „Da reagiert sie aber drauf!"

„Was heißt das?" Die junge Frau war jetzt sichtlich irritiert.

„Das heißt, dass Sie hier wohl eine Gefühlsregung hatten, als ich nach Ihrem Bruder gefragt habe. Das Pferd hat eindeutig mit Flucht reagiert. Was ist denn mit Ihrem Bruder?"

Dann berichtete Sally, dass sie keinen Kontakt mehr hätte, dass es einen Streit gab und dass sie ihren Bruder doch mehr vermisste, als sie sich eingestehen würde. Schon sehr lange hatte sie verdrängt, wie allein sie sich eigentlich fühlte, so als einziges Kind mit einem fremden Vater. Xsarah hatte ihr das auf sanfte Weise gezeigt.

Xsarah zeigte jeden Tag, wie sehr man seine Ellenbogen einzusetzen vermochte. Umso erstaunter war ich, als ich sie bei der Arbeit mit einem sechsjährigen Jungen beobachtete.

Dennis war Autist und hyperaktiv. Er sollte beim therapeutischen Reiten lernen, etwas mehr Ruhe zu bewahren und etwas geduldiger zu werden. Das klappte in der ersten Stunde auch recht gut, doch schon in der zweiten Stunde wurde es ihm auf dem Pferd scheinbar zu langweilig. Er wollte runter vom Pferd.

„Dennis, möchtest du das Pferd einmal führen?"

„Ja!" Ein energisches Nicken bekräftigte seine Aussage.

Ich hatte ein bisschen Sorge, ob ich nun genau dafür das richtige Pferd ausgewählt hatte. Schließlich war gerade die dominante Friesenstute dafür bekannt, meinen Patienten zu zeigen, wie man sich durchsetzen musste. Bei ihr konnte man lernen, wie man die *Ellenbogen* einsetzt, um nicht umgerannt zu werden. Nicht gerade ein Pferd für ein sechsjähriges Kind.

Ich muss gestehen, dass ich auch nicht mit einem solch energischen *Ja* gerechnet hatte.

Na gut. Mitgehangen – mitgefangen – los ging es!

Ich hob den Kleinen von der Friesenstute, gab ihm den Strick in die Hand und nahm ihn zur Sicherheit an die andere Hand. Und nun geschah das Wunder: Xsarah blieb so vorsichtig auf Abstand, dass dem Jungen nichts geschehen konnte. Ich war wirklich verblüfft. Dieses sonst so rüpelhafte Tier hatte doch so viel Sensibilität. Was wiederum beweist, dass durchaus beides möglich ist!

Die ersten Schritte

Als ich nach einer gefühlten halben Ewigkeit endlich keine Schmerzen mehr in meinem Schultergelenk hatte, bahnte sich die nächste Katastrophe an. Inzwischen war ich das zweite Mal operiert worden, da das Gelenk sich völlig entzündet hatte, und kurz vor der Gelenksteife stand.

Die Ärzte hatten mir Morphium-Pflaster gegen die höllischen Schmerzen verschrieben. Autofahren, geschweige denn Reiten, durfte ich mehrere Wochen nicht. Nachdem die Schmerzen nachgelassen hatten, musste ich mich notgedrungen einem Medikamentenentzug unterziehen. Morphium macht leider nach kurzer Dauer körperlich stark abhängig. Zunächst war ich dabei noch recht geduldig und reduzierte die Menge des Inhaltsstoffes relativ langsam. Doch irgendwann holte mich mein altes Muster der Ungeduld wieder ein und ich setzte die restliche Menge spontan ab. Ich wollte endlich dieses verdammte Zeug aus meinem Körper haben.

Inmitten des Entzuges träumte ich nachts, dass ich von massiven Wasserfluten mitgerissen wurde. Während ich von den Wassermassen einfach überschwemmt wurde, befand sich auf einmal neben mir ein schwimmendes Pferd. Dieses hatte goldbraunes Fell und deutete mir mit einer Kopfbewegung an, auf seinen Rücken zu steigen. Es machte mir klar, dass es mich durch die Fluten hindurch tragen und retten würde. Ich weiß nur noch, dass ich aufstieg und dass das Pferd mich tatsächlich rettete. Wochen später, nachdem ich alles überstanden hatte, erkannte ich dasselbe Pferd auf dem Cover des Buches meiner Verlegerin Ulrike Dietmann. Der Titel des Buches ist *Das Medizinpferd.*

Ich war völlig geplättet. Mein Unterbewusstsein hatte mir in meinem Traum ein Medizinpferd geschickt, um mich aus den Fluten des Delirs zu befreien.

Ich hatte das Buch bis dahin noch nie gesehen. Ein weiteres Zeichen für das kollektive Unterbewusstsein, ganz bestimmt! Die Pferde und die geistige Verbindung zu ihnen werden mich auf jeden Fall auch in Zukunft immer auf meinem Weg begleiten. Aber auch die Menschen in meinem Umfeld sind mir wichtig und die habe ich in meinen harten Zeiten schätzen gelernt.

Nachdem ich dieses ganze Prozedere hinter mir hatte, habe ich mir eine Frage gestellt. An dem Tag, an dem ich von Tabernero fiel, hatte ich das Gefühl, ich sei mit dem Geist von Manuel Jorge de Oliveira verbunden. Ich wollte so sein wie er. Ich wollte so reiten wie er. Aber ich weiß auch, dass er genau an dieser Klippe gestanden hat, an der ich gestanden habe, bevor er so ein gefühlvoller Reiter wurde. Ist das die Macht des Universums? Hat das Universum gemeint, dass wenn ich so sein will wie er, ich auch alles erleiden muss, was er erlitten hat?

Manuel Jorge de Oliveira war Stierkämpfer und schon ein paar Mal fast tot. Muss man erst Demut lernen, bevor man die Sprache der Pferde versteht. Bevor man gefühlvoll reiten lernen kann? Ich glaube, da ist ganz viel dran.

Ich bin gerade noch einmal dabei, zur Einfachheit zurückzukehren. Ich setze mich oft zu Tabernero ins Heu und be

obachte ihn. Dann löse ich das Halfter vom Strick und lasse
ihn entscheiden, ob er bleibt oder, ob er geht …

Bisher ist er geblieben. Wir müssen lernen loszulassen und
zu vertrauen.

Ich werde von vorn beginnen. Ich habe gelernt.

Tabernero und Kimberly sind meine Seelenpferde, die mich
in Zukunft auf meinem Weg begleiten werden. Aber auch Kenja, Samurai und Xsarah werden weiterhin einen Platz in meinem Herzen haben. Auch sie haben ihre Aufgabe in meinem
Leben.

Ich habe während meiner Schmerzen viel über Verletzbarkeit gelernt. Ich habe am Ende gelernt, dass man nicht davor
davonlaufen kann, denn sie holt einen am Ende ein. Wir müssen uns der Verletzbarkeit stellen und wir müssen uns am
Ende entscheiden. Wollen wir den Weg weitergehen und die
Schmerzen aushalten? Sicher ist das oft unumgänglich, jedoch
ist es genauso wichtig, die Ellenbogen einzusetzen und die
Zähne zu zeigen. Es nützt uns nichts, eine dicke Schutzmauer
aufzubauen, damit wir nicht verletzt werden. Denn damit verhindern wir ebenfalls, dass die Sonne nicht mehr zu uns ins
Herz scheint. Wir müssen lernen zu unterscheiden. Wann ist
es angebracht Sensibilität und Verletzbarkeit zuzulassen und
wann müssen wir die Ellenbogen zeigen oder zur Wolfsfrau
bzw. zum Wolf mutieren. Dass beides in einer Person möglich
sein kann, habe ich gelernt. Der Mensch kann ein Friedtier
sein und er kann ein Raubtier sein – oder schöner formuliert
ein Krafttier sein. Wir müssen uns nur entscheiden, was wir
gerade benötigen.

Am 27.12.2013, genau einen Tag nach den Weihnachtsta-
gen, fünf Monate nach meinem Sturz vom Pferd, habe ich

mich zum ersten Mal auf meine Stute Kimberly gesetzt. Nachdem ich die Stute ausgiebig geputzt hatte, schien sie mir zu sagen: *Du kannst dich ruhig auf meinen Rücken setzen. Ich trage dich.*

Es war sehr stürmisch an diesem Tag. Ich bin mir nicht sicher, ob ich sie beim Putzen falsch verstanden habe oder, ob sie es sich dann draußen anders überlegt hat. Jedenfalls saß ich auf Kimberly und ritt zu meiner Kollegin in den Garten unseres Hofes, wo diese mit einer Patientin arbeitete. Wie schon in meinem ersten Buch *Hautnah - Wie Pferde verletzte Seelen heilen* beschrieben, ist die Stute ein sehr ängstliches und impulsives Pferd. Aufgeregt durch den Sturm und angetriggert, wahrscheinlich durch meine eigene Angst, buckelte das Pferd erst einmal los.

„Oh Gott!", dachte ich voller Panik. „Das darf doch nicht wahr sein!"

Doch ich riss mich zusammen, setzte mich fest in den Sattel und zwang mich ruhig zu atmen. Dann fragte ich Nicole: „Kannst du sie kurz festhalten?"

Ich bemühte mich ruhig zu sprechen, während meine Kollegin mich mit weit aufgerissenen Augen anstarrte. Sofort löste sie sich aus ihrer Erstarrung, nahm das Pferd an den Zügeln, welches sich auch sofort beruhigte. Ich atmete noch einmal tief durch, nahm die Zügel wieder selbst in die Hand und ritt zurück auf den Hof. Dort angekommen, überlegte ich kurz, es gab jetzt genau zwei Möglichkeiten: Erstens, das Pferd wieder abzusatteln und zurück zu den anderen Tieren zu stellen oder zweitens, im Schritt so lange über den Hof zu reiten, bis wir beide unsere Angst besiegt hatten. Ich wägte noch einmal genau ab. Wie groß war die Gefahr, dass sich Kimberly wieder erschreckte? Hier auf dem Hof fühlte sie sich sicher. Sie konnte ihre Artgenossen sehen. Ich entschied mich dafür, weiterzureiten.

Beim nächsten Arztbesuch bekam ich jedoch wieder die *rote Karte*. Ich durfte noch nicht reiten. Die Sehne hielt es noch nicht aus, meinte mein Arzt, also wieder nichts.

Mein Physiotherapeut riet mir, mich von meiner Reitlehrerin an die Longe nehmen zu lassen. Somit könne ich meine Rückenmuskulatur stärken und mein Schultergelenk entlasten. Gesagt – getan.

Ich ritt einmal an der Longe, longierte später Tabernero zu Hause weiter, um seine Muskulatur aufzubauen und begann dann, weitere vier Wochen später, wieder zu reiten.

Das Reiten entpuppte sich als Katastrophe. Ich bildete mir ein, meine Angst im Griff zu haben, doch Tabernero spiegelte mir jeden Tag das Gegenteil. Er versetzte mich immer wieder aufs Neue in Angst und Panik. Ich hatte keine Ahnung, wie ich je aus diesem Teufelskreis herauskommen sollte.

Unser provisorischer Reitplatz bestand aus einer ehemaligen Wiese, die sich den Winter über in eine Schlammlandschaft verwandelt hatte. Es war nicht möglich, dort ohne Unfallgefahr zu reiten, da die Pferde dort wegrutschten. Ich war demnach gezwungen, ins Gelände zu gehen. Es war Februar, und Regen und Stürme waren mein ständiger Begleiter. Trotzdem raffte ich mich jeden Tag aufs Neue auf, um meine Angst zu besiegen. Es war immer wieder eine Herausforderung, doch ich meisterte sie.

Eines Nachmittags ritt ich mit Tabernero der Abendsonne entgegen. In der Dämmerung sahen wir in der Ferne zwei Rehe von uns weggaloppieren. Tabernero blieb stehen und fror regelrecht ein. Er starrte wie gebannt in die Ferne zu den beiden Rehen. Ich spürte, wie die Panik in mir aufkam. Plötzlich konnte ich das Gedankenkarussell nicht mehr stoppen.

„Was, wenn er jetzt buckelt? Was, wenn ich wieder auf den Arm falle? Wenn ich mir wieder die Schulter auskugele?"

Ich versuchte mich, aus dieser Gedankenschleife zu befreien. Diese wahnsinnige Angst wurde unerträglich. Wenn ich jetzt vor Furcht ohnmächtig werden würde? Das durfte nicht geschehen. Ich wusste, dass ich mich zusammenreißen musste. Je mehr ich mich fürchtete, desto mehr würde mein Pferd mich spiegeln und umso gefährlicher würde die ganze Situation für mich. Ich erinnerte mich an die Reitstunde mit Andreas Hausberger, Oberbereiter der Spanischen Hofreitschule Wien.

„Setz dich rein und streck den Bauch raus! Reite Seitengänge solange, bis er sich beruhigt."

Das ist deine einzige Chance, dachte ich bei mir. Also wechselte ich zwischen Schulter-herein-rechts, Schulter-herein-links, Krupp-herein-rechts und Krupp-herein-links den gesamten Feldweg bis zum Stall. Zum Ende kam ich, mit einem entspannt schnaubenden Pferd zu Hause an.

Ich hatte trotz Angst meinen Ehrgeiz wieder, und da ich nicht die richtigen Möglichkeiten zum Reiten hatte, quartierte ich Tabernero kurz entschlossen, für drei Wochen ein auf der Anlage von Yvonne.

In dieser Zeit fuhr ich jeden Tag nach Fuhrberg und hatte intensiven Unterricht bei Yvonne, in Handarbeit und klassisch barocker Reiterei. In der dritten Woche ritt sie Tabernero selbst.

In diesen drei Wochen intensiven, strukturierten Unterrichts lernte ich, mein Selbstvertrauen zurückzugewinnen und meine Angst zu besiegen. Ich fand meinen Mut zurück und war sogar noch mutiger als zuvor.

Bei der Handarbeit aber kam ich jeden Tag aufs Neue an meine Grenzen. Tabernero gebärdete sich wie ein aggressiver Hengst.

Bei den Seitengängen und beim Traben an der Hand griff er mich regelmäßig an. Ich hatte trotz Handschuhe mehrere Bisswunden an den Händen. Mein Seelenpferd entpuppte sich als angriffslustige Bestie. Zumindest empfand ich es zeitweise so.

Yvonne zeigte mir mit ruhiger Konsequenz, wie ich mich durchsetzen musste. Aber mir stellte sich immer wieder die Frage: „Warum tut er das? Was will mir das Tier sagen?"

Ich wusste aus den Therapieeinheiten, dass mein perlmuttfarbenes Fabelwesen ganz besonders unterdrückte Aggressionen spiegelte. War ich wütend und wusste es nicht? Aber auf was war ich denn so wütend?

Hatte ich Angst und es war mir nicht bewusst? Oder war es einfach so, dass ich mich völlig überschätzt hatte? Hatte ich mir ein Pferd gekauft, von dem ich jetzt feststellen musste, dass ich ihm einfach nicht gewachsen war?

Yvonne überzeugte mich jeden Tag vom Gegenteil. Sie machte mir immer wieder Mut und bestätigte mir, dass ich Fortschritte machte. Sie ermutigte mich darin, nicht aufzugeben und bestärkte mich in dem Gefühl, diesem Pferd gewachsen zu sein. Ja, sie sagte sogar, wir würden zusammenpassen. Die sympathische Trainerin gab mir kein einziges Mal das Gefühl, dass ich scheitern würde.

Dieses Gefühl gab ich mir selbst und dieses Gefühl machte mich unbewusst ärgerlich.

Als ich nach drei Wochen Tabernero wieder mit in den heimischen Stall nahm, war alles vergessen. Wir hatten es geschafft. Yvonne hatte es geschafft, uns wieder zu einer Einheit zu verhelfen. Die Handarbeit verlief ohne Zwischenfälle. Tabernero akzeptierte mich, ohne mich anzugreifen. Beim Reiten rannte er nicht mehr vor mir davon. Wir waren auf dem Weg, ein harmonisches Team zu werden. Die geistige Verbindung zwischen uns begann sich endlich auch unter dem Sattel einzustellen.

Ein Meilenstein in der barocken Reiterei war gelegt. Nun würde es nicht mehr lange dauern und mein Traum mit Tabernero aufzutreten, würde sich erfüllen.

In dieser Zeit lernte ich etwas, das nicht nur für die Reiterei, sondern für mein gesamtes Leben, eine wichtige Erkenntnis war – das war: *Dem Leben eine neue Struktur bzw. einen Rahmen geben.*

Mir wurde bewusst, dass meine Probleme beim Reiten daher rührten, dass ich oft zu viel nachgegeben hatte. Irgendwann bemerkte ich meinen Fehler und zog sprichwörtlich die Zügel wieder an. Da ich meist viel zu viel nachgegeben hatte, musste ich nun die Zügel umso kürzer nehmen. Die Pferde verstanden aber nicht, warum sie plötzlich diese Freiheit nicht mehr hatten und verloren das Vertrauen. Sie reagierten je nach Charakter alle unterschiedlich.

Der sensible Tabernero begann schneller zu laufen, die empfindliche Kimberly streckte die Zunge aus dem Maul, Samurai legte einfach seinen schweren Kopf auf die Zügel, Xsarah und Kenja neigten dazu, mit dem Kopf hinter den Zügel zu kommen, d.h. mit der Nase in Richtung Brust zu zeigen.

Natürlich war das nicht immer der Fall und auch zum Glück nicht so extrem.

Nach diesen drei Wochen wurde mir dann schlagartig bewusst, dass sich dieses vermeintliche *Reitproblem* durch mein ganzes Leben zog. Genauso verhielt ich mich mein Leben lang im Umgang mit meinen Mitmenschen. Als Geschäftsführerin eines ambulanten psychiatrischen Pflegedienstes wollte ich meinen Mitarbeitern ihre kreative Freiheit lassen.

Ich habe nicht bedacht, dass Grenzen, genau wie in einer Pferdeherde, Sicherheit geben. Zu viel Freiheit macht Angst und schafft Unsicherheit. Pferde und auch Menschen benötigen klare Strukturen und zwar immer. Nur dann können sie sich sicher fühlen.

Bei meinen Patienten und Seminarteilnehmern habe ich genau dieselben Tendenzen festgestellt. Grenzen zu setzen und Strukturen zu schaffen, sind die wichtigsten Dinge, die wir in der pferdegestützten Therapie und beim Reiten selbst lernen können.

Struktur ist wichtig, um in unserer heutigen chaotischen Zeit zu bestehen. Wir müssen unserem Leben und unseren Mitmenschen einen Rahmen, eine Linie vorgeben. Wir müssen einen Lebensplan haben und sollten versuchen, diese Linie nicht zu verlassen. Zumindest nicht ohne unseren Willen. Diese Dinge können wir beim Reiten oder auch bei der Arbeit mit dem Pferd an der Hand üben. Wir behalten die Zügel und geben nur so viel nach, wie wir selbst es auch verantworten können. Wir müssen lernen, uns nichts mehr aus der Hand reißen zu lassen. Der Rahmen muss bleiben, dann gibt es auch Vertrauen. Niemand ist ein schlechter Mensch, nur weil er seine Interessen vertritt.

Transformation

Als ich damit begann, ein Buch über die geistige Verbindung zwischen Menschen, Pferden und anderen Tieren zu schreiben, hatte ich noch keine Ahnung davon, dass sich dieses Thema zu meiner eigenen Heldenreise entwickeln würde.

Ich war damals der Meinung, dass ich durch meine Arbeit schon eine gute Verbindung zu meinen Tieren aufgebaut hatte, was sich ja auch immer wieder bestätigte. Jedoch stellte ich mit der Zeit fest, dass ich Wichtiges an der ganzen Thematik übersehen hatte. Nämlich, dass es ebenso wichtig ist, eine geistige Verbindung zu seinem eigenen Körper zu haben, genau genommen, Achtsamkeit zu leben.

Unsere Tiere lehren uns das jeden Tag. Pferde hätten nicht fünf Millionen Jahre überlebt, wären sie nicht achtsam gewesen. Hunde, Wölfe, Katzen, alle Tiere, die wir kennen, lehren uns jeden Tag achtsam zu sein. Doch was tun wir? Wir funktionieren – Tag für Tag, Woche für Woche, Jahr für Jahr.

Und das Schlimme daran ist, wir erwarten das auch von unseren Tieren. Sie sollen genauso funktionieren. Raus aus dem Stall, kurz ein bisschen überputzen, Sattel rauf – heute hab ich nicht so viel Zeit – aber die Lektion muss ich unbedingt noch schnell reiten.

„Was, noch nicht warm? – Ach, komm, stell dich mal nicht so an, das wird doch noch mal kurz gehen!"

Kommt Ihnen das bekannt vor?

Jean Claude Dysli, bekannter Westerntrainer, sagte es in der DVD *Gerd Heuschmann trifft Jean Claude Dysli*.

> *„Früher waren die Menschen auf die Pferde angewiesen, sie verbrachten viel Zeit mit ihnen. Sie wussten viel von ihnen, weil sie immer mit ihnen zusammen waren. Heute kommt der moderne Mensch aus dem Büro, ist total entnervt und verlangt von seinem Pferd, das es entspannt läuft. Das funktioniert meistens nicht.“*

Ich habe, während ich dieses Buch schrieb, viele Höhen und auch viele Tiefen erlebt. Ich habe Ängste erfahren, Hoffnungen durchlebt, Schmerzen durchgestanden und ich habe Hoffnungslosigkeit erlebt. Bei all dem, habe ich letzten Endes trotzdem nie den Glauben und die Hoffnung an mich selbst und an das Wohlwollen des Universums verloren.

Q.C. hat seine Operation überstanden und tollt mit Pauline glücklich über die Felder. Wir haben nun zwei gesunde Hunde, was manchmal recht anstrengend ist, doch im Großen und Ganzen allen viel Freude bereitet.

Während ich dieses Buch schrieb, hatte die ganze Zeit eine Transformation stattgefunden.

Alles begann damit, dass ich das Seminar von Ulrike Dietmann besuchte. Dort hörte ich zum ersten Mal den Ruf der Wolfsfrau. Während ich dem Ruf folgte, entwickelte sich beim Schreiben des Buches meine ganz persönliche Heldenreise. Ich war auf der Suche nach der geistigen Verbindung zwischen Menschen und Pferden. Auf diesem Weg bin ich durch Täler und Abgründe gewandert, ich habe das Land hinter dem Regenbogen kennengelernt und ich habe Trauer und Schmerz erfahren. Doch bei allem was ich erlebt habe, habe ich nie die Hoffnung aufgegeben. Meine Tiere waren mein ständiger Begleiter. Ich habe festgestellt, dass es auch zwischen Hunden und Menschen eine geistige Verbindung gibt und auch noch zwischen anderen Tieren, auch wenn ich diese hier nicht näher beschrieben habe.

Ich habe gelernt, dass man manchmal zur Einfachheit zurückkehren und neu beginnen muss. Alles ist möglich, wenn man glaubt.

Auch wenn mein Weg steinig war, so bin ich doch froh, ihn gegangen zu sein.

Inzwischen bin ich meinem Ziel ziemlich nah gekommen. Der Ruf der Wolfsfrau, den ich auf dem Seminar von Ulrike Dietmann gehört habe, hat mein Leben verändert. Ich folgte ihm, ohne zu wissen, wohin er mich führen würde.

Die geistige Verbindung zu den Pferden finden, im Rahmen der Therapie und im Sattel, das war mein Traum. Nach meinem Unfall musste ich mich entscheiden. Ich hatte die Wahl, noch einmal von vorne zu beginnen oder aufzugeben.

Nachdem ich sieben Monate nicht reiten durfte, wandte ich mich verstärkt meinen beiden Hunden zu. Ich lernte, ihnen mehr zuzuhören und mehr auf meine eigenen Bedürfnisse einzugehen. In dieser Zeit hatte ich viel Zeit zum Nachdenken.

Nachdem ich wieder mit dem Reiten beginnen konnte, stellte sich mir die nächste Herausforderung. Ich musste meine eigene Angst besiegen. Nun gab es wieder zwei Möglichkeiten, vor den Gefühlen davonzulaufen oder sich ihnen zu stellen. Tabernero ließ nicht zu, dass ich davonlief. Er kämpfte mit mir so lange, bis ich mich meiner Angst stellte. Erst als ich bereit war, ganz von vorne zu beginnen, ließ er mich gewähren und hörte auf zu kämpfen.

Von diesem Moment an gelang mir das, was ich mir ein Leben lang erträumt hatte. Ich baute die besagte geistige Verbindung zu meinen Pferden gleichermaßen auf. Ich spürte, wie ich mich auch beim Reiten geistig mit meinen Pferden verband.

Ein besonderes Highlight krönte dann noch meine Heldenreise. Manuel Jorge de Oliveira kam nach Deutschland, um dort zu unterrichten. Ich gehörte zu den glücklichen Teilnehmern, die es schafften, eine Karte zum praktischen Unterricht zu ergattern. Die Teilnehmerzahl war auf acht Personen begrenzt. Mein Traum vervollständigte sich.

Die Zeit verging ziemlich rasch und plötzlich war es September. Dieses Mal entschloss ich mich dazu, meine Stute Kimberly, mit der ich reiterlich große Fortschritte gemacht hatte, mitzunehmen.

Es war wie in dem besagten Seminar von Ulrike. Kimberly hatte sich ständig in mein Bewusstsein geschlichen. Bis zu diesem Zeitpunkt hatte ich immer das Gefühl, mit meiner Knabstrupperstute kein wirklich inniges Verhältnis zu bekommen. Schon in meinem ersten Buch *Hautnah – Wie Pferde verletzte Seelen heilen* hatte ich das schwierige Verhältnis zwischen uns beiden beschrieben. Doch seit meinem Reitunfall bzw. seit der Zeit, in der ich wieder zu reiten begann, hatte sich unsere Verbindung verändert. Wir wurden eine Einheit. Ich liebte es, diese Stute zu reiten, da sie mittlerweile alles für mich tat. Wenn ich auf ihrem Rücken saß, hatte ich zum ersten Mal das Gefühl, ein Kentaur zu sein. Kimberly ließ mein reiterliches Gefühl erwachen.

Außerdem hatte sie eine weitere ganz hervorragende Eigenschaft. Im Gegensatz zu Tabernero, der mich in allen Gefühlslagen gnadenlos spiegelte, kompensierte Kimberly meine Stimmungen.

Ich war mir ziemlich sicher, dass ich, wenn ich vor ca. zwanzig bis dreißig Zuschauern ritt, bei einem Mann, den ich als Reiter verehrte, und der noch dazu auf Englisch unterrichtete, dies für meine Nerven eine hohe Herausforderung darstellte.

Aus diesem Grund gab es für mich keinen Zweifel: Kimberly würde mich begleiten. Ich hatte mir von meinem kleinen Punktepferd nicht zu viel versprochen. Als wir nach über vier Stunden Fahrt in der Nähe von Düsseldorf ankamen, stieg mein Pferd ganz souverän vom Hänger. Auch als wir die Halle mit den Zuschauern betraten, zeigte Kimberly keine Spur von Aufregung. Mein Herz dagegen pochte so laut, dass ich verwundert war, wie ruhig mein Pferd blieb.

„Ich habe die richtige Entscheidung getroffen", sagte ich zu mir selbst.

Tabernero wäre bestimmt nicht so ruhig geblieben. Außerdem hätte ich mit ihm nur an den Grundlagen arbeiten können. Nase vor – Hals tief. Dafür war ich keine dreihundertfünfzig Kilometer gefahren. Mit Kimberly hatte ich begonnen, an den Seitengängen zu arbeiten. Manuel zeigte mir zunächst, wie ich mit dem Pferd das *Schulterherein* am Boden entlang der langen Seite üben sollte. Schnellen Schrittes lotste ich meine Stute im Seitwärts die Bande entlang. Nachdem ich schon zweimal auf und ab gelaufen war, fragte er mich, warum, ich so rennen würde. Er hatte mich erst mal machen lassen.

„Mist!", dachte ich. „Ertappt! Warum sagt er das denn nicht gleich."

Ich hatte sein Schweigen als Zustimmung empfunden. Durch meine Aufregung hatte ich unbewusst das Tempo forciert.

Es war kein Problem, die Geschwindigkeit zu reduzieren. Kimberly machte völlig entspannt alles mit.

Als ich später auf ihrem Rücken saß und die Anweisungen des großen Meisters befolgte, war sie völlig konzentriert. Sie trug mich und verwandelte meine Aufregung in Gelassenheit. Am Ende der Unterrichtseinheit klatschte sogar das Publikum und ich war stolz und glücklich zugleich. Wieder bestärkte mich das Gefühl, dass es richtig gewesen war, die kleine Stute mitzunehmen.

Inzwischen hatte sich die Prophezeiung der Meditation komplett erfüllt. Ich hatte einen wunderbaren Zugang zu meinen Pferden und zu meinen Hunden bekommen. Reiterlich stellte sich das ein, was ich mir ein Leben lang erträumt hatte.

Ich weiß, dass das Reiten als Kunst noch ein langer Weg ist. Wer weiß, ob ich ihn je bis zur Vollendung erreiche?

Arthur Kottas, ehemaliger Oberbereiter der Spanischen Hofreitschule zu Wien sagte: „Zum Reiten lernen benötigt man zwei Leben.“

Yvonne sagt: „Was du in diesem Leben nicht schaffst, musst du im nächsten weiterführen.“

Ich werde meine Zeit, die ich auf der Erde bin, dazu nutzen, weiter an der geistigen Verbindung zwischen Pferden und Hunden zu arbeiten.

Ich bin bereit weiter zu lernen!

Mit liebem Dank

Ich bedanke mich bei meinem Mann, Olaf Wilhelms, und meinen Kindern, Dominik und Madeline dafür, dass sie immer für mich da sind und an mich glauben. Natürlich möchte ich mich bei meinen Eltern dafür bedanken, dass sie mir den Weg zu den Pferden geebnet haben und immer an meiner Seite standen. Weiter bedanke ich mich bei meinen Schwiegereltern Hannelore und Karl-Heinz Wilhelms. Sie haben in letzter Konsequenz mein Buch lektoriert und unterstützen mich auch in allen anderen Dingen.

Weiter möchte ich meinen Dank den Tieren aussprechen, die mich schon ein halbes Leben persönlich und in meiner Arbeit als Therapeutin begleiten. Hierbei gilt natürlich mein besonderer Dank den Pferden und Hunden, die in diesem Buch erwähnt werden.

Ich bedanke mich bei meiner Lektorin, Andrea Zieglowski, die mich bisher ein ganzes Stück, beim Schreiben dieses Buches begleitet hat.

Vor allem möchte ich mich bei meiner Verlegerin und Mentorin, Ulrike Dietmann, bedanken, dass Sie mich bei meinen Büchern so wertvoll unterstützt hat und dass sie immer an mich glaubt.

Ich bedanke mich bei meinen Reitlehrern, die mich geduldig immer ein Stück weitergebracht haben. Ich bedanke mich bei meinen Geschäftspartnern und Freundinnen, Ulrike Hund und

Nicole Meyne, ohne die es die Firma Kentaurus nicht geben würde.

Ich danke der Tierarztpraxis Decker, dass sie das Leben unseres Hundes gerettet haben, insbesondere der Tierärztin, die ihn acht Stunden operiert hat.

Ich bedanke mich bei den beiden Ärzten, Naiel Arafat und Amir Shobeiry, dass sie an mich und meine Tiere glauben und immer wieder neue Menschen davon überzeugen, diese Art der Therapie für sich zu nutzen. Bei Naiel Arafat noch einmal speziell für das Schreiben des Vorwortes.

Ganz besonders bedanke ich mich bei meinem Gesangslehrer, Roland Loy, der mir nicht nur das Singen beigebracht hat, sondern auch mein Gefühl schulte.

Ich bedanke mich bei Stefanie Michels für die tollen Fotos.

Und bei Karin Müller, die mich etwas über die Kommunikation mit Pferden gelehrt hat und sich die Zeit genommen hat, ein Vorwort zu schreiben.

Besonders bedanke ich mich natürlich bei meinen Patientinnen und Patienten, die immer wieder mit neuen Hoffnungen und auch Ängsten zu mir kommen und mir und den Tieren ihr Vertrauen schenken.

Ute Wilhelms

Autorenprofil

Ute Wilhelms arbeitet seit vielen Jahren in der pferdegestützten ambulanten psychiatrischen Pflege und ist eine
Pionierin auf diesem Gebiet. Sie besitzt fünf Pferde, die sie
selbst ausgebildet hat und die sie bei ihrer Arbeit unterstützen.
Sie ist Mitinhaberin eines eigenen psychiatrischen Pflege-
diensts, des **Kentaurus Fachpflegedienst**.
Kentaurus hat es sich zur Aufgabe gemacht, Menschen mit
psychischen Problemen mit oder ohne Pferde ambulant zu
betreuen.
Weiter unterrichtet sie am Plennschützer Institut „Trauma-
therapeutische Arbeit mit Pferden".
Sie hat zwei erwachsene Kinder und lebt mit ihrem Mann in
Niedersachsen.

Besuchen Sie die Homepage: www.kentaur-spirit.de

Literaturliste

Mohr, Bärbel: Methode 49 Karten Affirmation
Jung, C.G.: Internet
Sellin, Rolf: Wenn die Haut zu dünn ist
Keyers, Christian: Unser emphatisches Gehirn
Frick-Baer, Gabriele und **Baer,** Udo: Wie Traumata in die nächste Generation übertragen werden
De Oliveira, Manuel Jorge: Ein Hauch von Ewigkeit
Dietmann, Ulrike: Auf den Flügeln der Pferde – Eine Heldenreise ins Herz der Kreatur, KOSMOS Verlag
Pinkola Estes, Clarissa: Die Wolfsfrau
Müller, Karin: Gespräche mit Pferden
Schneider, Dr. Dr. Peter, www.pferdemedizin.com
Kohanov, Linda: Der bewusste Weg mit Pferden
Bloch, Günther und **Radinger**, Elli H.: Wölfisch für Hundehalter

Gerd Heuschmann trifft Jean Claude Dysli: DVD vom WUWEI Verlag
Internetpräsenz: Freundeskreis freilebender Wölfe e.v., www.lausitz-wolf.de

Bücher, die authentisch sind
und Spirit haben.

Die Bücher des Verlags erhalten Sie in allen Buchhandlungen
und bei zahlreichen Online-Anbietern wie amazon.de. Sie können
die Bücher auch beim Verlag direkt bestellen: **www.spiritbooks.de**

Wenn Sie direkt beim Verlag bestellen,
unterstützen Sie den Verlag und die Autoren.

Die Vision des Verlags

Vertrauen in das Gespür von Leserinnen und Lesern

Bedingungslos authentische Bücher

Autorinnen und Autoren als Persönlichkeiten,
die etwas Unverwechselbares zu erzählen haben.

Lesen Sie auch Ute Wilhelms erstes Buch:

Ute Wilhelms

Hautnah – Wie Pferde verletzte Seelen heilen

In ihrem Buch schildert Ute Wilhelms die feinen und zugleich kraftvollen Prozesse, die in der Begegnung zwischen Mensch und Pferd geschehen, mit präzisen, einfühlsamen Worten und großem Sachwissen. Sie lädt den Leser ein, die Erfahrungen selbst emotional mitzuerleben und zu verstehen.

Ute Wilhelms Buch, ihre Arbeit und ihr Lebensweg sind eine Inspiration und eine Einladung an viele, unerschrocken dem Weg der Heilung zu folgen, wohin er uns auch führen mag.

Shelley Rosenberg
Meine Pferde, meine Heiler

Lesen Sie die bewegende Autobiografie der Grand-Prix-Reiterin Shelley Rosenberg mit einem Vorwort von Linda Kohanov.

www.spiritbooks.de

Katina Koch
Pferd und Mensch in Beziehung

Für Menschen, die in ihrer Beziehung zum Pferd besondere Momente erleben. Mit über 100 Fotos, die berühren und das Glück des Augenblicks schenken.

www.spiritbooks.de

Ulrike Dietmann
Heldenreise ins Herz des Autors

Finde heraus, was deine Autorenseele im Innersten bewegt.
Elf Schritte führen dich auf einer Heldenreise zu deinem kreativen Selbst, zur Quelle deiner Inspiration, zu authentischen Gefühlen und deiner persönlichen Ausdruckskraft.

www.spiritbooks.de

Ulrike Dietmann
Auf den Flügeln der Pferde – eine Heldinnenreise ins Herz der Kreatur

Elf Schritte führen dich auf einer Heldinnenreise zu deinem wahren Selbst, zu wahrer Verbindung mit den Pferden.
Ein Weisheitsbuch, ein Arbeitsbuch, ein Buch für dich.

www.wu-wei-verlag.de

Heide-Marie Lauterer
Mörderischer Galopp

Ein Krimi aus dem mörderischen Reitstall-Alltag, unterhaltsam, humorvoll, gnadenlos.

www.spiritbooks.de

Heide-Marie Lauterer
Mörderische Liebe

Im fesselnden zweiten Band ist Vera Roth wieder einem Verbrechen in der Reiterwelt auf der Spur.

www.spiritbooks.de

Ulrike Dietmann
"Das Medizinpferd –
Band I Einweihung"

Valerie erlebt unter den Nachkommen von Indianern eine spirituelle Einweihung in eine unbekannte Wirklichkeit und lernt die besonderen Fähigkeiten der Pferde kennen ...

www.spiritbooks.de

Ulrike Dietmann
"Das Medizinpferd –
Band II Unbreak my Heart"

Valerie verliebt sich in den Halbindianer Tom und muss sich mit ihrer tiefen Angst, verlassen zu werden, konfrontieren. Bei den Pferden findet Valerie unerwartete Kraft und einen Weg der Befreiung.

www.spiritbooks.de

Ulrike Dietmann
"Epona – Die Pferdegöttin"

Eine Geschichte, die uns zu den Wurzeln unserer Kultur führt, in die Zeit der ersten keltischen Siedlungen, als das Pferd heilig war und die Göttin noch unter den Menschen lebte.

www.spiritbooks.de

Maren Diehl
„Die Pferde sind nicht das Problem – Keine Reitlehre"

Humorvoll, pragmatisch und prinzipienorientiert nimmt Maren Diehl die Reiterwelt in die Pflicht und vermittelt gleichzeitig die Freude an der Arbeit und der Kommunikation mit den Pferden. Ein Buch, das gelesen und gelebt werden will.

www.spiritbooks.de

Heike Gäßler
Der leuchtende Schuh

Die Geschichte einer spirituellen Erfahrung und zugleich eine Liebesgeschichte, die uns an Schauplätze in Taiwan, Indonesien, Singapur, China, Tibet und in die Mongolei führt.

www.spiritbooks.de

Reinhold Fink
Zeitenschnur

Dominik erbt von seiner Urgroßmutter eine geheimnisvolle Kiste, deren Inhalt nicht nur sein Leben sondern auch den Lauf der Zeit verändern kann. Alte keltische Prophezeiungen dringen an die Oberfläche und rufen mächtige Gegner auf den Plan. Sind die Barden und Druiden wieder unter uns?

www.spiritbooks.de

Susanne Hoffmann
Anjou und die Burg der Spiegel

Auf der Suche nach der mysteriösen Burg der Spiegel gelangt Anjou immer tiefer in das Reich des Schwarzen Ritters. Schon bald wird die Reise durch Fremdland zu einem Abenteuer, bei dem am Ende nur eines zählt: der Mut, zum Wesentlichen im Leben vorzudringen und den Weg des Herzens zu gehen.

www.spiritbooks.de

Ulrike Dietmann
Reise in die innere Wildnis

In der Natur ist alles einer steten Verwandlung unterworfen. In diesem Buch lernst du, dich mit der Intelligenz der Natur durch dein Leben zu bewegen. Wenn du die Aufgaben bestanden hast, wirst du eine andere, ein anderer sein.

www.spiritbooks.de